国家重点研发计划项目（2016YFC0801800）资助

能源行业应急管理系统建设
理论·技术·实践

毛善君　刘　晖　李　梅　孙振明　杨　梦　吕平洋　侯　立　著

科学出版社
北　京

内 容 简 介

本书是煤炭和油气领域应急管理信息化建设理论、技术与系统应用的系统性总结。主要介绍能源行业应急管理体系、构建应急管理信息系统的关键技术、能源行业地理信息系统基础平台、智能应急预案自动生成、能源行业应急决策与风险评估模型等关键技术，并以煤矿重特大事故应急逃生支持系统、矿山救援基地应急救援指挥平台、虚拟仿真培训演练系统，以及天然气管道运输应急响应系统等案例详细说明其应用情况。

本书可供从事应急救援的研究人员、工程技术人员参考，同时也可作为地理信息、安全管理、应急救援等专业的大专院校研究生的参考教材。

图书在版编目（CIP）数据

能源行业应急管理系统建设：理论·技术·实践/毛善君等著. —北京：科学出版社，2023.8
ISBN 978-7-03-068774-6

Ⅰ. ①能⋯　Ⅱ. ①毛⋯　Ⅲ. ①能源工业–突发事件–应急系统–建设–中国　Ⅳ. ①F426.2

中国版本图书馆 CIP 数据核字（2021）第 089354 号

责任编辑：杨帅英　白　丹/责任校对：郝甜甜
责任印制：赵　博/封面设计：图阅社

科 学 出 版 社 出版
北京东黄城根北街 16 号
邮政编码：100717
http://www.sciencep.com
北京建宏印刷有限公司印刷
科学出版社发行　各地新华书店经销
*
2023 年 8 月第 一 版　　开本：787×1092　1/16
2024 年 8 月第二次印刷　　印张：15 1/2
字数：370 000
定价：186.00 元
（如有印装质量问题，我社负责调换）

前 言

　　能源行业应急管理信息化平台及应用系统是安全生产的重要保障,不仅能够实现日常生产的安全管理,也能够提供事故发生现场的监测预警、辅助决策和协调指挥。本书面向当前能源行业应急管理的研究现状,结合"十三五"国家重点研发计划项目以及应急管理部和煤矿、油气企业应急管理项目等相关工作,将地理信息系统、虚拟仿真、大数据分析等先进技术与应急管理信息化建设融合,完善了能源行业应急管理信息系统的理论、关键技术和应用案例。本书重点介绍了 GIS 平台、应急预案编制、知识图谱、灾情防控辅助决策模型等理论和技术,并给出了四个不同方向的应用案例,包括煤矿重特大事故应急逃生支持系统、矿山救援基地应急救援指挥平台、虚拟仿真培训演练系统、天然气管道运输应急管理信息系统等。煤矿重特大事故应急逃生支持系统是针对井下突发情况开发的一套具有地理信息"一张图"、辅助研判、软硬联动和救逃一体的移动终端应用系统;矿山救援基地应急救援指挥平台是针对救护队任务开发的应急救援系统;虚拟仿真培训演练系统是针对高危行业提供的三维仿真培训系统;天然气管道运输应急管理信息系统是针对高含硫油气田开发的应急管理平台和系统。本书内容对我国能源行业以及政府的应急管理都具有很好的借鉴意义,能够为行业管理和技术人员提供有效的技术支撑手段。

　　能源是指煤炭、石油、天然气、生物质能和电力、热力,以及其他直接或者通过加工、转换而取得有用能的各种资源。鉴于能源种类较多,其生产加工流程差距较大,本书主要围绕煤炭与油气行业而展开介绍。针对重特大事故应急响应需求,本书主要介绍了井工煤矿与油气行业应急管理平台的解决方案,这也是北大-龙软科技智慧能源和公共安全研究中心科研人员多年的研究成果。全书共分为 8 章,前 4 章为能源行业应急管理系统的核心理论与关键技术,后 4 章为实际应用案例。

　　第 1 章:绪论。本章详细阐述了能源行业应急管理"一案三制"理论体系,梳理了互联网大数据时代下应急管理理论、平台及关键技术的研究现状。

　　第 2 章:能源行业多维 GIS 平台关键技术。本章详细介绍了 GIS 基础平台数据模型和数据结构,从 GIS 平台的软件架构出发,重点论述了基于次世代引擎的可视化设计、基于 WebGIS 的地图协同服务等关键技术方法。

　　第 3 章:智能应急预案的自动生成。本章概述了智能应急预案的研究现状与研究内容,详细阐述了事故案例本体与知识图谱、应急预案自动生成等关键技术,并以煤矿行业为例,围绕事故信息获取、案例表示、存储和检索等核心步骤介绍了智能应急预案自动生成的实现流程。

　　第 4 章:能源行业应急决策与风险评估模型。详细介绍了能源行业与灾情防控相关的数学及物理过程模型,主要包括大数据风险预测预警模型、计算流体动力学模型、危化品泄漏与气体扩散模型、事故应急避灾逃生模型、事故风险综合评估模型等。

第 5 章：煤矿重特大事故应急逃生支持系统。以煤矿重特大事故为例，构建了基于灾情的应急逃生支持系统，核心技术主要包括应急智能导航关键技术，基于灾情模拟的避灾逃生路径生成及移动端可视化系统的开发。

第 6 章：矿山救援基地应急救援指挥平台。构建了矿山应急救援指挥平台，重点阐述了应急救援"一张图"、应急救援分布式协同 GIS 平台、应急救援流程自动生成等核心关键技术，最后介绍了系统功能及具体实施情况。

第 7 章：虚拟仿真培训演练系统。详细阐述了 VR 虚拟仿真培训演练系统的建设方案及其核心功能，主要包括基础演练功能、生产辅助管理演练及分析预警演练功能，最后介绍了系统应用与实施情况。

第 8 章：天然气管道运输应急管理信息系统。从天然气管道气体泄漏应急响应系统的建设需求出发，进行了相应的系统设计、数据库建设、气体扩散模型的开发及其与应急响应系统的集成，最后阐述了系统功能及其在现场应用示范情况。

本书由毛善君教授策划构思，确定章节大纲，以及主持撰写、修改和定稿。参与撰写的还有刘晖、李梅、孙振明、杨梦、吕平洋和侯立。此外，承担技术研发和资料整理的有郭兵、张鹏鹏、刘永立、陈金川、陈宁、周恩波、苏颖、徐劭懿、刘茜等。另外，感谢应急管理部、中国矿业大学(北京)、国家能源集团宁夏煤业有限责任公司应急救援中心、中国安全生产科学研究院、中国测绘科学研究院等多家单位对本书给出的指导性意见，同时感谢北京龙软科技股份有限公司多名工程师对本书的技术支持。本书受到国家重点研发计划项目"煤矿重特大事故应急处置与救援技术研究(2016YFC0801800)"资助，在此对课题参与单位中国矿业大学、国家能源集团和广州市利时信息科技有限公司、徐州翰林科技有限公司等多位专家和教授表示感谢。

本书是研究团队多年成果的结晶，以面向实际应用的应急管理平台开发和应用为视角，为能源行业从事应急管理工作的科技和工程技术人员提供了相关理论和技术介绍，主要观点和成果为笔者见解，难免存在不足和疏漏之处，敬请读者提出宝贵意见。

目　录

第1章 绪 论

1.1 引 言

能源产业是国民经济稳定发展的基础保障，关系着人类社会的可持续发展。我国作为世界能源生产第一大国，目前形成了以煤、油、气、可再生能源多轮驱动的能源生产体系，在调整能源结构、提高能源效率、保证能源安全等方面取得了显著成效(周忠科和王立杰, 2011)。然而，随着我国国民经济的高速发展与能源消费水平的提高，能源开采安全生产形势依然严峻，煤炭、石油、天然气等能源行业重特大事故时有发生，不利于我国经济的稳定增长。

就煤炭行业而言，近年来我国对井工煤矿加大了科技投入并进行了一系列设备升级换代，然而，鉴于我国煤炭开采地质条件的复杂性，部分煤层的瓦斯含量和地应力均大幅度增加，地热问题逐渐突出，给煤矿的冲击地压、煤与瓦斯突出、高温高热、煤层自燃等灾害的治理提出了新的挑战，煤矿安全生产形势依然不容乐观(黄继广等, 2020)。

就石油天然气行业而言，天然气在开采、加工、存储、运输等过程中容易受到外界因素、设备系统故障或人工操作失误等影响，易出现诸如中毒、火灾、污染、爆炸等重特大事故，事故类型主要包括海油事故、管道泄漏事故、爆炸事故、井喷事故、火灾事故等。

针对能源行业重特大事故的危害性，如何积极、有效地预防此类安全生产事故、降低事故损失、建立健全高效的应急管理体系是我国能源行业所面临的严峻挑战。党和政府对此高度重视，党的十九大报告中明确要求："树立安全发展理念，弘扬生命至上、安全第一的思想，健全公共安全体系，完善安全生产责任制，坚决遏制重特大安全事故，提升防灾减灾救灾能力"。《中共中央 国务院关于推进安全生产领域改革发展的意见》中要求：构建国家、省、市、县四级重大危险源信息管理体系，对重点行业、重点区域、重点企业实行风险预警控制，有效防范重特大生产安全事故。到2030年实现安全生产治理体系和治理能力现代化；要提升现代信息技术与安全生产融合度，统一标准规范，加快安全生产信息化建设，构建安全生产信息化与职业健康信息化全国"一张网"。

按照《应急管理部信息化发展战略规划框架(2018—2022年)》要求，到2020年，初步形成较为完备的应急管理信息化体系，基本建成覆盖重点风险领域的感知网络、多手段融合的国家应急通信网络和北京主数据中心，计算、存储等基础设施全面云化，应急管理业务应用体系全面覆盖各类业务并在突发事件的事前、事发、事中、事后阶段发挥关键支撑作用。到2022年，实现应急管理全面感知动态监测、智能预警、扁平指挥、快速处置、精准监管、人性服务，信息化发展达到国际领先水平，为构建与大国应急管理能力相适应的中国现代应急管理体系提供有力支撑。国家能源局在《2020年能源工作指导意见》中指出要坚持以保障能源安全为首要任务。增强忧患意识，强化底线思维，着眼能源发展面临的内外部环境变化和风险挑战，建立健全能源供需联动等工作机制，着力补强能源供应链的短板和弱项，抓紧抓实抓细保供措施，切实提高能源安全保障能力和风险管控应对能力。工业和信息化部及应急管理部《"工业互联网+安全生产"行动计划(2021—2023)》要求增强工业安全生产的感知、监测、预警、处置和评估能力，增强安全生产的动态感知、事前预防和全局联防的能力，把安全落实到工业发展的全阶段、全过程。

因此，在国家对能源行业安全生产和可持续发展与突发事件应急响应建设高度重视的大背景下，依托物联网、大数据、云计算、人工智能、移动互联网、智能控制、地理信息系统等技术，全面构建完善的能源行业应急管理体系以及与信息化、智能化相关的应急管理系统有着重要的现实意义。

1.2 应急管理体系

加快和完善应急管理体系信息化建设，进一步提高国家应对公共安全事件或事故的能力，是推进国家治理体系与应急能力现代化的迫切要求。目前，我国有大量学者致力于国家应急管理体系的构建与完善，其中，代表性学者主要有范维澄、袁宏永、钟开斌、闪淳昌等。应急管理体系是指应对突发公共事件所需的组织机构、制度、行为、资源等各种应急要素及其相互关系的总和，其实质是应对突发事件的管理能力与资源调控能力(李春祥, 2012)。只有建立完善的应急管理体系，才能保证在预防、预测、预警、指挥、协调、处置、救援、评估和恢复等应急管理的各环节中，快速、高效、有序反应，防止突发公共事件的发生，减少负面影响。

我国应急管理体系的基本框架为"一案三制"，具体包括应急预案、应急管理体制、应急管理机制和应急管理法制四项内容，如图1.1所示。其中预案为前提，体制为基础，机制为关键，法制为保障，它们各自具有不同的功能定位和内涵特征，共同构成了应急管理体系不可分割的核心要素。

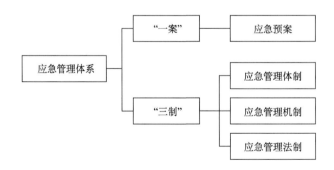

图 1.1 应急管理体系组成

建立科学有效的应急管理体系与机制，能够将不同类型事故灾害在应急过程中的各个不同环节组织起来，从而避免人员伤亡、财产损失和环境污染等。经过多年的努力，我国在矿山、防洪、地震、化学、消防等多个专业领域都建立了完善的应急信息管理体系和应急通信系统，其在各领域的应急救援工作中均发挥了重要的作用(王宁和王延章，

2007)。能源行业应急管理体系的建设应当以体制优先为基本思路，并在理顺应急管理体制的基础上，完善相关事故救援工作流程和制度规范。

1.2.1 应急预案

应急预案即在事故发生前预先制定的紧急行动方案，是指根据国家和地方政府的法律法规和各项规章制度，以本单位的历史经验、实践积累为基础，结合当地特殊的地域、政治、民俗、民族等实际情况，针对各种突发事件而事先制订的一套能切实迅速、有效、有序解决突发事件的行动计划或行动方案，从而使政府应急管理工作更为制度化、程序化，做到有法可依、有据可查。

应急预案是为了规范事故的应急管理和响应程序，明确职责，建立健全应急救援机制，从而及时、科学、有效地指挥和协调应急救援工作而制定的一套事故处置经验和处置方式的模板，以便能够最大限度地降低事故灾难造成的财产损失和人员伤亡（马莉，2014；卜创利，2015）。在应急预案中，必须要识别和评估重大危险源、事故类型、事故风险以及事故后果和影响程度，同时要明确应急管理机构的人员与职责、物资与装备、应急原则与行动等。

按照不同的责任主体，应急预案体系大致可分为国家总体应急预案、专项应急预案、部门应急预案、地方应急预案、企事业单位应急预案以及大型集会活动应急预案六个层次。其中，国家总体应急预案是国家应急管理的行动纲要，也是全国应急预案体系的总纲，为各地区各部门的预案提供了行动准则和基本思路。企事业单位应急预案（即单个企业的应急预案）又可以分成综合预案、专项预案和现场应急处置方案三类（钟开斌，2009）。目前我国已经完成了国家总体应急预案、25 项专项应急预案、80 项部门应急预案的编制，基本覆盖了经常发生的突发事件的主要方面。此外，我国各省（自治区、直辖市）也完成了总体应急预案编制工作，许多市、区（县）也纷纷制定了完善的应急预案（钟开斌，2020）。

应急预案要求在辨识和评估潜在重大危险、事故类型、发生可能性、发生过程、事故后果以及影响程度的基础上，对应急管理的机构与职责、人员、技术、装备、设施（备）、物资、救援行动以及指挥与协调等各项指标预先做出具体的安排，从而明确事前、事发、事中、事后的各个进程中，谁来做、怎样做、何时做以及相应的资源与策略等。具体而言，应急预案是针对潜在或即将发生的突发事件，根据政府组织管理、指挥协调应急资源和应急行动的整体计划和程序规范，迅速、有效、有序地开展应急行动。一般而言，一个完善的预案体系主要包括预案的制定管理、预案的评估管理、基于预案的辅助决策技术等内容，同时预案的制订应当具有可行性、针对性、及时性以及全面性等特点。

1.2.2 应急管理体制

应急管理体制是"一案三制"的前提要素，是指为保障安全，有效预防和应对突发事件，避免并降低突发事件造成的影响，消除其对社会产生的负面影响而建立起来的以政府为核心，其他社会组织和公众共同参与的组织体系。应急管理体制作为一个开放的管理体系结构（钟开斌，2009），决定了应急管理体系的静态结构，同时规定了应急管理体系的潜在功能。针对各地区不同类型与级别的突发事件，基于应急管理体制，能够根据应急管理目标建立一套可有效运转的组织机构。《中华人民共和国突发事件应对法》第一章第四条明确规定，"国家建立统一领导、综合协调、分类管理、分级负责、属地管理为主的应急管理体制"。当前，我国的应急管理体制严格遵循统一领导、综合协调、分类管理、分级负责、属地管理为主和生产经营单位承担主体责任的基本原则，图 1.2 为国家安全生产应急救援组织体系架构(高广伟，2020)。

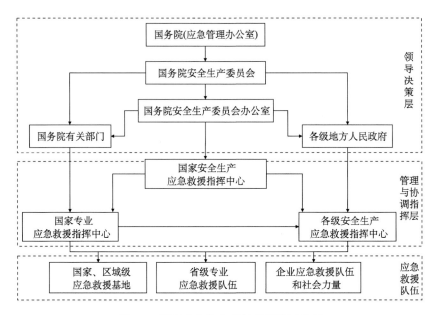

图 1.2　国家安全生产应急救援组织体系

(1)统一领导：是指在应对突发事件处理各项工作过程中，必须坚持各级人民政府的统一领导，成立应急指挥机构并实行统一指挥。各级有关部门都要在应急指挥机构的领导下，依照法律、行政法规和有关规范性文件，开展各项应急与处置工作。

(2)综合协调：是指在突发事件应对过程中，参与主体是多种多样的，既有政府与相关的组成部门，也有企事业单位、基层自治组织、社会组织、公民个人以及国际援助的力量。同时必须明确有关政府和部门的主要职责，明确不同类型突发事件管理的牵头部门和单位。相应地，其他有关部门和单位提供必要的支持，最终形成各部门协同配合的工作局面。

(3)分类管理：是指每一大类突发事件由相应的部门进行管理，建立一定形式的指挥机制，依托专业管理部门收集、分析、报告信息，针对不同类型的突发事件，为政府决策机构提供有价值的决策咨询和建议。

(4)分级负责：是指在各类型突发事件性质、波及范围、危害程度均不相同的情况下，应当先由当地政府负责管理，并实行分级负责。需要注意的是，对于不同级别的突发事件，需要调配的应急资源不尽相同，其中分级负责原则明确规定了各级政府在应对突发事件中的具体职责。

(5)属地管理：出现重大突发事件时，地方政府必须在第一时间内采取措施对其进行控制和处理，并第一时间向上一级单位报告，必要时可以越级报告。在出现本级政府无法应对的突发事件时，应该马上请求上级政府直接接管。

1.2.3 应急管理机制

应急管理机制是"一案三制"的关键与核心要素，是指在突发事故发生和发展过程中，保证各项应急活动顺利进行的制度化及程序化的应急管理方法与措施。具体而言，应急管理机制主要包括预防准备、监测预警、应急处置与救援、恢复重建、调查评估等多个环节。《国家突发公共事件总体应急预案》中提出要形成统一指挥、反应灵敏、功能齐全、协调有序、运转高效的应急管理机制，其主要内涵如下。

(1)实质内涵：应急管理机制是一组建立在相关法律法规和部门规章制度基础上的政府应急管理工作流程，其能够展现出突发事件管理系统组织之间及组织内部的相互作用机制。

(2)外在形式：应急管理机制外在形式上体现为政府管理突发事件的职责和能力。

(3)运作流程：应急管理机制的运作流程以应急管理全过程为主线，主要包括预防与应急准备、监测与预警、应急处置与救援、恢复与重建等多个环节。

具体而言，应急管理机制的主要内容包括事前、事发、事中以及事后四个阶段，下面通过图 1.3 进行详细介绍。

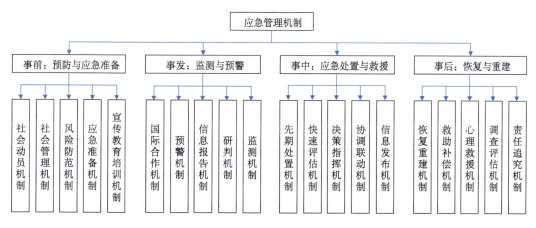

图 1.3　应急管理机制主要内容

1)事前：预防与应急准备工作

预防与应急准备工作是应急管理中防患于未然的阶段，主要体现了预防与应急并重，常态与非常态相结合的原则。在突发事件发生之前，应急管理相关机构为降低或消除突发事件发生的可能性及其带来的危害，会采取一系列风险管理行为，通过预案编制管理、宣传教育、培训演练、应急能力和脆弱性评估等，做好各项基础性、常态性的管理工作，从更基础的层面改善应急管理。预防与应急准备阶段包括社会动员机制、社会管理机制、风险防范机制、应急准备机制和宣传教育培训机制。

2）事发：监测与预警工作

监测与预警工作是预防与应急准备工作的逻辑延伸。突发事件的早发现、早报告、早预警，有效预防、减少突发事件的发生，控制、减轻或消除突发事件引起的严重社会危害的重要保障。监测与预警主要是根据有关突发事件过去和现有的数据、情报和资料，运用逻辑推理和科学预测的方法，对某些突发事件出现的约束条件、未来发展趋势和演变规律等进行科学的估计与推断，通过危险源监控、风险排查和重大风险隐患治理，尽早发现突发事件产生的苗头，及时预警，降低突发事件发生的概率和可能造成的损失。

3）事中：应急处置与救援工作

应急处置与救援工作是应对突发事件最关键的一个阶段。在自然灾害、事故灾难、公共卫生安全或社会安全事件发生后，快速反应、有效应对，通过一系列措施，防止事态扩大以及次生、衍生事件的发生，最大限度地保障人民生命和财产安全，从而最大限度地减少突发事件造成的损失。

4）事后：恢复与重建工作

恢复与重建工作是应对突发事件全过程的最后一个环节。各级政府部门、社会力量等致力于积极、稳妥地开展生产自救，做好善后处置工作，把损失降到最低，尽快恢复正常的生产、生活和社会秩序，妥善解决应急处置过程中的矛盾和各类问题，最终实现常态管理与非常态管理的有机转换。

经过多年的建设，我国已建立了应急监测预警机制、信息沟通机制、应急决策和协调机制、分级负责与响应机制、应急资源配置与征用机制、奖惩机制、国际协调机制等应急机制，以及政府与公众联动机制、城乡社区管理机制、社会动员机制、社会治安综合治理机制等各项管理机制（李春祥，2012）。

美国、英国、日本等发达国家为应对突发事件，已经建立了成熟的应急管理机制。与这些国家相比，我国的应急管理机制还有一定差距，仍处在研究的起步阶段。当前我国的应急管理模式属于国务院统一领导，"二级四层，中央总览，部门依托，省级分担"的模式，正在建立"统一领导，综合协理，分类管理，分级负责，属地管理为主"的应急管理机制。

1.2.4　应急管理法制

应急管理法制是"一案三制"的重要保障，一般而言，可以分为广义与狭义两种。其中广义的法制是静态和动态的有机统一。从静态来看，法制为法律与制度的总称，主要包括法律规范、法律组织以及法律设施等。从动态来看，法制是指各种法律活动的总称，包括法律的制定、实施以及监督等。狭义的法制是指建立在民主制度基础上的法律制度和普遍的手段，严格遵循依法办事的原则。其中，常态与非常态是两种截然不同的状态，在正常社会状态下运行的法律法规无法完全覆盖紧急状态下的所有特殊情况，因此，需要有应急法律法规来填补空白。相比于其他的法律运行机制，应急管理法制具有如下特征。

(1)权利优先性：是指在紧急状态下，与立法、司法等其他国家权利以及法定的公民权利相比，行政紧急权力具有更大的权威性和某种优先性，例如可以限制或暂停某些法定公民权利的行使。

(2) 社会配合性：是指在紧急状态下，社会组织和公民有义务配合政府实施行政紧急权力，并在必要时提供各种帮助。

(3) 紧急处置性：是指在紧急状态下，即便没有针对某种特殊情况的具体法律规定，政府也可以进行紧急处置，以避免公共利益和公民权利受到更大的损害。

(4) 救济有限性：是指在紧急状态下，政府依法行使行政紧急权力，有时会造成公民合法权益的损害，有些损害可能是普遍而巨大的，政府可以提供有限的救济，如适当的补偿(但不能违背公平原则)。

(5) 程序特殊性：是指在紧急状态下，行政紧急权力的行使可遵循一些特殊的法定程序，例如可通过简易程序紧急出台某些政令和措施，或者对某些政令和措施出台设置更高的事中或事后审查门槛。

应急管理法治建设是使我国应急管理工作不断走向规范化与制度化的保障，主要由法律、行政法规、地方规章等组成，是有效处理区域间、部门间、各层级间分歧，保证其有效合作，保障各应急主体及公民权利行使和义务履行的基本保证。目前，我国已经初步形成了覆盖各个层面的应急法律法规体系(中国安全生产科学研究院，2018)，如图 1.4 所示。中华人民共和国中央人民政府网站的信息显示，我国现有的应急法律法规主要包括自然灾害类 18 部、事故灾难类 44 部、公共卫生事件类 11 部、社会安全事件类 38 部。

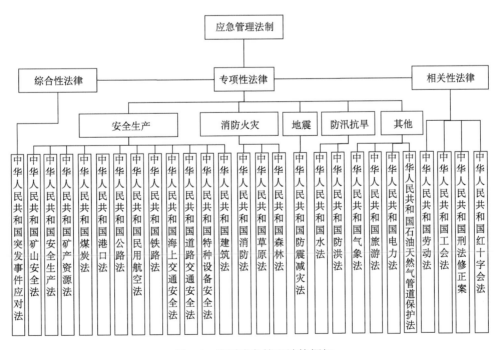

图 1.4　我国应急管理法律框架

1.3　应急管理国内外研究现状

安全与应急管理是对突发事件开展监测预防、应急处置、灾后恢复等一系列管理活动，其等同于风险管理。企业安全与应急管理最重要的研究内容是企业如何与各类环境、技术等危险因素共存，并妥善应对这些危险因素导致的事故(Jr William, 2000)。因此，安全与应急管理的核心是研究危险源的演化规律，即如何从常态转化为危险状态，进而发生事故的过程，以及在人为干预后，危险源的风险弱化(范维澄和刘奕, 2008)。安全与应急管理应当贯穿于事故发生前风险隐患管理、发生时事故应急避灾、发生后事故损失评估与恢复整个周期中。在事故发生前，根据安全管理规程，对风险进行控制、监测和评估，预警可能发生的事故；当事故发生时，首先要及时向各主管部门通报，然后根据各类灾情信息进行综合决策，引导事故救援和人员避灾，并采取相应措施将事故的损失降到最低；在事故发生后，要尽快调查事故原因，向受灾群众提供必要的救援救助，恢复灾后的生活生产(赵田, 2016)。

西方安全与应急管理理论主要以危机管理理论形式出现，由美国学者于 20 世纪 60 年代提出，经过长期的发展，其已经取得了比较成熟的成果。Tamuz 等(1991)认为应急管理是指在处理可能严重威胁社会或组织的行为准则与价值观的事件时，在有限时间内做出的一系列决定。Lindell 等(2011)认为应急管理是指应用科学的技术、规划与管理，来应对可能造成人员伤亡、财产损失、社会秩序破坏的突发事件。随着概念的完善，安全与应急管理的阶段划分也相应改变。Mitroff 和 Pearson(1994)根据工程技术的特点，将应急管理划分为五个阶段：信号侦测阶段、准备及预防阶段、损失控制阶段、恢复阶段、学习阶段。Blandchard 等(2007)认为应急管理是为可能发生或正在发生的灾害而执行的措施，包括灾害期间的应急措施、灾前的预防措施和灾后的恢复措施。罗伯特·希斯(2001)从管理学的角度提出了 4R 应急管理的模型，将应急管理流程分为缩减、预备、反应、恢复四个阶段，并指出有效的应急管理就是对 4R 模型流程的优化。奥古斯丁(2001)从商业管理的角度对危机管理进行了系统的研究，认为危机的应急管理应当包括六个阶段，即危机的避免和预防、危机管理的应急准备、危机的识别与确认、危机的控制、危机的解决、总结危机管理经验，并根据不同阶段的特征提出相应的管理措施。

在我国经济高速发展过程中，灾害事故时有发生，这促使国家对公共及生产安全越来越重视。根据《国家突发公共事件总体应急预案》《中华人民共和国突发事件应对法》《中华人民共和国安全生产法》等一系列法律条文，我国的应急管理工作包括自然灾害、事故灾难、公共卫生事件和社会安全事件。

以改革开放、2003 年抗击"非典"疫情、党的十八大召开为节点，我国的应急与安全管理工作从体制的发展轨迹上可划分为四个阶段(钟开斌, 2020)，呈现出以控制性放权和赋能性协调为主线的发展趋势。国内学者普遍认为，2003 年是中国全面推进应急管理体系建设的起点(钟开斌, 2009; 黄宏纯, 2013)，"非典"疫情结束后，政府的大力推动和社会管理的内在需求，使应急管理研究进入了一个快速发展阶段，涌现了一大批学术著作和研究成果，包括安全与应急管理的理论、体系和机制等。

范维澄(2007)认为应急管理包括风险评估、监测监控、预测预警、决策指挥、救援处置、恢复重建等关键环节，并结合国内外的典型突发案例，提出了我国应急管理基础研究的五大科学问题：应急管理体系的复杂性科学问题，应急心理与行为的科学问题，突发公共事件的信息获取及分析的科学问题，多因素风险评估和多尺度预测预警的科学问题，以及复杂条件下应急决策的科学问题。计雷和池宏(2006)认为应急管理应当有效整合不同的社会资源，并对突发事件进行及时预警、控制和处理。钟开斌(2006)认为非制度化分权所导致的制度脆弱性是当前中国国家应急管理建设面临困境的根本原因，也是国家应急管理体系建设战略转变的直接障碍，提出构建一个基于制度、成于规范的全面整合的应急管理体系，实现国家应急管理由被动应付型向主动保障型转变。基于对"美国联邦应急计划"的研究(赵红和汪亮，2004)，从建立三级突发事件应急机构、建立应急资源管理体系和健全应急法律法规三个角度，提出了我国应急管理体系的改进措施。闪淳昌(2005)总结了我国安全工作的现状，认为公共安全方面存在的主要问题是预警和应急机制不健全，从建立健全应急机制、体制和法制层面提出了解决思路。郭济(2004)总结了我国不同类型突发事件的发展规律及特点，提出了以政府为主导的应急管理组织框架、措施方法和工作流程。

国内外对于安全与应急管理的研究已经形成了成熟的体系，虽然不同的专家学者对安全与应急管理的理解存在一定的差异，但可以总结为其是安全工作者为了降低风险隐患造成的损失而采取的一系列措施，根据风险隐患的状态，可将这些措施整体上划分为事前、事中、事后三个阶段。经过多年的事故应急处理经验积累，我国应急救援工作已经形成了一定的规范，确保救援过程信息流通、资源整合和机构整合，使得救援工作顺利开展。其步骤流程如图1.5所示，包括以下五个步骤(赵继军和李艳妮，2015)：

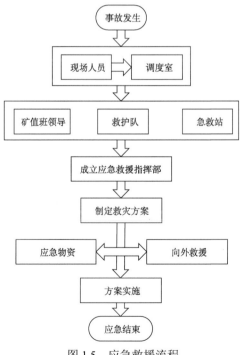

图1.5 应急救援流程

(1)现场人员向调度室报告事故情况。事故现场人员在发生事故的第一时间迅速按要求离开危险区域，并及时向矿井调度室提供事故发生过程，准确汇报灾情。

(2)调度室根据掌握的信息综合判断，进一步明确事故情况。调度室根据现场人员汇报的灾情，综合有关信息，确定事故时间、位置和伤亡等情况，并及时通知井下被困人员按照井下避灾线路和实际情况有序撤离。最后，调度室查询医疗救护等部门的信息，快速通知相关单位和值班领导。

(3)成立应急救援指挥部。综合矿井救援相关资源，有效组织各部门中坚力量，成立应急救援指挥部，设立总指挥、抢险救灾组和物资保障组等小组，科学分工，保障救援工作有条不紊地开展。其中总指挥是应急救援工作的决策中心，负责制定救援方案、管理应急救援整个流程。

(4)应急救援指挥部根据情况适时扩大救援。指挥部综合事故各方面信息，掌握救援情况，适时向上级部门反映。

(5)应急救援工作正式结束。按规程完成应急救援工作，经应急专家检查和救援指挥部同意，应急救援工作方可正式结束。指挥部撰写应急救援工作总结，回顾应急救援的全过程，吸取有关经验和教训，为以后工作奠定基础。

由于能源行业，如井工煤矿、天然气管道运输、化工园区等环境复杂，与其他行业相比更容易发生事故，这促使相关企业需要在安全与应急管理方面投入大量资源。经过多年的发展，我国煤炭行业已经形成了严格的安全与应急体系，在安全与应急的各阶段均有丰硕的研究成果(赵婷，2014)。对于煤矿安全应急管理而言，David(2002)根据矿工安全态度和安全业绩的内涵，建立了矿工安全行为模型，阐述了管理环境、矿山规则和矿工安全行为的关系。Groombridge(2001)通过分析比较石油行业应急管理相关研究，借鉴其理论方法，探讨了煤矿安全应急案例模式，丰富了煤矿安全与应急管理理论基础。陈建宏和杨立兵(2013)给出了应急管理的一般化定义，即应急管理包括突发事件预案管理、风险管理、预警管理、应急处置、恢复重建、应急管理的评价、反馈与改善等一系列环节，是一种对突发事件的全过程管理。李军涛等(2012)对煤矿瓦斯事故应急决策方法进行了理论上的研究，将应急救援过程分为4个阶段——预防、准备、响应和恢复阶段，并分别对平时以及战时阶段行为进行了总结，提升了应急决策的多阶段理念。

Hollnagel(1992)通过对煤矿人机交互的安全评价和预测，分析了煤矿致灾因素，并应用于矿山应急管理评价。吕爱琴(2019)采用层次分析法研究了煤矿应急管理能力评价指标权重，将煤矿应急管理因素分为3个一级影响因素和10个二级影响因素。随付国等(2011)对比分析了王家岭矿难和英国石油漏油事故，指出建立具有快速反应能力的应急预警机制、建立统一指挥的应急指挥平台、组建专业的应急处理队伍、开展权威的应急调查和评估等，对于提高各级组织的危机管理和应急处理能力具有重要意义。张军波等(2012)研究了煤矿应急救援组织设计方法，指出煤矿救援组织具有多主体性、开放性、动态性、临时性等特征，对救援任务进行了分解，将煤矿应急救援分为4个微观主体(决策实体、执行实体、保障实体和目标实体)，将应急救援组织结构抽象为网络，实现了对煤矿应急救援组织的定量分析。武强和管恩太(2006)认为煤矿的水害应急救援预案应包括水害发生前的事故预防和水害发生后的事故抢险救援两大部分，其中事故预防包括事故发生前的基础防治水工作和透水危险预兆的有效辨识两部分，事故抢险救援包括在事故发生后启用紧急处置程序和现场开展的自救互救方法两部分。

石油天然气行业的应急管理建设主要针对天然气管道运输事故等，要求在事故发生之前便建立完善的事故应急处理措施，并保证事故应急处理措施的可行性和可操作性，确保天然气管道运输事故应急响应机制的效能得以真正发挥。应急响应机制要求在天然气管道运输发生紧急安全事故时，有关部门能够按照应急措施对天然气管道运输的事故进行处理，及时保护现场人员的安全，避免事故范围不断扩大，以造成严重的经济和人员等方面的巨大损失。邹建辉(2021)提出了应急管理理念下的石油天然气安全管理办法，并从制定安全预案、完善安全管理体系、开展安全教育、完善安全管理系统等层面出发，探讨如何促进石油企业石油天然气安全管理的有序开展。英国曼彻斯特大学 J.Rasson 从工业组织与管道企业共建的角度出发，提出了管理失效的问题，即当管理失效发生时，安全主管领导不履行责任，潜在的安全事故风险就在酝酿中，而具体的事故原因只是发生事故的导火索。最后，该学者提出了天然气管道完整性管理流程，即管道企业通过识别管道风险、选择评价方法、划分风险等级和实施风险评价等手段，不断识别风险、消除风险、制定改进措施,将管道安全风险控制在可控范围内,实现预防和改进的目的(胡载彬, 2020)。

总体而言，天然气管道运输事故应急响应机制的效能主要表现在三个方面：第一，天然气管道运输应急响应机制能够监测和预测天然气输送管道的输送状态，在这一过程中可以及时地发现输送中可能存在的安全隐患和故障，然后采取相应的处理措施进行抢救；第二，如果发生天然气管道运输紧急事故，可以按照天然气管道运输事故应急响应机制开展有效的应急指挥工作，这样相关的应急人员可以通过指挥作出正确的准备工作和处理工作；第三，当天然气管道紧急事故发生时，还可以根据应急响应机制进行消防防护紧急处理工作运输，有利于人员疏散、交通维护以及社会救治等工作的顺利进行(杨孟, 2020)。

1.4 应急管理关键技术研究现状

近年来，国内外纷纷致力于建设和完善应急救援体系，建立应急组织和机制，编制和发布应急预案，研发应急救援指挥管理信息系统，促进国家、地方和各部门之间的协调以及信息共享。

美国是世界上突发事件应急管理体系最为完善、应急技术和装备最为先进的国家，拥有较为完善的应急科技支撑体系。相关科研单位研发了一批与应急平台相关的管理信息系统，如国家突发事件管理系统(NIMS)、国家应急管理信息系统(NEMIS)、联邦政府应急管理信息系统(FEMIS)等。美国的应急平台特别注重软件和数据库建设，具有如下特点：①能主动对突发事件实施全方位监测监控、识别和自动应急；②拥有强大的应急智能分析系统，能对突发事件进行科学预测和危险性评估，为制定应急预案提供科学支撑；③拥有基于对重大危险源的辨识和动态风险评估的预案库，并能够运用决策库来生成和优化事故处置方案和资源调配方案，形成指导事故现场处置的可视化实战指南。

同时，GIS 既能够为应急预案及应急救援管理提供可视化软件平台，也可以为应急管理的各个阶段提供分析工具，已在信息管理、风险分析、决策支持和协调指挥等领域得到普遍应用。德国构造了一个面向联邦和地方政府的事件响应和公众信息发布网络"危机预防信息系统"，为突发公共事件的救援提供信息服务。美国构建了服务于联邦、州政府、地方政府的事件响应标准与规范，发布了"国家突发事件管理系统"。日本构建了基于 Never Die Network 的灾害信息系统，实现了基于卫星网络、地面有线网络、地面无线网络综合一体化的灾害信息系统。英国建立的综合应急管理平台，实现了基于概念的应急管理到基于证据的应急管理理论的转变，并通过综合集成、专家判断和可靠的外部证据制定了相关的应急策略。澳大利亚依据救援指南相关内容，实现了现有能源行业中应急管理及培训项目的信息管理，构建了相应的应急管理系统。这些项目在实际应用中取得了较好结果，为各国的社会安全、工业生产发挥了巨大的作用。

相比于国外应急平台的建设，国内起步相对较晚，国务院应急平台于 2006 年启动建设(范维澄和陈涛，2009)，目前全国各省(自治区、直辖市)、市以及国务院安全生产委员会办公室各垂直管理部门都已基本建成或积极筹建中，部分省(自治区、直辖市)已实现横跨安全生产委员会办公室成员单位的应急联动平台(袁宏永等，2013；余波，2012；赵琰等，2012)。国家"十五"科技攻关计划"城市突发重大事故风险控制与应急技术研究及试点"项目针对城市重大事故应急管理和救援队各类信息管理需求，研究了基于 GIS 的重大事故风险整合量化和预测模型、应急装备软硬件综合集成等应急技术平台关键技术，开发了基于 GIS 的重大事故应急技术平台，实现了应急方案推演、监测监控、应急防护和救治措施的模拟仿真重构。"十一五"国家科技支撑计划项目"中国巨灾应急救援信息集成系统与示范"和"十二五"国家科技支撑计划项目"灾害应急救援系列装备研制"针对突发公共安全事件、核事故与核生化安全、石油天然气、矿山灾害等领域对应急救援与生存保障装备的需求，研发国家应急救援信息集成及救援演练服务平台。

下面重点介绍煤炭与油气行业应急管理平台信息化及其关键技术的研究现状。

1.4.1 应急管理平台信息化研究现状

在矿山安全生产事故应急救援方面，国内基本形成了国家、区域、地方、矿山企业四个层级的救援管理体系。应急管理部(原国家安全生产监督管理总局)以及部分地区、单位的矿山应急救援指挥信息化平台已经建成，并发挥了一定的作用。应急管理部于 2009 年建成"金安"一期工程，其中包含矿山应急救援信息管理系统，但主要功能是应急资源的管理和基础数据库建设。国家安全生产应急救援指挥中心组织建设了国家安全生产应急平台，实现对煤矿、非煤矿山、危化品、烟花爆竹、工贸行业等重点监管行业的应急指挥，其特点是基于遥感地图实现应急资源的调配和态势标绘，但该平台尚未和各矿山救援基地、矿山救护队以及煤矿生产企业衔接。矿山安全生产事故应急作为突发公共事件的一大类，应急管理一般均纳入国家应急管理体系中(王海涛，2011)。

随着矿山灾害防治技术和计算机技术的发展，国内应急管理机构、科研院所、高科技企业对矿山应急救援方面的研究也越来越多。应急管理信息系统是为应对紧急事件而研发的集事故预防、管理、救援和演练于一体的综合系统，不少学者对此也进行了系统开发和研究。中国矿业大学张瑞新教授团队为某煤矿研发了应急救援系统(王铃丁等, 2006; 张瑞新等, 2007)。中国矿业大学(北京)吴兵及刘文革等进行了煤矿重大事故组合式应急救援预案体系研究和基于 WebGIS 平台的煤矿应急救援信息管理系统开发(吴兵等, 2012; 刘文革和于雷, 2010)。中国矿业大学李希建和林柏泉教授对基于 GIS 的煤矿灾害应急救援系统进行了研究(李希建和林柏泉, 2008)。张伟杰(2014)为提高突发事件应急、预警和事后评估能力, 以解决煤矿系统各自独立、信息孤岛的问题, 设计并实现了王庄煤矿应急管理系统和集成方案, 有效提高了煤矿应急水平。潘启东等(2011)建立了煤矿应急管理系统元框架模型, 提出了基于数据中心的煤矿应急管理系统数据集成模型, 并基于 COM+、ActiveX 等技术建立了应急管理系统。王洪秋等(2016)根据煤矿应急救援实际需求, 构建了煤矿分布式协同安全应急管理系统, 通过多人协同操作与管理, 极大地改善煤矿应急救援的工作流程, 有利于迅速对煤矿事故开展救援工作, 为煤炭企业应急救援提供参考。这些应急管理信息系统多从应急业务流程出发, 涉及应急辅助决策的各个方面, 只具备简单电子应急预案管理的功能, 尚没有形成智能化的应急预案和应急响应辅助决策, 在实际应急预案应用中仍存在较大局限性。

毛善君教授带领北京大学团队和北京龙软科技股份有限公司(简称龙软科技)研发了具有我国完全自主知识产权的煤矿专用地理信息系统和应急救援指挥可视化系统(毛善君等, 2018a, 2018b, 2018c; 吴道政, 2009; 张鹏鹏和毛善君, 2009; 孙振明等, 2016; 吴金兵, 2016), 实现了基于 GIS 的可视化查询、应急预案的网络化管理和煤矿井上下全景漫游, 同时把危险源、避灾线路以三维动态方式显示, 实现了远程互动救援, 提高了煤矿抗灾救灾能力, 相关成果在国家能源集团宁夏煤业有限责任公司、遵义市应急救援大队等单位得到了实际应用, 效果良好(吴金兵等, 2016; 谷牧, 2014; 吴金兵, 2016)。孙继平(2014)根据煤矿安全生产实际情况, 分析了避险专用管线、救生舱、大功率潜水泵等新应急救援设备, 提出了区队长和班组长应是兼职救护队员, 交接班工作尽量在地面完成, 以减少井下人员等工作制度, 能有效改善矿井安全状况。

在国外矿山事故救援方面, 美国体制较为扁平化, 美国联邦矿山安全健康局、州政府和矿山企业协作负责矿山事故救援, 矿山救援装备信息化程度高, 矿山事故应急救援平台同样具有相关各项特征(李运强, 2013; 程芳芳, 2011)。此外, 澳大利亚作为世界第四大煤炭生产国, 其机械化、自动化水平非常高, 安全管理体系及应急保障健全, 在数字矿山应急救援方面有不少先进技术和创新性产品(吴德建等, 2009; 丽萌, 2005)。南非作为世界上矿产资源最丰富的国家之一, 在矿山安全应急救援方面拥有较为先进、成熟的经验(安雯, 2008a, 2008b)。2010 年美国西弗吉尼亚州发生矿难, 由于煤矿监管记录保存完整, 逾千条监管记录为事故追责提供了重要证据。Moulik 等(2015)利用云计算和大数据等技术, 对事故发生时被困人员的轨迹进行聚类, 为人员疏散提供决策支持。Ma 等(2017)设计并实现了一个面向煤矿应急救援的大数据存储和处理云平台, 从海量实时监测数据中发现规律, 指导应急救援工作有序开展。Ma 和 Mao(2018)提出了一种面向煤矿井下救援机器人的路径规划方法, 可以有效避开瓦斯集聚区的障碍物, 快速到达指定地点开展救援工作。因此, 建立统一协调、信息共享的应急预案及应急救援管理信息系统成为世界各国应急管理工作发展趋势。

目前，我国天然气基础设施建设处于快速发展阶段，天然气管网基本形成了西气东输、北气南下、海气登陆的格局，沿海 LNG 接收站布局多点开花，地下储气库建设稳步推进，四大油气进口通道初步构建，天然气管网呈现气源多元化、管道网络化的运输体系，基础设施建设投资主体开始多元化。总体来说，中国天然气产业已初步形成以中国石油、中国石化、中国海油三大国有油气公司为主、其他所有制企业为辅，上游勘探开发、中游管输、下游消费市场不同程度竞争的产业格局(孙延波，2017)。

信息化技术的发展为天然气管道运输事故应急响应解决现存问题创造了有利的条件，天然气管道运输数字化管理与平台建设也在不断发展，如基于 GIS、SCADA 系统的天然气输送管道管理系统，能够在提升应急事故处理效率的同时，有效解决天然气输送管道事故应急响应所存在的问题(杨孟，2020)。杨绪华等(2004)使用 VB 和 Mapinfo 开发了一个基于 GIS 技术的油气管道风险评价决策信息支持系统，该软件可以实时动态地诊断出油气管网的"健康"状况，评价管线运行初期风险程度，掌握新管线营运后的重点风险监测区段，提出避险的主要行为方式，指出资金投入和管理方向。赵新伟等（2006）指出了油气管道完整性管理应包括油气管道的 GIS 和数据库、风险评价、风险检测、适用性评价、管道地质灾害评估、管道维护决策及应急救援等关键技术。赵忠刚等（2006）探讨了 GIS 技术在管道的风险评估、事故隐患的监控和事故后紧急救援决策等环节上如何实现的问题，指出了该技术用于油气管道安全管理还需要着重解决的技术难题。谢安俊（2006）等在讨论突发事件概念及应急救援预案的基础上，介绍了天然气管道事故应急预案中涉及的主要信息技术。司少先等（2008）和朱本延（2010）对基于 GIS 的企业管道安全应急决策支持系统进行了研究，在概括了企业管道事故特点的基础上，提出了企业管道安全应急决策支持系统的主要研究内容，包括应急资源信息平台、管道安全事故应急预案库、管道安全事故动态模拟和重大事故应急决策和指挥。桑海泉等（2009）根据国家重大危险源监控监管与应急救援体系的要求，提出了化工园区安全监控与应急平台的总体架构，介绍了平台的硬件结构和危化品车辆监控工作流程，提出了软件平台的设计思想和功能设计方案。

在国外油气事故的应急管理信息化平台建设方面，主要包括以欧盟和北美为代表的天然气管道信息化平台建设，其中，欧盟在推进内部一体化市场建设过程中要求加强天然气市场信息的透明化建设(European Gas Regulation(EC) 715/2009)，要求各公司建立管网信息公开和准入平台，并实时公布关键节点的流量、剩余能力等，使市场参与者能公开、公平地获得供气量及流量信息，也便于监管机构和各国政府制定应对供气中断的有效措施。美国能源信息署(EIA)发布了 U.S. Energy Mapping System 地图工具，用户可选择所需查询的能源种类图层及背景图层，详细了解相关信息。美国危险品管理局(PHMSA)基于 ArcGIS 平台建立了国家管网地图系统(NPMS)，用于发布管道地图信息，主要包括管道路由、运营商信息、沿线联系信息等(胡载彬，2020)。

1.4.2　应急预案研究现状

应急预案是为了规范事故的应急管理和响应程序，明确职责，建立健全的应急救援机制，及时、科学、有效地指挥和协调应急救援工作而制定的一套事故处置经验和处置方式的模板，以便最大限度地降低事故灾难造成的财产损失和人员伤亡(马莉，2014；卜创利等，2015)。

应急预案管理的发展过程可以归纳为三个阶段，分别是预案文本化、预案电子化和预案智能化，见表1.1。预案文本化是将应急预案以文本形式保存以便于查看，如应急指南和应急手册。预案电子化是将纸质类型的应急预案转化为电子文档形式保存在计算机数据库中进行管理。预案智能化是在原有历史预案库的基础上添加应急基础知识库和常用规则库，并利用推理技术根据灾害的实时信息动态生成应急处置方案，使应急资源调度和处置达到最佳。

表 1.1 应急预案三个发展阶段

阶段	名称	特点
第一阶段	预案文本化	以纸质文本保存和浏览应急预案，设有专门的预案保存地点，查阅、更新不便
第二阶段	预案电子化	将预案电子化，存储在计算机中，多利用文件系统或者数据库系统对应急预案进行管理，支持应急预案添加、删除和查询浏览等操作，修改不便，不能反映实时信息和专家经验
第三阶段	预案智能化	在电子化预案基础上，整合历史经验和专家知识，结合实时监测数据，智能化动态生成应急预案，可执行度高

目前，应急预案研究应用仍主要处于电子化阶段，如何在现有的电子化应急预案基础上，提高应急预案编制的效率和质量、提升应急救援管理的科学性成为研究的热点，许多学者对此进行了深入研究，这些研究主要可以分为预案编制与自动生成、预案评价以及预案演练等方面。

应急预案编制是合理开展应急救援工作的前提，现有的研究主要集中在提高预案完善性与可操作性以及预案的自动生成方面。陈威等(2015)为解决煤矿应急预案大而全、执行困难等问题，提出编制应急预案简明操作手册，并加强应急培训和演练，提高预案的实用性和可操作性。柳晔(2016)提出应明确事故分级标准以及各企业层级的权限和职责，制定出具有针对性的目标和内容。杜冬霞(2010)采取本体技术描述应急领域知识的煤矿预案数字化开发思路，使预案知识被消防和公安多部门利用和共享，提高辅助应急指挥人员决策水平。卜创利等(2015)基于历史应急预案利用智能推理的手段，建立煤矿应急预案自动生成和推荐系统，对于煤矿应急管理具有重要意义。Duan等(2009)提出应急预案框架模型，并设计了基于 B/S 和 C/S 架构的智能应急预案生成管理系统。张瑞新等(2012)针对煤矿传统依靠纸质预案以及通过电话进行救援等手段的不足，提出采用信息化相关技术来辅助提高煤矿应急管理能力。陈东晓等(2015)以煤矿安全事故应急预案为核心，在对应急预案进行结构化的基础上，结合信息化技术，实现了煤矿应急管理以及应急辅助决策。郭祯和阎俊爱(2014)对煤矿突发事件应急决策流程进行了梳理，并通过确定应急响应级别来启动应急预案从而指导应急决策。郑家宋(2014)则考虑到煤矿应急指挥过程中存在信息共享问题，设计了矿山安全生产应急救援指挥系统，该系统能够在应急过程中为指挥决策人员提供全方位的信息支撑。对煤矿应急预案完整性和可操作性的讨论研究可以极大地提高应急预案编制工作的有效性，而基于历史应急预案的自动生成和推荐系统则解决了已有知识经验的复用问题。但是这些研究没有考虑事件发生的实时状态，不能有效地对事故突发状况进行应急响应。

应急预案评价可以检查应急预案的有效性和可操作性，与应急演练相比操作简单，节约成本。马恒和王苏(2017)等针对矿井应急管理的实际情况，设计了应急预案评估指标体系，运用层次分析法赋值，并提出一种基于改进的灰色系统评估方法。訾阳(2014)通过建立煤矿应急救援能力评价指标体系，利用序关系分析法建立分析指标并确定各指标的权重，基于模糊综合评判法建立应急预案评价模型，通过实例验证模型的可用性。刘程程通过设计煤矿应急救援能力评价指标体系，构建了事故救援能力网络结构图，提出了基于网络层次分析法和最小判别法的煤矿应急救援能力逐级评价模型，为规范煤矿应急管理提供科学依据。杨力等(2013)通过构建煤矿应急救援能力评价指标体系，综合应用改进的层次分析法、模糊综合评判法等方法，建立了事故救援能力评价模型，提高了评价结果的客观性和准确性。邓万涛(2010)基于层次分析法，提出一套煤矿应急预案评价方法，通过实践检验了其可靠性。可以应用这些应急预案评价方法有效地对应急预案进行评估，减少预案的错误，提高救援质量。

应急预案演练是对应急预案进行事故救援演练，目的是使救援人员熟悉救援流程，提高救援效率并借机对应急预案进行评估和修改。张文光和阚宗峰(2016)提出应该深化设计方案，多方面提升应急处置能力，同时合理虚设灾情，健全演练模式，多方位锻炼处置能力。王春源等(2016)则基于模糊综合评判方法，提出一套煤矿应急预案演练指标评价体系。赵志刚等(2007)在煤矿应急预案的基础上，基于WebGIS开发了矿井预案演练管理系统，通过演练加强相关人员的安全培训，提升应急救援的执行力。刘永立和杨虎(2013)针对应急救援演练成本高、不灵活等特点，设计了一套基于Unity3D的煤矿火灾应急救援演练系统，并对三维建模、火焰模拟等关键技术进行了分析。应急演练以及演练评判对于提升预案质量和实施效率具有重要意义。

在油气领域，刘宝静在对金川集团的油库进行专业风险分析的基础上，确定了该油库的应急预案，基于仿真模拟验证了应急预案的有效性和可行性(刘宝静，2018)。但是传统的应急预案在风险因素考虑的全面性等方面仍然具有较大的改进空间。近年来，随着以HSE(health, safety, environment)风险分析为基础的HSE风险管理体系在油气行业风险和安全管理中不断取得成功，一些学者开始尝试将HSE管理理念用于油气企业应急预案的编制。基于HSE管理体系框架，雷文章和陈延兵提出一种具有分级、动态等特征的应急预案体系，该研究指出企业主体组织的重要性，并强调石油企业应结合自身特点，以资源对应急救援的重要性为依据，进行应急资源的配置与调动。另外，雷文章等研究了石油企业HSE应急预案的实战演习模式。该研究指出除传统内容之外，实战演习还应包含面向所有参与人员的对知识和反应时间的测试和练习，从而实现对相关人员应急能力进行综合评估(雷文章和陈延兵，2004)。

上述研究的共同点是将HSE风险管理体系与传统应急预案建设工作相结合，在提升企业应急管理水平方面起到了良好的作用。事实上，随着我国能源需求不断增加，油气管道建设获得了快速而卓有成效的发展(李慧婷，2018；张新法等，2017)。然而由于所输送油气介质具有易燃、易爆、有毒等特性，一旦因腐蚀、管材和施工质量、第三方破坏等导致油气泄漏,有可能发生火灾、爆炸等严重事故。除了事故预防措施以外,以事故响应和处置为主要内容的应急管理措施对于控制事故后果严重程度具有关键作用。决定应急管理措施是否有效的重要因素之一是应急预案是否科学合理,而将风险分析作为保障应急预案科学、合理的重要基础是目前国内外学者的共识(刘铁民,2011;郑登锋等,2018)。

目前,中国石油天然气股份有限公司天然气与管道分公司积极推进应急管理工作常态化,健全应急管理机构,明确相应处室职责,加强"一案三制"和应急管理体系建设,坚持预防与处置并重,常态和非常态相结合,把应急工作向预防、预备关口前移,逐步形成协调有效的应急管理工作机制,确保天然气与管道业务系统安全、平稳生产运行。郑明珠(2011)等提出油气长输管道企业应根据不同层面和不同的风险类型编制相应的预案,制定详尽的风险预防措施和应急抢险措施,并从风险评估入手,通过梳理应急组织体系和职责,细化应急预警和应急响应流程,进一步完善应急预案体系,完成《长输油气管道突发事件专项应急预案》修订工作,同时完成油气调运、天然气销售两个支持性应急预案,并将其作为天然气与管道业务系统内制定各项预案的总纲和基础,要求所属各单位逐步建立健全由综合性预案、专项预案和基层现场处置预案组成的预案体系。为规范基层现场处置预案的编制,提高预案的针对性和可操作性,2006 年以来组织了现场处置预案模板编制工作。统一编制了现场处置预案模板 29 种,其中通用部分 4 种,原油、成品油管道 13 种,天然气管道 12 种,模板中细化了现场应急处置程序及要点,重点做出了抢险人员、设备、物资的落实工作要求(郑明珠,2011)。总体而言,通过全面的风险分析,建设应急职责明确、应急响应迅速、处置程序合理、保障措施到位的科学应急预案体系,对于保障油气管道行业对油气泄漏、火灾爆炸重大事故的风险管控能力具有重要意义。

1.4.3 应急决策支持研究现状

长期以来,应急决策支持系统受到大量学者的关注和重视,其主要是指充分利用计算机运算、存储等优势,代替人工大量烦琐、重复的劳动,将相关数据存储于计算机中,一旦发生事故,可以迅速从计算机中调取数据和资源,同时对灾害进行评估,充分应用应急预案、信息管理等功能为矿井应急决策进行服务,从而实现应急救援的最终目的(沈斐敏,1995)。有学者指出,应急决策支持系统应该着重解决两大问题:①由于灾害动态变化以及人的思维分析的局限,在相关法规中灾情与救灾措施缺少一一对应的关系;②对灾情的了解和对决策实施效果认识的模糊问题(周心权和朱红青,2005)。

随着信息技术的飞速发展,传统应急辅助决策手段已经难以满足人们的需求,依托互联网技术,应急决策支持相关理论有了进一步发展。当前我国对应急辅助决策支持的研究存在多种模式,以基于规则的应急决策支持和基于案例的应急决策支持研究较为突出。其中基于规则的应急决策支持研究系统能够在应急状态下依据应急预案等规章制度进行辅助决策,但应急预案有其固有缺陷,如原则性条文较多而缺乏具体指导,基于案例的应急决策支持研究则考虑到指挥人员知识和个体经验的局限性,以历史经验来辅助决策(李军涛等,2012)。下文将分别介绍上述两种应急决策支持模式。

1）基于规则的应急决策支持

基于规则的应急决策支持是指通过对应急预案、安全规程等法规条文进行数字化管理，并依据灾情信息和法规条文动态提供决策建议来辅助应急决策。在我国，基于规则的应急辅助决策方面的研究已经有较长历史，王德明等（1996）便对火灾发生时如何进行决策支持进行了研究。

2）基于案例的应急决策支持

基于案例的应急决策支持是以历史事故案例的检索和推理为核心，在灾害发生时，通过提供相似案例来辅助应急决策。近年来，案例检索、推理技术的发展为指导安全生产以及辅助应急决策提供了新的思路和方法。与基于规则式的推理不同，其核心思想是将历史上发生的各类案例按照一定方式存储，当新的问题发生时，通过参考并分析历史类似案例解决当前问题。该思维方法与人类的认知和思考过程极为相似。当前，基于案例的推理技术已经发展为包含案例表示（representation）、案例检索（retrieve）、案例重用（reuse）、案例调整（revise）、案例保存（retain）的 5R 模型（Sun et al., 2004; Aamodt et al., 1994）。

林崇德（2016）设计并开发了矿井水灾事故应急救援辅助决策系统，该系统通过将矿井透水淹井过程的分析结果与井下作业人员定位系统数据进行综合显示，以辅助判断井下被困人员的生存情况，并以此来具体化应急预案中的原则性条款，从而有效指导应急救援。许永刚（2012）通过对煤矿企业进行需求调研，设计了煤矿事故应急救援管理信息系统，该系统能够对事故现场信息进行管理，并将其与 GIS 系统相结合，实现井下矿图、设备等信息的查询和检索。孙保敬和孟国营（2009）设计了矿山排水抢险应急救援系统，该系统能够自动生成抢险排水应急方案，并在矿井发生水灾后按照指定应急救援方案来进行应急指导。孙振明等（2016）研究了瓦斯爆炸条件下如何进行应急救援辅助决策。针对煤矿瓦斯爆炸事故发生后事故破坏范围、井下人员分布等信息难以获取的问题，利用计算流体力学数值模拟的方式进行辅助决策支持。杨守国等（2012）提出了煤与瓦斯突出灾变预警与应急辅助决策技术，结合煤矿现有的安全监测系统，实现在发生局部煤与瓦斯突出灾变后，动态计算灾变后瓦斯涌出量及波及范围，并给出区域断电措施等建议，可提高应急决策的科学性和反应速度。

袁晓芳等（2012）对煤矿重大瓦斯事故案例推理应急决策方法理论进行了研究，其对提取的案例特征引入了模糊属性的概念，进而定义了案例相似度计算方法。张丽圆（2014）提出了案例的两级组织结构，提出可以利用聚类思想进行相似案例的查找，并基于 K 近邻算法进行相似案例的检索。王娟和李丽琴（2013）通过对案例信息的挖掘对矿井瓦斯爆炸事故原因进行了分析，并基于案例推理技术设计了瓦斯爆炸案例分析系统的原型。王向前（2014）对案例推理相关关键技术进行了研究，建立了煤矿巷道支护案例库并基于案例检索与推理方法构建了煤矿回采巷道支护决策系统。高蕊等（2007）基于 GIS 控件 Mapx 建立了可视化的矿井灾害应急救援系统，将井下危险源、工作面、避灾路线、灾害影响区域、通信设备等在地图上进行了动态显示，且属性信息与图形信息紧密结合。管镇铭（2014）结合分布式处理、云计算、神经网络、物联网等新兴技术，构建一个多层次煤矿安全生产专家系统，实现多级、多业务、多部门在同一平台上的协同工作与监管。唐善成（2008）为克服现有煤矿专家系统信息共享困难和推理能力有限等缺点，提出了基于网

络服务的专家系统，通过网络服务实现信息共享，扩展了专家系统的推理能力。杨丹丹
(2012)通过集成灰色关联度分析模型、贝叶斯模型以及模糊综合评判模型中的模糊超标
法等防治水措施辅助决策模型和方法，设计开发了基于 GIS 的专家系统，实现了矿井突
水水源判别、水害预防措施辅助决策等功能，具有很好的实际应用价值。

20 世纪 80 年代中期相关学者首次将 GIS 技术应用于油气管道管理，主要包括原
油管线的线路设计、风险区划以及在原油泄漏时确定管道沿线需要保护的关键区域(牛蕴
等, 2007; 董玉华等, 2002)。其他相关研究包括管道的地震危害评估与新兴技术相结合的
应用、基于 WebGIS 组建国家管道 GIS 数据库、油气管道的定量风险评价和油气管道
应急响应机制等(张范辉, 2008; Yang, 2007)。高晓荣和徐英卓(2010)利用网络地理信息
系统技术实现了一套油田事故应急救援可视化决策分析系统，提供全方位、可视化、高
效的应急救援信息服务与决策支持。崔洪波(2007)基于 GIS 技术，根据民航应急救援实
际可视化需求，设计应急救援系统的整体模型，并对最短路径算法及路径可视化做了研
究。李志锐(2010)利用 GIS 设计实现了工业园区安全信息管理系统，并应用在灾害应急
救援中。张东旭(2011)将专家系统智能推理的功能进行模块化设计，并与油田安全生产
应急指挥系统巧妙结合，利用地理信息系统技术实现了油田生产应急指挥系统。

袁晓芳(2011)等通过 PSR 模型和贝叶斯网络提出了非常规灾害事故情景推演方法，
描述了非常规灾害事故情景分析方法的具体流程以及情景演化的基本情况与影响因素，
并用实际事故案例验证了推理方法的准确性; Xin 等(2017)将事故情景映射到贝叶斯网
络模型中，通过分析事故中的风险要素，预测事故发展过程中将要出现的事故情景，并
通过给定的风险要素的观察值判断事故情景灾害等级，识别事故情景的危害影响;吉灵
和牛丁(2018)等引入系统动力学的方法分析了油罐火灾事故的情景演化过程，构建了针
对罐内火灾这个特定情景的流量存量问题的系统动力学方程，明确了事故情景演化的内
在动力是油品的燃烧，外界的最大干预是相关应急预案等措施。张志霞和牛苗苗(2018)
等通过熵权法对天然气管道非常规突发事故应急对策评价模型进行权重分析，分析各个
指标的权重关系，根据应急对策评价指标建立相应的决策矩阵，针对各个对策进行加权
优选，求得最优属性权重的应急对策，为决策者在应急过程中做出科学的决策提供依据。
Shi 等(2014)根据污染介质、危险化学品的特点和性质，通过情景树构建了 54 种化学污
染事故的不同情景。通过分析事故情景的基本特征，针对每种化学事故建立了可行的应
急处理对策，针对特定事故选择最优化学污染事故应急处置预案，提出了改进层次分析
法(AKP)的技术应急评估指标体系，并通过 2012 年 12 月河流苯胺污染事故进行实例验
证。综上所述，国内外学者基于层次分析法、神经网络算法、灰色关联决策分析法和熵
权法等，在天然气管道泄漏、危险化学品污染等领域的应急决策方面取得了实用化成果
(马思铭, 2020)。

参 考 文 献

安雯. 2008a. 南非矿山安全与应急救援培训(上)[J]. 现代职业安全, (8): 66-67.

安雯. 2008b. 南非矿山安全与应急救援培训(下)[J]. 现代职业安全, (9): 48-50.

奥古斯丁·N R. 2001. 危机管理[M]. 北京: 中国人民大学出版.

卜创利. 2015. 煤矿应急预案自动生成技术的研究与应用[D]. 太原：太原科技大学.

卜创利，潘理虎，植宇. 2015. 基于案例推理的煤矿应急预案管理系统设计[J]. 工矿自动化，41(7)：34-38.

陈东晓，张瑞新，张伟，等. 2015. 煤矿生产安全事故应急预案的结构化研究[J]. 煤炭技术，34(6)：301-303.

陈洪富，孙柏涛，陈相兆，等. 2013. HAZ-China 地震灾害损失评估系统研究[J]. 土木工程学报，46(S2)：294-300.

陈建宏，杨立兵. 2013. 现代应急管理理论与技术[M]. 长沙：中南大学出版社.

陈威，张宏凯，孔磊. 2015. 浅谈如何增强煤矿应急预案的可操作性[J]. 煤矿现代化，(1)：89-91.

陈相兆. 2016. HAZChina 地震应急快速评估技术研究及系统建设[D]. 哈尔滨：中国地震局工程力学研究所.

程芳芳. 2011. 中美应急管理体系与科技支撑的现况及比较研究[D]. 广州：暨南大学.

崔洪波. 2007. 基于 GIS 的民航应急救援系统的研究[D]. 北京：北京交通大学.

邓万涛. 2010. 煤矿应急预案评价方法研究[J]. 中国安全科学学报，20(5)：167-171.

董玉华，高惠临，周敬恩，等. 2002. 长输管线失效状况模糊故障树分析方法[J]. 石油学报，(4)：85-89.

杜冬霞. 2010. 基于关系数据模型的应急预案领域本体构建方法研究[D]. 太原：太原理工大学.

范维澄. 2007. 国家突发公共事件应急管理中科学问题的思考和建议[J]. 中国科学基金，(2)：71-76.

范维澄，陈涛. 2009. 国家应急平台体系建设现状与发展趋势[C]. 北京："沟通协作、科学应急"——第三届(2009)中国突发事件防范与快速处置大会.

范维澄，刘奕. 2008. 城市公共安全与应急管理的思考[J]. 城市管理与科技，10(5)：32-34.

方毅芳. 2015. 煤炭企业安全管理可视化方式研究[D]. 北京：中国矿业大学.

高广伟. 2020. 中国矿山救护工作改革与发展[J]. 煤矿安全，51(10)：18-23.

高蕊，蒋仲安，董枫，等. 2007. 矿井灾害可视化应急救援系统的研究与应用[J]. 煤炭工程，(4)：108-110.

高晓荣，徐英卓. 2010. 油田事故应急救援可视化决策支持系统[J]. 计算机工程，36(15)：236-239.

谷牧. 2014. 基于 WebGIS 的应急救援指挥管理系统的设计与实现[D]. 哈尔滨：黑龙江科技大学.

管镇铭. 2014. 基于物联网的煤矿安全生产专家系统的研究与设计[D]. 成都：电子科技大学.

郭德勇，刘金城，姜光杰. 2006. 煤矿瓦斯爆炸事故应急救援响应机制[J]. 煤炭学报，(6)：697-700.

郭济. 2004. 政府应急管理实务[M]. 北京：中共中央党校出版社.

郭祯，阎俊爱. 2014. 智能型煤矿突发事件应急决策支持系统研究[J]. 山西财经大学学报，36(S2)：74-75.

胡载彬. 2020. 天然气长输管道安全运行监管研究[D]. 上海：华东师范大学.

黄宏纯. 2013. 应急管理科技支撑体系研究[D]. 武汉：武汉理工大学.

黄继广，马汉鹏，范春姣，等. 2020. 我国煤矿安全事故统计分析及预测[J]. 陕西煤炭，39(3)：34-39，6.

吉灵，牛丁. 2018. 大型油罐火灾爆炸事故演化规律研究[J]. 消防科学与技术，274(5)：22-25.

计雷，池宏. 2006. 突发事件应急管理[M]. 北京：高等教育出版社.

雷文章，陈延兵. 2004. 陆地石油企业 HSE 应急预案建立研究[J]. 中国职业安全卫生管理体系认证，(4)：26-29.

李彪. 2003. 城市安全规划的可视化技术研究[J]. 中国安全科学学报，(11)：32-35.

李春祥. 2012. 中国应急管理体系建设研究[J]. 河南商业高等专科学校学报，25(3)：39-41.

李慧婷. 2018. 基于"情景—应对"的油气管道泄漏事故应急预案研究[D]. 济南: 山东师范大学.

李军涛, 郭德勇, 邱学勤. 2012. 煤矿瓦斯事故应急决策方法研究[J]. 煤矿安全, 43(12): 225-228.

李希建, 林柏泉. 2008. 基于 GIS 的煤矿灾害应急救援系统的应用[J]. 采矿与安全工程学报, (3): 327-331.

李小平. 2013. 铁路突发事件应急救援智能决策关键技术研究[D]. 兰州: 兰州交通大学.

李运强. 2013. 美国矿山应急救援体系特点及启示[J]. 中国安全生产科学技术, 9(8): 183-187.

李志锐. 2010. GIS 技术在应急救援指挥系统中的应用研究[D]. 长沙: 中南大学.

丽萌. 2005. 澳大利亚重大事故应急系统[J]. 中国消防, (14): 52.

林崇德. 2016. 矿井水灾事故应急救援辅助决策系统[J]. 中国安全生产科学技术, 12(S1): 32-36.

刘宝静. 2008. 金川公司油库事故应急救援预案研究[D]. 阜新: 辽宁工程技术大学.

刘培新. 2014. 新一代专家系统开发技术及应用[M]. 西安: 西安电子科技大学出版社.

刘铁民. 2011. 突发事件应急预案体系概念设计研究[J]. 中国安全生产科学技术, 7(8): 9.

刘文革, 于雷. 2010. 基于 WebGIS 煤矿事故应急救援系统的研究[J]. 中国安全科学学报, 20(1): 171-176.

刘永立, 杨虎. 2013. 煤矿火灾应急救援演练虚拟现实系统研究[J]. 矿业安全与环保, 40(6): 22-25.

刘蕴, 张立国, 李红. 2014. 应急决策支持系统中核事故后果评价程序的设计与改进[J]. 原子能科学技术, 48(S1): 357-361.

柳晔. 2016. 关于煤矿应急预案的讨论[J]. 内蒙古煤炭经济, (16): 64-65.

罗伯特·希斯. 2001. 危机管理[M]. 王成, 译. 北京: 中信出版社.

吕爱琴. 2019. 煤矿应急管理能力评价指标权重研究[J]. 山东煤炭科技, (2): 212-214.

吕明. 2014. 城市公共地下空间安全可视化管理研究[D]. 北京: 中国矿业大学.

马恒, 王苏. 2017. 煤矿应急预案评估研究及在常村煤矿中的应用[J]. 矿业安全与环保, 44(4): 115-119.

马莉. 2014. 本体的煤矿数字化应急预案系统研究[J]. 西安科技大学学报, 34(2): 216-223.

马思铭. 2020. 油气储运火灾事故应急过程情景推演与情景对策评估[D]. 大连: 大连海事大学.

毛善君, 崔建军, 令狐建设, 等. 2018a. 透明化矿山管控平台的设计与关键技术[J]. 煤炭学报, 43(12): 3539-3548.

毛善君, 崔建军, 王世斌, 等. 2020. 煤矿智能开采信息共享管理平台构建研究[J]. 煤炭学报, 45(6): 1937-1948.

毛善君, 夏良, 陈华州. 2018b. 基于安全生产的智能煤矿管控系统[J]. 煤矿安全, 49(12): 102-107.

毛善君, 杨乃时, 高彦清, 等. 2018c. 煤矿分布式协同"一张图"系统的设计和关键技术[J]. 煤炭学报, 43(1): 280-286.

牛蕴, 周锡河, 门晓棠, 等. 2007. 现有评价方法在油气长输管道工程安全评价中的应用[J]. 工业安全与环保, 33(9): 56.

诺曼·R·奥古斯丁. 2001. 危机管理[M]. 北京: 中国人民大学出版社.

潘启东, 曾咪, 段东生, 等. 2011. 基于数据集成的煤矿应急管理系统设计研究[J]. 河南理工大学学报(自然科学版), 30(5): 521-524.

祁明亮, 池宏, 赵红, 等. 2006. 突发公共事件应急管理研究现状与展望[J]. 管理评论, (4): 35-45.

桑海泉, 康荣学, 魏利军. 2009. 化工园区安全监控与应急平台研究[J]. 科技导报, 27(22): 81-85.

闪淳昌. 2005. 建立突发公共事件应急机制的探讨[J]. 中国安全生产科学技术, 1(2): 24-26.

沈斐敏. 1995. 矿井安全决策支持系统的建造[J]. 中国煤炭, (4): 50-51.

司少先, 李苏东, 崔洪涛, 等. 2008. 基于 GIS 的企业管道安全应急决策支持系统的设计研究[J]. 中国公共安全(综合版), (3): 158-159.

随付国, 陈炳, 赵磊磊. 2011. 中外突发公共危机应急处置比较研究——以山西王家岭矿难和英国石油公司墨西哥湾漏油事件为例[J]. 浙江海洋学院学报(人文科学版), 28(3): 35-39.

孙保敬, 孟国营. 2009. 矿山排水抢险应急救援系统设计[J]. 煤炭科学技术, 37(6): 89-91.

孙继平. 2014. 煤矿井下紧急避险与应急救援技术[J]. 工矿自动化, 40(1): 1-4.

孙延波. 2017. 我国天然气数字管网应用平台展望[J]. 中国石油石化, (2): 1-2.

孙振明, 毛善君, 李梅, 等. 2014. 基于 GIS 的地质剖面图自动生成算法的研究与实现[J]. 煤炭工程, 46(4): 99-102.

孙振明, 毛善君, 吴春雷. 2016. 基于监测数据与 CFD 的瓦斯爆炸应急辅助决策系统[J]. 煤矿安全, 47(3): 83-86.

唐善成. 2008. 基于 Web Service 的煤矿安全生产专家系统[J]. 煤矿安全, (5): 97-99.

王春源, 林乐顺, 董华, 等. 2016. 基于模糊综合评判的煤矿应急预案演练评价指标体系研究[J]. 煤矿安全, 47(12): 234-236.

王德明, 王省身, 郭晋云. 1996. 矿井火灾救灾决策支持系统研究[J]. 煤炭学报, (6): 65-70.

王东明, 刘欢, 李永佳. 2016. 基于砖混结构废墟救援安全评估专家系统研究[J]. 地震研究, 39(4): 656-663.

王海涛. 2011. 矿山应急救援指挥管理系统研究[D]. 哈尔滨: 黑龙江科技学院.

王洪秋, 赵晶, 戚宏亮. 2016. 基于协同的区域煤矿应急管理系统研究[J]. 煤炭经济研究, 36(12): 66-69.

王娟, 李丽琴. 2013. 基于CBR的瓦斯爆炸案例分析系统研发与应用[C]. 北京: 第七届北京安全文化论坛.

王铃丁, 张瑞新, 赵志刚, 等. 2006. 煤矿应急救援指挥与管理信息系统[J]. 辽宁工程技术大学学报, (5): 655-657.

王宁, 王延章. 2007. 应急管理体系及其业务流程研究[J]. 公共管理学报, (2): 94-99.

王向前. 2014. 基于案例推理的煤矿回采巷道支护决策系统研究[D]. 淮南: 安徽理工大学.

王醒宇, 施仲齐. 2003. 我国核应急决策支持系统研究现状及其与 RODOS 的比较[J]. 核科学与工程, (2): 184-187.

吴兵, 华明国, 雷柏伟. 2013. 矿山应急救援系统[J]. 辽宁工程技术大学学报, 8: 1015-1021.

吴兵, 华明国, 倪英杰, 等. 2012. 基于WebGIS的煤矿应急救援管理指挥系统研究[J]. 中国煤炭, 38(9): 64-66.

吴道政, 毛善君, 李鑫超. 2009. 基于龙软GIS3.0的煤矿空间数据库架构设计[J]. 煤炭科学技术, 37(4): 94-97.

吴德建, 武爽, 邹文杰, 等. 2009. 澳大利亚煤矿安全生产管理与文化的借鉴[J]. 煤矿安全, 40(2): 94-97.

吴金兵. 2016. 基于图像的受限空间三维重建关键技术研究[D]. 北京: 北京大学.

吴金兵, 毛善君, 李梅. 2016. 大型矿区应急救援"一张图"关键技术研究[J]. 煤矿安全, 47(11): 83-86.

武强, 管恩太. 2006. 煤矿水害应急救援预案探讨[J]. 煤炭学报, (4): 409-413.

谢安俊. 2006. 天然气管道应急救援系统及其信息技术[J]. 天然气工业, 26(5): 115-116.

许永刚. 2012. 基于 GIS 的煤矿事故应急救援信息管理系统开发与应用[D]. 西安: 西安科技大学.

杨丹丹. 2012. 基于 GIS 的谢桥煤矿矿井水害防治专家系统研究[D]. 合肥: 合肥工业大学.

杨力, 刘程程, 宋利, 等. 2013. 基于熵权法的煤矿应急救援能力评价[J]. 中国软科学, (11): 185-192.

杨孟. 2020. 天然气输送管道事故应急响应现存问题及解决方案[J]. 化工管理, (6): 77-78.

杨守国, 唐建新, 文光才, 等. 2012. 煤与瓦斯突出灾变预警与应急辅助决策[J]. 重庆大学学报, 35(9): 121-125.

杨绪华, 杨强, 黎明等. 2004. 基于 GIS 的管道风险评价分析与决策初步研究[J]. 宜宾学院学报, 3: 110-112.

佚名. 2018. 完善我国应急管理法律法规体系[J]. 劳动保护, (6): 32-35.

余波. 2012. 广东省应急管理现状与对策研究[D]. 广州: 华南理工大学.

袁宏永, 李鑫, 苏国锋, 等. 2013. 我国应急平台体系建设[J]. 中国减灾, (17): 20-23.

袁晓芳, 李红霞, 田水承. 2012. 煤矿重大瓦斯事故案例推理应急决策方法[J]. 辽宁工程技术大学学报(自然科学版), 31(5): 595-599.

袁晓芳, 田水承, 王莉. 2011. 基于 PSR 与贝叶斯网络的非常规突发事件情景分析[J]. 中国安全科学学报, (1): 171-178.

张斌, 黄全义, 张松波. 2007. GIS 在城市应急救援中的应用[J]. 地理空间信息, (1): 105-107.

张东旭. 2011. 专家系统在油田生产应急指挥系统中的应用[D]. 大庆: 东北石油大学.

张范辉. 2008. 油气长输管道风险评价研究[D]. 青岛: 中国海洋大学.

张军波, 郭德勇, 王立兵. 2012. 煤矿应急救援组织结构模式研究[J]. 煤炭学报, 37(4): 664-668.

张丽圆. 2014. 基于案例推理的煤矿瓦斯应急决策研究与应用[D]. 徐州: 中国矿业大学.

张鹏鹏, 毛善君. 2009. 基于 GIS 的煤炭储量管理信息系统的设计与实现[J]. 煤炭科学技术, 37(7): 101-103.

张瑞新, 门红, 廖凌松. 2007. 安全生产应急救援地理信息平台建设探讨[J]. 地理信息世界, (1): 13-18.

张瑞新, 赵志刚, 赵红泽. 2012. 煤矿应急管理与救援指挥辅助决策信息系统研制与应用[C]. 北京: 中国煤炭学会成立五十周年高层学术论坛.

张伟杰. 2014. 王庄煤矿应急管理系统开发与集成方案研究[D]. 沈阳: 沈阳理工大学.

张文光, 阚宗峰. 2016. 创新煤矿应急预案演练模式提升应急救援处置能力[J]. 产业与科技论坛, 15(15): 214-215.

张新法, 郝银贵, 郭洋. 2017. 油气管道企业应急预案体系的构建[J]. 天然气与石油, 35(3): 113-117.

张志霞, 牛苗苗. 2018. 天然气管道突发事件动态应急决策研究[J]. 消防科学与技术, 37(2): 241-245.

赵红, 汪亮. 2004. 从美国联邦应急计划看美国国家应急管理运行机制[J]. 项目管理技术, (1): 26-30.

赵继军, 李艳妮. 2015. 基于 WebGIS 的煤矿应急救援管理系统设计与实现[J]. 煤炭工程, 47(5): 21-23.

赵田. 2016. 我国城市突发事件应急管理机制实证研究—以深圳市为例[D]. 广州: 广东工业大学.

赵婷. 2014. 突发事件应急预案智能管理与应用系统构建研究[D]. 南京: 南京邮电大学.

赵新伟, 李鹤林, 罗金恒, 等. 2006. 油气管道完整性管理技术及其进展[J]. 中国安全科学学报, 16(1): 129-135.

赵琰, 骆成凤, 陈建国. 2012. 省级突发事件应急平台体系建设实践与思考[J]. 中国行政管理, (5): 118-119.

赵志刚, 张瑞新, 郭庆勇, 等. 2007. 煤矿灾害事故预案演练信息系统的研究与应用[J]. 煤矿开采, (2): 78-79.

赵忠刚, 姚安林, 赵学芬. 2006. GIS 技术在油气管道安全管理中的应用[J]. 管道技术与设备, 1: 15-18.

郑登锋, 徐丽, 陈永, 等. 2018. 基于 HSE 风险分析的油气管道企业应急预案体系与实践[J]. 油气田环境保护, 28(3): 44-48, 62.

郑家宋. 2014. 矿山安全生产应急救援指挥系统设计[J]. 工矿自动化, 40(2): 112-114.

郑明珠. 2011. 中石油油气长输管道企业应急能力评价[D]. 北京: 清华大学.

中国安全生产科学研究院, 2018. 完善我国应急管理法律法规体系[J]. 劳动保护, (6): 32-35.

钟开斌. 2006. 国家应急管理体系建设战略转变: 以制度建设为中心[J]. 经济体制改革, (5): 5-11.

钟开斌. 2009. 回顾与前瞻: 中国应急管理体系建设[J]. 政治学研究, (1): 78-88.

钟开斌. 2020. 中国应急管理体制的演化轨迹: 一个分析框架[J]. 新疆师范大学学报(哲学社会科学版), 41(6): 73-89.

周心权, 朱红青. 2005. 从救灾决策两难性探讨矿井应急救援决策过程[J]. 煤炭科学技术, (1): 1-3.

周忠科, 王立杰. 2011. 我国煤基清洁能源发展潜力及趋势[J]. 中国煤炭, 37(5): 24-27, 36.

朱本廷. 2010. 基于 Web GIS 的油气管道事故应急救援系统模型研究[D]. 抚顺: 辽宁石油化工大学.

訾阳. 2014. 煤矿重大事故应急救援能力评估研究[D]. 淮南: 安徽理工大学.

邹建辉. 2021. 应急管理理念下的石油天然气安全管理[J]. 化工管理, (2): 139-140.

Aamodt A, Agnar A, Plaza E, et al. 1994. Case-based reasoning: Foundational issues, methodological variations, and system approaches[J]. Ai Communications, 7(1): 39-59.

Blandchard B W, Canton L G, Cwiak C L. 2007. Principles of Emergency Management[R]. https://wenku. baidu.com/view/0230fbd0d1f34693dbef3e5d.html?_wkts_=1677813122930&bdQuery=Principles+of+Emergency+Management[2022-8-30].

David L Rules. 2002. Regulations and Safe Behaviour[D]. University of New South Wales.

Duan D S, Pan Q D, Zhang R X, et al. 2009. Research and design of coal mine intelligent emergency plan generation and management system[C]. International Forum on Computer Science-technology & Applications. IEEE Computer Society.

Groombridge C J. 2001. A coal-mine safety case: Suggestion from the petroleum industry following the piper alpha disaster ming technology[J]. Transactions of the Institute of Mining & Metallurgy Section, 110(1): 18-23.

Hollnagel E. 1992. The reliability of man-machine interaction[J]. Reliability Engineering & System Safety, 1(38): 81-89.

Jr William L W. 2000. Living with Hazards, Dealing with Disasters; An Introduction to Emergency Management[Z]. Portland: Ringgold Inc, 15.

Lindell M K, Prater C, Perry R W. 2011. 应急管理概论[M]. 王宏伟, 译. 北京: 中国人民大学出版社.

Ma L, Li S G, Tang S C, et al. 2017. Big Data Storage and Processing Method on the Coal Mine Emergency Cloud Platform[C]. Hong Kong: International Conference on Automotive Engineering, Mechanical and Electrical Engineering.

Ma X L, Mao R Q. 2018. Path planning for coal mine robot to avoid obstacle in gas distribution area[J]. International Journal of Advanced Robotic Systems, 15(1): 172988141775150.

Mitroff I I, Pearson C M. 1994. Crisis Management: A Diagnostic Guide for Improving Your Organizations Crisis-Preparedness[M]. San Francisco: Jossey-Bass.

Moulik S, Misra S, Obaidat M S. 2015. Smart-evac: Big data-based decision making for emergency evacuation[J]. IEEE Cloud Computing, 2(3): 58-65.

Rules D L. 2002. Regulations and Safe Behaviour[D]. Sydney: University of New South Wales.

Shi S, Cao J, Feng L, et al. 2014. Construction of a technique plan repository and evaluation system based on ahp group decision-making for emergency treatment and disposal in chemical pollution accidents[J]. Journal of Hazardous Materials, 276 (15): 200-206.

Sun Z, Finnie G, Weber K. 2004. Case base building with similarity relations[J]. Information Sciences, 165 (1): 21-43.

Tamuz M, Rosenthal U, Charles M T, et al. 1991. Coping with crises: The management of disasters, riots and terrorism [J]. Administrative Science Quarterly, 36 (3): 501.

Watson K J. 1998. Use of computer databases to manipulate safety information[J]. Computers in Railways, VI, 37.

Waugh W L. 2000. Living with Hazards, Dealing with Disasters; An Introduction to Emergency Management[Z]. Portland: Ringgold Inc: 15.

Xin P, Khan F, Ahmed S. 2017. Dynamic hazard identification and scenario mapping using bayesian network[J]. Process Safety & Environmental Protection, 105: 143-155.

Yang L. 2007. Control of spatial discretisation in coastal oil spill modelling[J]. International Journal of Applied Earth Observation & Geoinformation, 9 (4): 392-402.

Zakaria F, Garcia H A, Hooijmans C M, et al. 2015. Decision support system for the provision of emergency sanitation[J]. Sci Total Environ, 512-513: 645-658.

第 2 章　能源行业多维 GIS 平台关键技术

能源行业的关键数据与时空信息密切相关,因此,多维 GIS 平台是应急管理信息系统的重要基础。本章对构建能源行业多维 GIS 平台的关键内容和技术进行了阐述,包括 GIS 基础平台数据模型和数据存储技术、二维 GIS 平台软件构架、基于 GIS 的三维可视化平台设计以及基于 WebGIS 的地图协同服务等内容。

2.1　GIS 基础平台数据模型

GIS 的核心问题之一是对空间数据的组织和管理,对于能源行业 GIS 基础平台而言,如何有效地表达类型繁多、结构复杂的行业信息,是首先需要解决的问题。本书先对数据模型的定义与内涵进行概述,然后介绍了面向对象的数据模型,随后提出了适用于能源行业 GIS 平台的复杂实体数据模型和时态数据模型,最后给出了面向对象一体化的能源行业 GIS 基础平台数据模型设计。

2.1.1　数据模型概述

数据模型是计算机中描述和表达现实世界(或其部分)的一组结构集合(Longley et al., 2015)。在 GIS 中,数据模型不仅是组织、存储、管理各类数据的基础,也是数据传输、交换和应用的基础。按照现实世界抽象层次的不同,数据模型可以分为概念数据模型、逻辑数据模型和物理数据模型(陈军,1995),如图 2.1 所示。

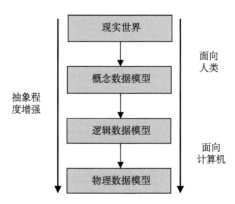

图 2.1　数据模型抽象层次图

其中,概念数据模型是关于实体及实体间联系的抽象概念集,逻辑数据模型表达概念数据模型中数据实体(或记录)及其关系,而物理数据模型则是描述数据在计算机中的物理组织、存储和结构等。

能源行业空间数据涉及地质、测量、水文、储量、生产、机电等专业，涉及面广，由大量的属性数据、拓扑关系数据和图形数据构成，尤其是煤矿、石油、天然气等行业，更具有结构复杂、灰色不完全可见、动态变化等特性。能源行业 GIS 要管理这样的数据，首先必须解决的就是如何表达能源行业特殊的数据对象，也就是设计满足结构复杂、时态变化、动态修改等要求的能源行业 GIS 数据模型；其次还要解决如何有效地管理、组织这些数据，以支持数据的共享和大数据量存储等。

本章基于面向对象思想，将相关类型的能源行业数据对象和数据管理组织对象统一抽象为对应的对象类，通过相关的扩展和协作机制完成各种基本或复杂的数据建模、管理，从而构成一体化的能源行业数据模型。

2.1.2　面向对象空间数据层次模型

面向对象是一种方法学，它比较自然地模拟了人们认识客观世界的方式，能够建立比较完整的、易于人们理解的软件系统的概念和机制，并且成为软件系统设计和实现的软件工程方法(曹志月和刘岳，2002)。

面向对象空间数据模型以独立、完整、具有地理意义的实体对象为基本单位对现实世界进行表达，在具体实现时采用完全面向对象的软件开发方法，每个对象不仅具有自己独立的属性(一般属性信息及空间几何信息等)，而且具有自己的行为，如完成一定的功能或者在特定条件下自动触发某些事件等。

面向对象的概念里有 3 个关键特征：多态(polymorphism)、封装(encapsulation)和继承(inheritance)。多态是指一个对象类的行为(或方法)能够适应对象的变化，如空间对象共有的绘制操作、空间分析方法等，都可以通过统一的接口提供给外界，外界并不需要了解对象的内部；封装是指对象类只能通过定义好的方法集访问，这些方法通常提供为标准的编程接口；继承是指对象类的定义能够包含其他对象类的行为及拥有新增的行为，这样通过系统提供的标准类型，外界可以根据需要扩展出许多自定义类型，如一个线对象类只具有普通的绘制、空间计算等方法，用户可以从线对象类继承并建立新的管路或巷道对象类，并扩充属性和方法，如管路或巷道内风流速度和流向，并且指定风流方向，这样就赋予了基本对象类更多的现实意义，更好满足现实应用的需要。

面向对象的数据模型改变了传统的单一按照矢量、栅格等对现实世界建模的方法。在统一的面向对象的数据模型下，矢量、栅格等都可以成为对象的特性之一，而且还可以具有其他的时间特征、相互关联关系、约束规则等。因此，采用面向对象的方法不仅可以继承传统数据模型的优点，还可以借助面向对象的方法使对现实世界的建模更接近真实，而且面向对象方法的继承、关联、聚合等特性也给空间数据模型的扩展提供了可能，如利用面向对象的可扩展性还可以为空间数据模型提供可供选择的时态性、智能性、复合性等支持(李景文等，2010)。

根据面向对象的方法，可以从概念数据模型的角度对能源行业空间数据的管理抽象出如图 2.2 所示的 3 个层次体系。

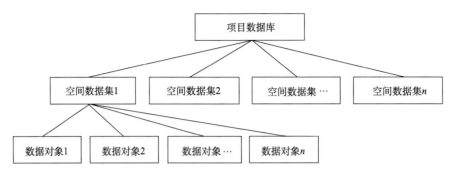

图 2.2　面向对象空间数据层次模型

其中项目数据库定义为一定区域范围内，如一个矿井或矿井的某个地层等的数据集合体，该数据集合体通过数据库的模式存储和管理，是最高一层的数据管理单位。项目数据库的主要目的是充分、有效地管理空间数据，在内部通过空间数据集对基本的数据对象进行科学的组织、合理的存储和高效的查询检索。项目数据库的主要内容还包括空间数据描述、数据管理规则及其他元数据等。

空间数据集则定义了一组在意义上相关的数据对象集合，是数据显示、更新、查询、分析等动作的基本操作单位。根据内容类型、性质的不同可以将空间数据集泛化为栅格数据集、简单要素数据集、复杂要素数据集、拓扑数据集、不规则三角网（TIN, triangulated irregular network）数据集等。

数据对象是空间实体和现象的基本表示单位，可以是离散的要素数据类型、连续的栅格数据类型及描述表面的 TIN 数据类型等，其中根据表达对象的需要，要素数据类型又分为简单要素对象（包括 GIS 中常见的结点、弧段、多边形）和复杂要素对象，各数据对象类型包含各自意义的空间特征、属性特征和时间特征等。

2.1.3　复杂实体数据模型

能源行业中存在许多复杂的实体对象，如各种采矿设备、石油钻井设备、煤层或储油层的地质体等，这些复杂对象很难用基本的点、线、面直接表达，即使通过一定的机制用组合的基本元素将其表示出来，也有许多不足之处，如组合的元素不再是一个独立的实体对象，移动、编辑等操作比较困难；组合的基本元素间很难建立内在的关联；设置属性、复用操作困难等。

针对这种复杂实体对象的建模需求，利用面向对象数据模型体系下的复杂要素设计方案能够很好地对其进行处理。采用面向对象的思想，仍将复杂实体作为单独的对象来建模，辅以"图形对象集-参数集-动作集"机制，实现复杂实体类型表达，并支持动态修改功能。

"图形对象集-参数集-动作集"机制是指利用面向对象的思想封装实体类，通过图形要素组合来表达复杂实体类的几何形态，并结合内部的参数设置和一定条件下触发动作来适应实体类在对象化后的多种形态。其中，"图形对象集"是指基本几何图形要素的集合，包括点、线、曲线、多边形、矩形、圆、椭圆等，也就是用这些简单的图形对象来组合表达具有复杂几何结构的数据对象;"参数集"是指控制复杂实体一些子图形对象尺寸、形态的度量集,如控制位置的点参数、控制线段长度的线性参数、控制图形元素角度的旋转参数等;"动作集"是指触发相关参数变化的事件集,一般附加在复杂实体参数特征点上,以控制点的形式供用户操作或在一定条件下自动触发。

相比于简单要素类,复杂实体类仍具有一般的属性、方法、动作等,只不过内部增加了图形要素集来表达复杂的几何形态,"参数集"控制相关子图形要素的显示,"动作集"触发实体类对象化后参数变化引起的形态变化等。复杂实体模型的静态结构设计如图 2.3 所示。

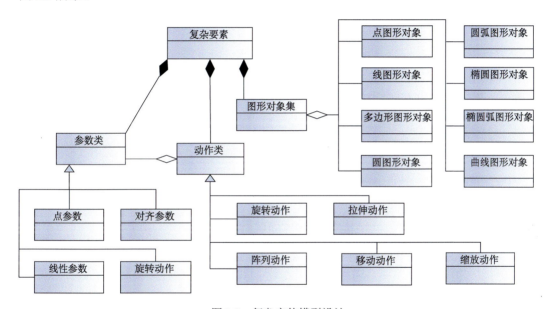

图 2.3　复杂实体模型设计

2.1.4　时态空间数据模型

能源行业信息的一个显著特点就是时态变化性,从大尺度的地质条件研究到日常生产引起的相关变化,这些历史的、变化的、当前的数据都需要在统一的能源行业 GIS 平台下进行管理。因此,研究切实可行的时态空间数据模型对建立能源行业 GIS 平台具有重要意义。

关于时态空间数据模型的研究,国内外已有了 20 多年的历史。许多学者提出了不同概念的时态数据库模型(temporal database),并建立了相应的理论体系。以下介绍几种具有代表性的时空数据模型,并阐述其特点和局限性(邬群勇等,2016;龚健雅等,2014;李旭晖和刘洋,2019)。

1)时空立方体模型

时空立方体模型用二维图形沿时间第三维发展变化的过程表达现实世界平面位置随时间的演变;给定一个时间位置值,就可以从三维立方体中获得相应截面的状态。缺点是随着数据量的增大,对立方体的操作会变得越来越复杂,以至最终变得无法处理。

2) 连续快照模型

连续快照模型是将一系列时间片段快照保存起来，以反映整个空间特征的状态。该模型的不足在于，由于快照将未发生变化的时间片段的所有特征重复存储，会产生大量的数据冗余，当应用模型变化频繁，且数据量较大时，系统效率急剧下降。此外，连续快照模型不表达单一的时空对象，较难处理时空对象间的时态关系。

3) 基态修正模型

为了避免连续快照模型将每张未发生变化部分的快照特征重复进行记录，基态修正模型按事先设定的时间间隔采样，只储存某个时间的数据状态(称为基态)和相对于基态的变化量。基态修正的每个对象只需储存一次，每变化一次，只有很小的数据量需记录；同时，只有在事件发生或对象发生变化时才存入系统中，时态分辨率刻度值与事件发生的时刻完全对应。基态修正模型不存储每个对象不同时间段的所有信息，只记录一个数据基态和相对于基态的变化值，提高了时态分辨率，减少了数据冗余量。但基态修正模型较难处理给定时刻的时空对象间的空间关系；将整个地理区域作为处理对象时，该模型处理方法难度较大，效率较低。

4) 时空复合模型

时空复合模型将空间分隔成具有相同时空过程的最大的公共时空单元，每次时空对象的变化都将在整个空间内产生一个新的对象。对象把在整个空间内的变化部分作为它的空间属性，变化部分的历史作为它的时态属性。时空单元中的时空过程可用关系表来表达，当时空单元分裂时，用新增的元组来反映新增的空间单元，时空过程每变化一次，采用关系表中新增一列的时间段来表达，从而达到用静态的属性表表达动态的时空变化过程的目的；但对数据库中对象标识符的修改比较复杂，涉及的关系链层次很多，必须对标识符逐一进行回退修改。

5) 第一范式关系时空数据模型

按第一范式方法(1NF)，一个对象的历史过程需要用几个元组表达，元组中每个属性值必须具有时间标记。在时态 GIS 中，对于一个空间单元的表达，即使未发生空间拓扑变化，而仅一个属性特征值发生变化，也必须增加一个新的元组来表示，数据表中记录了大量重复数据。

6) 非第一范式关系时空数据模型

这是相对于第一范式数据库方法提出的处理非表格化复杂结构对象的时空数据模型。非第一范式(N1NF)关系时空数据模型中，元组可以采用不定长和嵌套方式，对于复杂的空间单元的变化或整个演变历史只需一个元组来模拟。非第一范式关系时空数据模型非常适合时态 GIS 的应用。但是，由于时态数据库一些理论问题(如关系结构时态代数操作封闭性等)尚未很好解决，同时其又受到可供实际应用开发的商业数据库软件的制约，目前很难采用非第一范式时空数据模型开发实际的应用系统。

以上六种建模表达思路各有特点，相关研究人员为满足各个领域的需求，对这些传统的时空数据模型进行了大量改进和扩展，形成了各具特色的应用型时空数据模型(李旭晖和刘洋，2019)。本书基于以上时态数据模型的思想，考虑目前时态数据模型研究的现状和能源行业需求的特点，从实际可操作性的原则出发，对基态修正模型进行了改进和扩展，实现了能源行业 GIS 空间数据模型的时态性支持。

　　基态修正模型是一种只存储数据基态和变化量的时态信息建模方法。关于基态修正的方式，相关研究人员也提出了不同的思路。如 Langran(1992)在图 2.4(a)和图 2.4(b)中选择了后者，理由是如果一个时态数据库延伸到很远的过去，则每次更新基态时都要用图 2.4(a)的方法修改所有的差文件，这是不现实的。然而，对很远的过去状态检索时，要用图 2.4(b)的方法对几乎整个数据库进行阅读操作，同样也是不理想的。为此，张祖勋和黄明智(1996)提出了如图 2.4(c)和图 2.4(d)所示的改进方式。

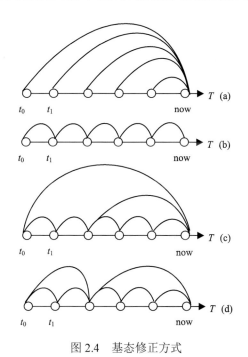

图 2.4　基态修正方式

　　基于基态修正中效率和冗余相对平衡的图 2.4(d)方式，GIS 基础平台可以采用"版本-基态修正"的时态性支持数据模型方案。"版本"是该方案数据组织的基础，一般是指具有现实意义或特定时间积累的数据状态，也就是数据集的"基态"。在该方案下，数据的起点是初始版本，然后根据实际需要，如在数据工程的后续某个阶段或者特定时间段后，生成一个新的版本，这期间的"状态修正"作为历史记录保存，生成的版本成为后续数据的起始版本，成为新的基态，如图 2.5(图中的 M_i 表示修正操作的记录)所示。

图 2.5　版本-基态修正示意图

　　版本的组织和使用不仅可以是线性的，而且根据需要也可以是树状分支结构的，如图 2.6 所示。

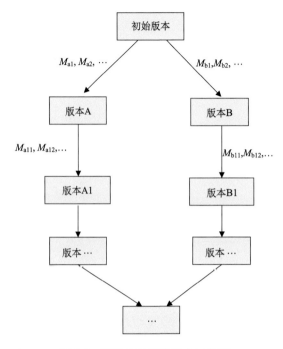

图 2.6　树状分支结构版本示意图

　　树状分支版本结构中，分支版本可以作为单独的数据朝着一个分支发展，也可以在某个时刻和其他的分支版本融合，演化为一个版本，如果其中存在冲突则提交给用户解决。传统解决并发问题的方法主要是采取"锁"机制，包括共享锁、独占锁等。这样的方式虽然能确保数据的安全性和准确性，但也给数据的使用带来了很多不便，如一个数据集一旦加锁，其他用户访问将受限。GIS 中的数据具有数据量大、修改常常限于局部的特点，因此"乐观并发性"（廖国琼和李陶深，2000）的观点被应用于空间数据并发控制中，即对多人同时操作同一区域的数据可能产生的后果采取乐观的态度：不一定会发生冲突而产生数据不一致性。任何人对数据的操作都可以在生成的一个反映数据库状态的"版本"上进行，"版本"之下还可以生成新的版本，如此逐级繁衍，形成一棵"版本树"。事务结束提交数据之前，由系统对数据的一致性进行检查。如果没有冲突则皆大欢喜，如果存在冲突再提交给用户解决，从而提高并发操作的效率。

　　基态修正以单个实体为对象，即在实体对象设计中增加"实体 ID""状态标识""时间""所属版本"等关系属性，用于记录时态性的相关信息，同时在数据库、数据集层次增加"版本"、时态索引等支持，如图 2.7 所示。

　　以上提出的时态性实现方案虽然没有从根本上解决时态性问题（如时态和空间之间的关系、实体时态性分析操作等），但已经可以满足行业实际应用中对数据管理的时态性要求，如对数据进行任意历史时刻的回溯查询、建立数据编辑版本分支等。

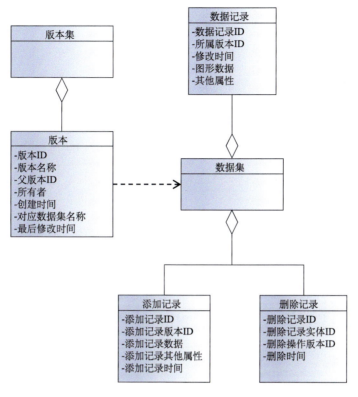

图 2.7　"版本-基态修正"数据模型

2.1.5　面向对象一体化数据模型

能源行业 GIS 整体数据模型采用一体化设计,按照数据表达的层次,总体上分为项目数据库、数据集、数据对象三个层次,所有相关的数据对象和组织对象均抽象为对象类的形式,从基本的几何要素类型,到结构复杂的复杂要素类型、非几何的一般对象类型,以及数据组织管理相关的数据集、规则集、版本集、对象类集等。

从整体层次上看,能源行业 GIS 基础平台数据一体化组织模型如图 2.8 所示。

能源行业 GIS 基础平台数据一体化组织模型中的数据集包括表述几何形态的要素数据集、表达图像的栅格数据集、表达网络特征的网络数据集和 TIN 数据集等。

其中,表述几何形态的要素数据集又可以分为简单要素类型和复杂要素类型,均具有基本的属性对象信息。简单要素类型具有对应的图形对象数据,由点、线、曲线、圆、多边形等要素构成,复杂要素类型还具有图形集、参数集和动作集等数据,如图 2.9 所示。

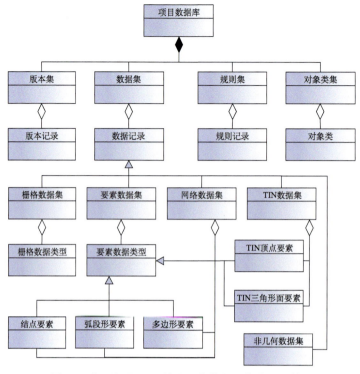

图 2.8 能源行业 GIS 基础平台数据一体化组织模型

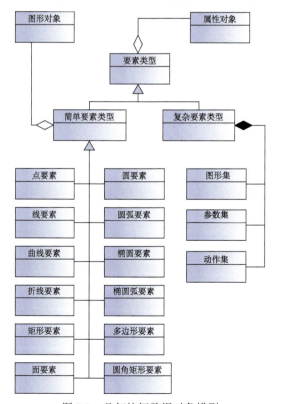

图 2.9 几何特征数据对象模型

2.2　GIS 基础平台数据存储技术

数据管理是 GIS 的核心，完善、高效的数据存储技术则是 GIS 的基础。能源行业 GIS 基础平台除了要解决各专业部门空间数据的统一存储、管理外，还要充分考虑行业内历史上积累的各种图形、报表等数据的共享问题。本节从对 GIS 数据存储技术的回顾谈起，重点讨论多源数据共享技术和空间数据库理论，并在最后提出适合能源行业应用的基于空间数据库的多源数据存储方案。

2.2.1　GIS 数据存储技术概述

自 1963 年 Tomlinson 提出"把地图变成数字形式的地图，便于计算机处理分析"以来，已经走过了近半个世纪的发展历程。GIS 也由最初的单机地图处理软件发展成了现在的分布式、网络化、开放式的空间信息存储、管理、分析系统。GIS 数据存储技术也经历了文件系统、文件-关系数据库结合、空间数据库存储三个阶段。

1）文件系统阶段

早期的 GIS 源自计算机辅助制图系统，因此数据存储技术也沿用了 CAD 系统常见的文件系统形式。GIS 中的空间数据分为图形数据、拓扑关系数据和属性数据，图形数据描述了空间实体的地理位置及其形状，拓扑关系数据反映空间对象之间的相互关系，属性数据则描述与相应空间实体有关的特征信息。由于当时关系型数据库管理系统 DBMS 不够成熟与普及，对属性数据这样的结构化数据，也放在了文件系统中进行管理，图形数据、拓扑关系数据和属性数据之间通过标识码建立联系。

2）文件-关系数据库结合阶段

这一阶段的 GIS 软件已经采用商用 DBMS 管理属性数据，但图形数据仍用文件系统管理，空间实体位置与其属性通过标识码建立联系。这样，利用商用 DBMS 提供的强大数据管理功能，数据管理能力有了较大提高，特别是为建立空间数据库提供了许多便利。不过涉及空间数据的管理与操作，仍然无法利用商用 DBMS 提供的强大功能。

3）空间数据库存储阶段

现代 IT 技术，特别是数据库技术的发展使得 GIS 数据存储摆脱文件系统成为可能，于是空间数据库技术应运而生。空间数据库是采取一定的建模方法，将 GIS 空间数据和属性数据统一存储到传统关系数据库中，实现 GIS 数据的完全数据库管理，大大增强了数据的安全性和访问的便捷性。

目前，GIS 数据存储正逐步完全过渡到空间数据库的模式，主流的商业 GIS 平台也都提供了完全的空间数据库方案。根据这一发展趋势，本书采用了基于空间数据库模式的能源行业 GIS 多源数据共享存储方案。

2.2.2　GIS 基础平台数据存储技术研究

能源行业 GIS 系统是一个典型的多部门、多专业、多管理层次的复杂系统，不仅要面向地质、测量、水文、机电、安全等各个部门，而且要实现相关数据跨部门、跨专业的实时共享应用及上级管理部门的监督管理应用。以煤炭企业为例，包含诸如采掘工程图、井上下对照图、通风系统图、避灾线路图、充水性图、瓦斯地质图等专业图形的数字化管理与共享应用等。

GIS 在能源行业的应用还处于初级阶段，在此之前，能源行业的计算机管理主要是基于 CAD 平台和其他数据库管理平台，积累了大量的历史图形(如 AutoCAD 图件)、报表等数据，如何充分、有效地利用这些数据资源也是能源行业 GIS 所要解决的问题，以加快 GIS 在能源行业信息管理中的应用和普及。

因此，能源行业 GIS 基础平台一方面要实现对历史数据的再利用和有效共享，另一方面还要充分利用现有的 IT 技术和 GIS 成熟的空间数据库理论，以实现能源行业各专业部门数据统一的安全、高效管理。

针对能源行业在数据存储管理方面的上述需求，这里将介绍基于多源数据共享和空间数据库技术的能源行业 GIS 基础平台数据存储方案。

随着 Internet 的飞速发展和普及，信息共享已经成为一种必然要求，能源行业 GIS 也不例外。随着信息技术及 GIS 自身的发展，GIS 已经从纯粹的地学技术系统圈子里跳了出来，正逐步和 IT 行业融合，越来越多地应用于企业的日常管理中，因此能源行业 GIS 也必须尽快实现与企业管理信息系统(management information system, MIS)的集成和数据共享。然而要真正实现地理信息共享，必须解决地理信息多格式、多数据库集成等瓶颈问题。近年来，GIS 已经逐步走向完全以纯关系数据存储和管理空间数据的发展道路，这为 GIS 完全和 MIS 无缝集成迈出了重要的一步。但由于 GIS 处理的数据对象是空间对象，具有很强的时空特性，获取数据的手段也复杂多样，这就形成了多种格式的原始数据；再加上能源行业信息化应用系统很长一段时间处于以具体项目为中心的孤立发展状态，很多应用系统软件都有自己的数据格式，并且积累了大量的图形数据和属性数据，这使得数据共享问题更为复杂。

能源行业 GIS 作为管理数据的统一平台，解决各部门现有多源数据共享的问题，可以避免重复数据采集引起的人力、财力浪费，以及空间数据多语义、多尺度，存储格式、数据模型的差异等问题，同时也能加快能源行业 GIS 在各部门的推广和应用。

目前，多源空间数据的共享大体有三种模式(宋关福等，2000；间国年等，2003)：数据格式转换模式、数据互操作模式和直接数据访问模式。

1) 数据格式转换模式

数据格式转换是传统 GIS 数据互访问的方法，在这种模式下，将其他数据格式经专门的数据转换程序进行格式转换后，导入到当前系统的数据库或文件中。这也是目前 GIS 系统数据共享的主要方法之一，而数据格式转换对其他软件数据格式的包容性，也是衡量一个 GIS 软件是否成功的重要标准之一。数据转换一般通过明码的文本格式进行，如为了促进数据转换，美国国家空间数据协会(NSDI)制定了统一的空间数据格式规范(spatial data transfer standard，SDTS)，包括几何坐标、投影、拓扑关系、属性数据、数据字典，也包括栅格格式和矢量格式等不同的空间数据格式的转换标准；我国也制定了地球空间数据交换格式的国家标准 CNSDTF(Chinese spatial data transfer format)。另外，GIS 业界也存在一些公认的空间数据格式，如 ESRI 公司的 Shapefile(ESRI Inc, 2021)；

MapInfo 的 MIF 交换格式和 TAB 格式等。这些格式由于广为接受,基本已经成为事实上的标准。

数据格式转换模式主要存在如下问题。

(1)由于缺乏对空间对象的统一描述,结果造成不同系统数据结构具有或多或少的差异,转换后不能完全准确地表达源数据信息。例如,DXF 着重描述空间对象的图形表达,而忽略属性数据和空间对象之间的拓扑关系,E00 侧重于描述空间对象的关系(如拓扑关系)而忽略其图形表达能力,因此,ArcInfo 数据输出到 DXF 时会损失拓扑关系和部分属性数据等有价值的信息。

(2)通过交换格式转换数据的过程较为复杂,需要首先使用软件 A 输出为某种交换格式,然后软件 B 可读取该文件以获取数据。一些单位同时运行着多个使用不同 GIS 软件建立的应用系统。如果数据需要不断更新,为保证不同系统之间数据的一致性,需要频繁进行数据格式转换。

(3)通过数据格式转换将数据统一起来,违背了数据分布和独立性的原则;如果数据来源于多个代理或企业单位,这种方法还涉及所有权的转让问题。

2) 数据互操作模式

数据互操作模式是美国开放地理信息系统协会(open geospatial consortium,OGC)制定的数据共享规范。GIS 互操作是指在异构数据库和分布式计算的情况下,GIS 用户在相互理解的基础上,能透明地获取所需要的信息。OGC 为数据互操作制定了统一的规范 Open GIS,从而使得一个系统同时支持不同的空间数据格式成为可能。根据 OGC 颁布的规范,可以把提供数据源的软件称为数据服务器(data servers),把使用数据的软件称为数据客户(data clients)。数据客户使用某种数据的过程就是发出数据请求,由数据服务器提供服务的过程,其最终目的是使数据客户能读取任意数据服务器提供的空间数据。OGC 规范为实现不同平台间服务器和客户端之间数据请求和服务提供了统一的协议,现在已经被越来越多的 GIS 软件以及研究者所接受和采纳。

数据互操作为多源数据共享提供了崭新的思路和规范。它将 GIS 带入了开放式的时代,从而为空间数据集中式管理和分布存储与共享提供了操作的依据。OGC 将计算机软件领域的非空间数据处理标准成功地应用到空间数据客户软件中,但对于那些已存在的大量非 OpenGIS 标准的空间数据格式的处理办法还缺乏标准的规范。

数据互操作规范为多源数据共享带来了新的模式,但这一模式在应用中仍存在一定局限性。首先,为真正实现各种格式数据之间的互操作,需要每种格式的宿主软件都按照统一的规范实现数据访问接口;其次,一个软件访问其他软件的数据格式是通过数据服务器实现的,这个数据服务器多数情况下是被访问数据格式的宿主软件,也就是说,用户必须同时拥有这两个 GIS 软件,并且同时运行,才能完成数据互操作过程。

3) 直接数据访问模式

顾名思义,直接数据访问是指在一个 GIS 软件中实现对其他软件数据格式的直接访问、存取和空间分析,用户可以使用单个 GIS 软件存取多种数据格式,其原理是利用空间数据引擎(spatial database engine, SDE)的方法实现多源数据的无缝共享。直接数据访问不仅避免了烦琐的数据转换,而且在一个 GIS 软件中访问某种软件的数据格式不要求用户拥有该数据格式的宿主软件，更不需要运行该软件。直接数据访问提供了一种更为经济实用的多源数据共享模式，它是实现空间数据共享的理想方式，但是构建成本比较高。

目前使用直接数据访问模式实现多源数据共享的 GIS 软件有 Hexagon 公司的 Geo-Media 系列（Hexagon Geospatial，2021）和北京超图软件股份有限公司的 SuperMap 系列（北京超图软件股份有限公司，2021）等。

GeoMedia 实现了对大多数 GIS 和 CAD 软件数据格式的直接访问，包括 Intergraph MGE、ArcGIS、Oracle Spatial、SQL Server、Microsoft Access 等（图 2.10）。

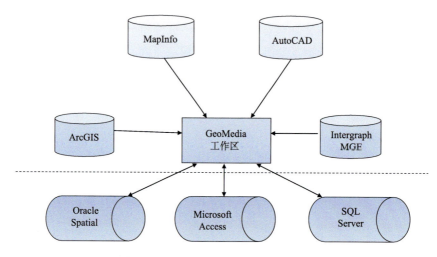

图 2.10　GeoMedia 支持多源数据示意图

SuperMap 实现的多源空间数据无缝集成（seamless integration of multi-source spatial data，SIMS）技术，无需转换就可以直接访问多种格式的数据。除 SuperMap 本身的数据格式以外，还支持直接访问 DWG、DXF 和 DGN 等矢量数据格式，以及 BMP、JPEG、TIF、RAW 等栅格数据格式。

类似 SIMS 直接访问多种数据格式的空间数据共享技术具有如下特点（张兴国，2006；牛红光等，2009）：①多格式数据直接访问，避免了数据格式转换，为综合利用不同格式的数据资源提供了方便。②用户层面的格式无关数据共享。GIS 用户在使用数据时，可以不必关心数据存储为何种格式，在底层对各种格式进行解析后，用户层面感觉不到格式的差异，从而实现了面向用户的格式无关数据共享。③位置无关数据共享。如果使用大型关系数据库（如 Oracle Spatial 和 SQL Server）存储空间数据，这些数据可以存放在网络服务器，甚至 Web 服务器中，如果使用文件存储空间数据，这些数据一般是本地的。在 SIMS 模式下，用户不必关心数据的存储格式，也不必关心数据的存放位置，可以像操作本地数据一样去操作网络数据。④多源数据复合分析。通过对不同格式数据的管理、调度、缓存，实现不同格式数据之间的互操作、复合分析。⑤数据引擎扩充能力。通过技术和虚拟引擎规范，第三方可以开发相应的数据引擎，用于直接访问其数据源。

　　直接数据访问模式大大方便了用户层的无缝数据共享,但是开发的代价也相对较高。数据访问引擎需要在内部解析各种数据源的格式和访问要求,这些底层研究工作的时间、技术要求较高,而且对于未开放明码的数据格式来说可能存在实现上的困难。

　　从多源数据共享的三种模式来看,第三种直接数据访问模式无疑是最理想的。这种把数据使用和数据源提供分离的思想,为多源数据的共享提供了很大的开放性和自由度,而且避免了数据格式转换带来的烦琐过程和在数据丢失的前提下,能够很好地实现真正的数据共享,不再需要有源数据格式宿主软件的支持。虽然针对各种数据源分别建立数据服务引擎的做法,可能因数据源的不同造成相应不等的代价,但是这样的引擎模块是相对独立的,通过开放式的架构设计,可以通过第三方合作或委托的方式实现专用引擎的开发,而一旦完成后,这种引擎是可以复用的,也将给用户带来数据真正无缝共享的体验,因此这种架构设计很符合多源数据共享技术的需要。

　　多源数据共享技术的体系结构如图 2.11 所示。

图 2.11　能源行业多源数据共享技术体系结构

　　多源数据共享技术体系包括三层结构:数据消费者(data customer)、数据代理(data agency)和数据提供者(data provider)。数据提供者直接访问数据文件或者数据库,并通过数据代理提供给其他模块使用;数据消费者和使用数据的模块,负责对数据的分析、处理和表现;数据代理者是维系数据消费者和数据提供者之间的纽带,来自提供者的数据通过代理这个中介被传递给消费者,完成一次数据访问(或者数据消费)或一次数据消费行为可能产生新的数据(如叠加分析产生的新图层、缓冲区分析产生的缓冲区多边形等)，这些新的数据也是通过代理传递给提供者，由提供者完成存储。

多源数据共享技术中的数据代理是一个虚拟空间数据引擎(virtual spatial data engine)。该引擎定义了数据访问的框架，但并不实现具体的数据访问功能，因此该引擎是"虚拟"的。该数据共享技术提供的对每一种数据格式的访问，最终通过一组空间数据引擎组成，每个引擎负责访问一种数据格式。

对于能源行业 GIS 来说，除了常见的 GIS 交换格式，如 ArcGIS Shapefile、MapInfo MIF、MapGIS 交换格式等，AutoCAD DXF 和 DWG 格式文件也是其重要数据源。在过去很长一段时间，AutoCAD 一直是行业常用的专业图形绘制、编辑工具，积累了大量的图形数据，这些也是能源行业 GIS 平台重要的数据来源之一。因此，如果能够实现对 AutoCAD 数据，特别是 DWG 格式数据的直接访问，将大大方便能源行业 GIS 平台的推广应用。

值得一提的是，常见的 GIS 数据一般都开放了格式文件说明，或提供了交换格式，这样开发相应的数据提供模块就相对简单。但是 AutoCAD 的主要数据格式文件 DWG 文件仍未提供外部访问的接口和说明，虽然其也对外提供了开放的 DXF 中间数据格式，不过由于 DXF 文件是一种特殊的 ASCII 码图形交换文件，比较庞大，读取时对资源消耗比较大，而且从 DWG 到 DXF 格式转换的过程中还会存在部分信息丢失的问题，因此不适合作为固定的 AutoCAD 数据直接访问源。

OpenDWG 协会是一个长期从事 DWG 文件研究的机构，其提供的 ODT(OpenDWG Toolkit)是该协会在多年研究 DWG 文件基础上开发的一个能直接访问 DWG 文件的函数库，能够完美地读取各版本的 DWG 文件。这也就为上文中提到的开发直接读取 AutoCAD 数据的引擎模块提供了基础。

多源数据共享技术解决了能源行业 GIS 数据源的统一访问及获取问题，空间数据库技术则主要用于解决大规模数据的关系数据库存储和组织问题。在 GIS 的发展历程中，空间数据的存储和管理经历了从文件系统到关系数据库扩展，再到对象-关系数据库的演化过程。采用空间数据库的数据存储方案已经成为业界的共识，空间数据库技术也越来越成为 GIS 研究的重点和核心技术之一(龚健雅等，2014；龚健雅，2001)。

目前，提供空间数据库产品的主要有两类厂商，一类是 GIS 背景的公司，如 ESRI、MapInfo、SuperMap 等，其产品一般是基于中间件技术的空间数据引擎，构架于传统的数据库系统之上；另一类是数据库背景的公司，如 Oracle、IBM，Microsoft 等，其产品是基于数据库底层的空间数据类型扩展，增加专门的空间数据管理模块，构架于 DBMS 内核。不过两类产品也不是完全区分的，SDE 类型的产品毕竟是构架于 DBMS 之上的，所以 DBMS 内核的空间扩展也影响着 SDE 系列产品的实现，如 ArcSDE 对 Oracle 数据库的空间引擎就同时支持了普通方式的空间数据存储和具有 Spatial 模块扩展的空间数据存储，而后者对于空间数据的支持就是在 Oracle Spatial 扩展的基础上开发的，可以说是利用了 Oracle 数据库本身的 Spatial 特性。

基于以上分析，能源行业 GIS 基础平台采用中间件技术的空间数据引擎方案，在多源数据共享的统一框架下，设计公共的数据访问、存储接口，实现虚拟空间数据引擎，对接"可拆卸"的各种关系数据库引擎插件，如 SQL Server 空间数据库引擎、Oracle 空间数据库引擎等，实现对多源数据的访问存储。

2.2.3　GIS 基础平台数据存储方案设计

1) 数据存储体系结构

能源行业 GIS 基础平台数据存储采取统一数据引擎接口的策略，内部基于相同的面向对象空间数据模型，物理存储可以是文件或关系数据库。由于数据存储的内部逻辑相同，文件和数据库之间能够实现无损的平滑数据迁移。数据存储体系结构如图 2.12 所示。

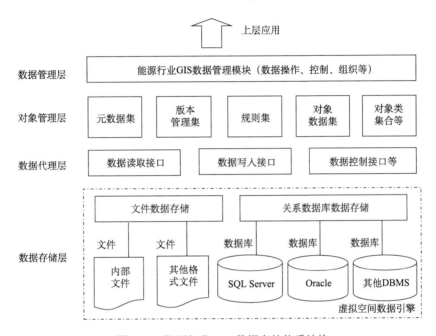

图 2.12　能源行业 GIS 数据存储体系结构

2) 多源数据共享插件

能源行业多源数据共享方案采用一种可扩展的"插件式"结构，不同的插件都具有共同的接口，如图 2.13 所示，以"数据提供者"的角色挂接到能源行业 GIS 体系中的数据代理层上，为系统提供相应类型的数据源服务。

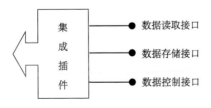

图 2.13　多源数据共享插件接口

从结构上看，这样的设计是一种服务式的模式，即上层系统通过数据代理接口获取或存储数据，和多源数据引擎之间是"请求<->服务"的关系，并不需要关心数据源的格式或介质；各个数据插件也只负责实现代理层访问所要求的接口，不涉及和其他插件的关联，而且这种可扩展、可动态拆卸的模式也为分布式、服务式的应用，以及多源数据的交互分析、数据共享提供了基础。

以能源行业曾经普遍使用的 AutoCAD 的标准数据文件 DWG 文件为例，为了使能源行业 GIS 平台方便地共享、复用 AutoCAD 数据，可以通过一个 DWG 数据插件来实现。借助专门的 DWG 文件读写库，按照上述插件标准，在插件内部实现 DWG 数据的读取和解析，然后就可以被能源行业 GIS 平台载入。对于能源行业 GIS 平台来说，所有数据代理插件载入的数据都是转换后的系统内部数据模型，因此在上层用户看来和系统原生的数据格式是一样的。

3）空间数据库逻辑设计

能源行业 GIS 基础平台内部采用面向对象的一体化数据模型，在设计模式上和关系数据库系统是一致的，可以很方便地实现空间数据库存储。根据上述整体数据模型设计，能源行业 GIS 基础平台空间数据库逻辑结构如图 2.14 所示。

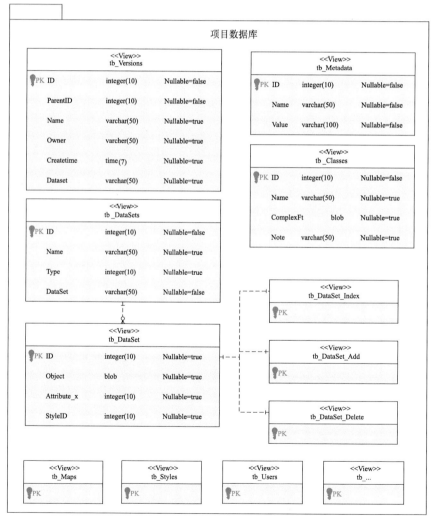

图 2.14　能源行业 GIS 基础平台空间数据库逻辑结构

空间数据库中包括记录数据库本身各种信息的元数据表(tb_Metadata),如数据库连接信息、数据库描述信息、数据库内部数据表相关的全局信息等;记录所有数据集的数据集记录表(tb_DataSets),包括所有的数据集表名称、描述、类型信息等;记录自定义对象类型的类型表(tb_Classes),像复杂实体的定义就将注册到该数据表中,作为系统空间数据类型的扩充;记录数据记录的数据集表(tb_DataSet),以及辅助数据集实现时态特性支持的数据库版本记录表(tb_Versions),数据集记录增加表(tb_DataSet_Add),数据集记录删除表(tb_DataSet_Delete)等。值得注意的是,在所有这些表中,版本记录表、元数据表、数据集记录表、对象类型表和数据库都是一对一的关系,而数据集表及相关的增加、删除表则根据数据集的个数可以有多个,与数据集记录表是一对多的关系。

2.3 二维 GIS 平台软件架构

2.3.1 GIS 软件技术体系发展

GIS 软件技术体系主要指 GIS 软件的组织方式,依赖于一定的软件技术基础,决定了 GIS 软件的应用方式、共享效率等许多方面的特点。从发展历程看,GIS 软件技术体系大致可以划分为 6 个阶段,即 GIS 模块、集成式 GIS、模块化 GIS、核心式 GIS、组件式 GIS 和网络 GIS(马俊海,2002)。

GIS 软件技术的 6 个阶段是一个从简单到复杂、从单一功能到多功能的逐渐成熟完善的过程。近些年,随着计算机技术和全球信息技术的飞速发展,特别是面向对象(object-oriented)、可视化程序设计、组件式软件(components software)、分布式计算(distributed computing)、多媒体(multimedia)和 internet/intranet 等技术的不断出现和广泛应用,对 GIS 提出了新的技术要求,GIS 软件也发展到一个全新的阶段,出现了以组件式 GIS(Components GIS,ComGIS)和网络 GIS(WebGIS)为代表的新一代 GIS 软件。

ComGIS 是指基于组件对象平台,将 GIS 各功能模块、支持模块设计开发为一组具有某种标准接口的、允许跨语言应用的组件,这些组件可以动态组合、拆卸和置换,以构成适应不同需求的应用系统。这些组件称为 GIS 组件,GIS 组件之间以及 GIS 组件与其他组件之间可以通过标准的通信接口实现交互,这种交互甚至可以跨计算机实现。ComGIS 为新一代 GIS 应用提供了全新的开发方式,使 GIS 软件的可配置性、可扩展性和开放性更强,使用更灵活,二次开发更方便。ComGIS 不仅可以成功地解决传统 GIS 在软件开发、应用系统集成和用户学习使用等方面面临的困难,而且可以降低成本,具有无限扩展性特点。

WebGIS 简单来说就是基于 Internet 的地理信息系统,早期的网络 GIS 主要用于远程的空间信息的发布、数据共享、交流协作等简单的 GIS 功能。最近几年,随着互联网基础设施、网络服务技术的发展,WebGIS 的功能也越来越强大,在很多应用中已经基本可以取代传统的桌面 GIS 平台。随着"云计算""SaaS(software as a service,软件即服务)"等基于现代互联网体系的软件新技术的迅速发展,服务式思想对 GIS 软件架构的影响也正逐步体现,一些著名的 GIS 软件厂商已经推出了相关的产品,如 ESRI 的 ArcGIS Server、北京超图的 Supermap iServer 等。

从软件体系架构的角度分析，网络 GIS 甚至当前的服务式 GIS 实质上仍是基于组件式 GIS 的衍生发展。例如，网络 GIS 的服务器结构体系中包括 Web 数据服务、数据可视化服务、Web 应用服务等，其中各服务模块仍多基于组件 GIS 的数据模型、数据存储、拓扑分析等模块，是在封装 GIS 功能的基础上增加了网络服务相关的集群、网络、缓存等组件。

"服务式"软件模式是现代软件产业的发展趋势，对于能源行业 GIS 而言，由于基础比较薄弱，短时间内完成向"服务式"软件模式的转变比较困难。应从能源行业信息化的现状出发，结合实际需求，在软件底层设计、系统架构等方面充分考虑未来服务式软件的趋势，开发具有可扩展、适应性强的能源行业 GIS 基础平台软件。

2.3.2　GIS 基础平台系统架构分析

能源行业 GIS 基础平台作为能源企业信息化的平台性软件，在设计时需要特别考虑整个系统的功能性、稳定性、高效性、可复用性、可移植性等。

定位于能源行业信息化软件建设的平台，能源行业 GIS 要提供完善的基础功能，以满足各专业功能的需要。能源行业 GIS 平台主要实现能源行业空间数据的编辑、可视化、制图输出、存储入库等，然后封装相关的功能模块，如图形编辑、管理、专业算法，开发地质、测量、安全、生产设计等专业功能。

能源行业的数据具有复杂性和多变性等特点，特别是空间数据、相互关系比一般的 GIS 更为复杂。能源行业 GIS 是信息化管理的基础软件，在满足功能性支持的同时，还需要具有稳定性、高效性，这样才具有真正的实用性。

平台性软件最重要的特性不是提供所有的功能，而是为各种各样的功能开发提供方便、快捷的支持。因此，能源行业 GIS 除了提供基本的数据管理、基础的专业功能外，要充分考虑模块化的设计和多种多样的二次开发支持。

能源行业 GIS 是一个涉及多部门、多专业的分布式应用系统，在实际的应用中，系统运行、使用的环境可能是不相同的，比较常见的如数据库存储、已有系统的运行平台等。再者，能源行业企业信息化建设中，不可避免地需要根据个性化需求，新开发相关的应用系统。这些应用系统可能应用于桌面平台，也可能应用于网络平台，因此完善的能源行业 GIS 平台应该能方便地适应这些多变的应用环境。

针对能源行业 GIS 这些方面的需求，在面向对象的软件设计方法指导下，可将系统抽象为多个层次，每个层次又可抽象为多个可拆卸、组合的模块，方便各种类型、各种需求的应用开发。

首先，针对平台软件对系统稳定性、高效率方面的要求，可将空间数据模型表达、编辑、存储、分析、可视化等 GIS 相关的功能抽象为核心层独立出来，采用 C++语言开发。C++是公认的系统级高级程序开发语言，在稳定性和效率性方面有着其他语言无法比拟的优势，而且 C++面向对象、编程灵活等方面的特性也使得其成为系统核心模块开发的首选。

其次，针对系统应用层面的可复用、可移植方面的要求，在能源行业 GIS 基础平台核心层之上，构建组件层和功能层。如果说核心层是"源代码"级别的开发复用的话，组件层和功能层则可以实现"二进制"级别的直接功能复用。目前软件技术开发的应用环境根据操作系统的不同，主要分为 Windows 体系和 Linux 体系，前者是计算机应用的主流系统，占据着绝大多数的 PC 市场和部分企业服务器市场；后者则由于其开源、灵活等特点，占据了很大的企业服务器市场份额，而且有逐步流行的趋势。

在两大操作系统体系下，应用级软件开发平台，特别是针对企业的服务器端开发环境主要有两大阵营，即 .NET 和 J2EE。

.NET 是微软的 Internet 开发平台，其底层以 XML 作为数据交换的基础，以 SOAP (simple object access protocol)为通信协议(高扬，2011；吴昌钱，2014)。借助 XML 与平台、语言和协议无关的特点，打破了不同网络、不同应用软件和不同种类计算机设备之间的差别，使商务活动能够发挥协同效应，从而提供了一个空前集成化和用户化的解决方案，其用户可在任何时间、任何地点及任何设备上对信息进行处理。.NET 包含了一个相当广泛的产品组，包括.NET 开发平台、.NET 用户体验、.NET 服务、.NET 终端设备、.NET 基础服务等，其体系结构如图 2.15 所示。

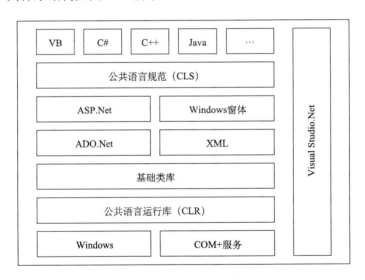

图 2.15　.NET 体系结构图

J2EE 则是一个基于 Java 组件技术的企业应用系统开发规范，该规范定义了一个多层企业信息系统的标准平台，旨在简化和规范企业应用系统的开发和部署，这一规范和其定义的平台就构成了 J2EE(闫俊伢和安俊秀，2010；秦彩宁，2012)。J2EE 平台为基于多层分布式应用模型上的 Java 应用的设计、开发、装配和部署提供了一个完整的框架，其体系构造的基础是 Java 语言。Java 最引人之处在于它的"一次编写，到处运行"，即编程者只要编写一次代码，就能运行在多个平台上。相比于.NET 中提供的众多产品，J2EE 规范本身没有定义这些服务，而是通过选择第三方产品来满足类似的要求。

.NET 和 J2EE 目前已成为软件开发体系的两大主流，而且从现代软件技术的发展趋势看，这种两大阵营共存的局面在未来仍将继续。因此，从长远考虑，能源行业 GIS 平台最好的策略是同时支持两大平台，以保证在行业应用中具有更好的适应性和扩展性。

从目前支持这种策略的开发模式看，可以采用 C++程序设计语言封装一个公共的能源行业 GIS 核心库，然后再根据不同的平台和需求开发相应的组件和应用，如在核心库的基础上基于 COM/ATL 技术封装可应用于 Windows 桌面软件开发的 COM 组件；基于.NET 技术封装该技术体系下的可用于桌面、网络应用开发的.NET 组件；基于 JNI（Java Native Interface，一种 Java 和其他语言的相互调用的技术）用 Java 语言封装可用于 J2EE 体系下的 Java 组件，如图 2.16 所示。

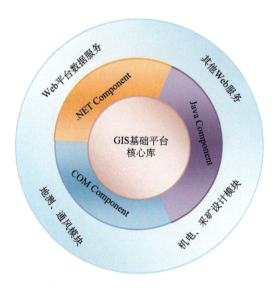

图 2.16　能源行业 GIS 平台开发策略

虽然该开发策略能够很好地解决对主流软件技术平台支持的问题，但是对开发技术的要求也很高。鉴于篇幅有限，结合目前能源行业的需求现状，以下介绍将以 Windows 平台下的实现为主，采用可扩展的架构。

2.3.3　GIS 基础平台软件总体架构

基于 GIS 软件体系结构发展的趋势和能源行业 GIS 应用的具体需求，能源行业 GIS 基础平台采用了"核心层—组件层—功能层—应用层"的四层系统架构，如图 2.17 所示。

系统的四层架构设计充分考虑能源行业 GIS 作为企业空间信息管理平台的定位，根据应用环境的不同和专业系统二次开发的需求，分层次封装各个模块，从底层向上依次为核心层、组件层、功能层和应用层。

1）核心层

核心层是能源行业 GIS 的基础，主要封装能源行业空间数据管理、分析处理、专业算法等模块，是基于 C++程序设计语言的源代码级封装，可直接或通过.NET、JNI 等方式被上层的组件层调用。

核心层的目的是通过合理的设计，以面向对象的软件方法，开发一个稳定、高效的空间数据表达、绘制、管理、存储的程序类库，以及提供空间分析、几何操作、专业算法支持的函数库，为能源行业 GIS 的开发提供核心功能支持。

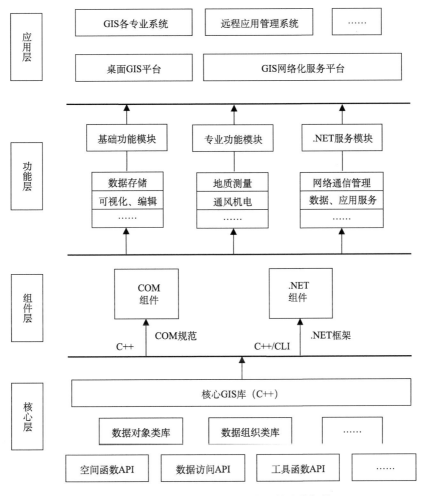

图 2.17　能源行业 GIS 基础平台软件总体架构

　　能源行业 GIS 核心层包括如下几个部分：数据对象类库、数据集类库、数据组织类库、数据访问类库、分析和算法类库、可视化和制图类库。其中数据对象类库是空间数据表达的图形对象、实体要素对象及复杂实体相关的参数、动作等相关类的有机组合；数据集类库是管理各类型对象集合的类结构，如栅格数据集、要素数据集、网络数据集、TIN 数据集等，每类数据集包括本类型的数据对象及对象之间的关系和约束；数据组织类库是从整个数据管理、组织的层次，在一个关系数据库的模式下对数据集、版本集、地图集、对象类集进行组织和管理；数据访问类库是系统的数据读取、存储模块，用于封装各种类型的数据访问引擎，如明码文件、AutoCAD DWG 文件、SQL Server 数据库、Oracle 数据库等；分析和算法类库封装空间关系操作的类库和能源行业专业算法的 API 接口，如基本空间实体间关系判断(点—点、点—线、线—线、面—面等)、角度和面积等算法，插值函数、TIN 生成、储量计算、地质构造分析等专业算法；可视化和制图类库用于封装与图形绘制相关的函数接口，包括符号库管理、符号绘制、图层管理等。

2) 组件层

组件层是能源行业 GIS 在二进制层面的封装，按照应用环境的不同分 COM/ATL 组件和 .NET 组件。二者都是在能源行业 GIS 核心层之上，根据不同的环境，编译出来的组件式产品。

.NET 组件主要用于基于 .NET 技术平台的网络应用开发；COM 组件则主要用于 Windows 桌面的应用功能开发。

两类组件按照统一的体系结构划分封装核心层的各个模块，都包括数据对象模块、数据组织管理模块、数据访问引擎模块、算法和分析模块、可视化制图模块等。

3) 功能层

功能层是能源行业 GIS 在功能层面的封装，按照能源行业 GIS 的需求，基于组件式平台开发出来的应用功能模块。

功能层主要包括基础功能模块和专业功能模块，其中基础功能模块提供一般的图形编辑、数据操作、制图等功能；专业模块则分专业包括地质、测量、安全、生产设计等能源行业的通用专业功能。

功能层采用可扩展的开放式架构，基于底层组件层的支持，可以根据具体的需求开发或定制更多的专业功能。

4) 应用层

应用层是能源行业 GIS 面向用户发布的服务和产品，可以是桌面平台软件或网络系统服务。

应用层桌面平台是 Windows 操作系统下提供给用户的日常能源行业空间数据桌面管理软件，基于功能层的支撑，满足能源行业各专业的功能需要，特别是专业分析和操作功能的实现。

服务企业级应用的网络服务系统平台是基于面向服务架构的网络软件，为企业级应用系统提供服务定制，个性化服务集成，Web 开发、配置、部署与管理等方面的解决方案。

依据上述设计思路，北京龙软科技股份有限公司(简称龙软科技)构建了龙软科技空间数据引擎(Longruan spatial data engine，LRSDE)，实现了对多源数据的高效访问与存储，并基于此研发了龙软科技地理信息系统(Longruan GIS)，将其成功应用到了能源行业中。

2.4　基于 GIS 技术的三维可视化平台设计

我国能源行业中的各类生产技术系统仍然以二维图形系统为主、三维系统为辅，正在向实用化的三维设计、开采、调度和信息管理阶段过渡。二维图形系统的表现能力十分有限，不但限定了观察视角，而且需要对所要描述的事物进行抽象表达，导致用户需要通过专门的训练才能读懂图形所代表的内容。能源行业与地下空间位置密切相关，在煤炭、石油、天然气等开采中获取的各种地质、测量、水文等信息都与三维空间坐标有关，用二维图形对这些数据进行抽象表达不能满足实际应用需求，因此，能源行业的 GIS 平台需要具有三维可视化表达、查询及分析的功能。

虚幻引擎 4(Unreal Engine 4, UE4)是由美国 EPIC 公司开发的一款次世代引擎(next generation of engines)，能够打造非常逼真的画面，支持包括 PC、手机和平板等各类设备。UE4 在 GitHub 开放源码，具有完整的开发框架，不仅具有大量核心技术实现，还有强大的编辑器工具。将 UE4 作为基础可视化引擎，能够很好地满足能源行业 GIS 平台的可视化需求。

基于 UE4 引擎和 GIS 技术，龙软科技研发了对能源行业海量多源异构数据进行可视化展示、分析、挖掘和利用的三维可视化平台 Longruan 3D，下文将阐述构建三维可视化平台的主要内容。

2.4.1　三维可视化平台研究对象与相关数据

对于信息系统来说，数据是其运行的基础和根本。不同于地表测绘、国土管理等部门，能源行业所表达、管理的数据大多位于地下，无法或很难大规模直接获取，只能通过地质勘探等方式获得部分数据。与此同时，构造作用对地质体的影响，使其空间形态、拓扑关系不再简单，存在非线性、不确定性等特点。因此，能源行业三维可视化平台的研究对象及相关数据有其本身的特色。

为方便行业应用，必须对所有的空间信息进行检查、筛选、分类，从中选择具有代表性特征的空间对象进行建模和可视化。考虑三维模拟、三维交互、三维仿真、虚拟培训等不同应用方向，本章将现有数据划分为地表地形及影像数据、资源勘探与物探数据、生产数据、相关第三方数据等。

能源行业涉及煤炭、石油、天然气等多个不同行业，下文以煤炭企业为例对数据情况进行详细介绍。

1. 地表地形及影像数据

地形是可视化展示的重要组成部分，是地表地物的载体，也是地下相关生产系统的参照面。地形模型是描述地面特征和地表现象的模型，是建立地表建筑、生产厂区的基础。通过三维可视化的地表地形，可以真实看到矿井上下的对照关系，生产单位周边的地理位置、地形地貌、山川山谷、河流湖泊、公路铁路、村庄等重要地物。地形数据的数据源及采集方式有如下几种。

(1)直接从地面测量获取。例如通过 GPS、全站仪等获取大比例尺地形图。

(2)通过航空摄影测量等途径获取。例如通过解析测图仪获取地形数据。

(3)从现有地形图上采集获取。例如通过手扶跟踪数字化仪及扫描仪半自动、全自动采集地形数据。

与三维可视化平台相关的常用基础地形数据如下。

(1)1∶5000、1∶2000、1∶1000 及 1∶500 等不同比例尺地形图或者地质地形图。

(2)研究区域的高分辨率遥感影像。

2. 钻探数据

钻探数据是指从找资源、普查、详查到精查甚至到生产补充勘探阶段，通过钻探技术获取的地质资料。根据地质勘探钻孔数据，结合地层露头，可以了解整个研究区域的地层、构造、矿产、水文等情况，并编制资源地质勘探报告及相关专题图件。

与三维可视化平台相关的常用基础数据如下。

(1)地层综合柱状图。表示研究区内的地层层序、厚度、岩性变化及接触关系等，主要包括地层年代、地层名称、代号、柱状图(地层和岩性)、地层厚度、地层分层号、岩石名称、岩性描述、底界深度等内容。

(2)地质勘探线剖面图。沿勘探线垂直剖面，根据实际资料编制而成的地形地质剖面图。可直观地显示出勘探区的某一勘探线方向上的地层、构造和煤层的变化情况。

(3)煤层底板等值线及储量计算图。针对缓倾斜的煤层，底板等值线图是煤层底板面与各标高水平面的交线在平面上的投影图，可用来表示煤层的构造形态特征。在进行储量计算时，根据底板等值线及煤厚信息等计算资源储量，并利用专门的图例符号加以表示。

(4)煤层厚度等值线图。用于表示某一煤层不同部位厚度变化的一种图件。

此外，还包括区域水文地质图、煤岩层对比图等。

3. 物探数据

物探技术以岩石和矿石的物理特性为研究基础，包括磁性、密度、放射性、电性等，采用不同的物探仪器和物理方法，对天然或人工地球物理场的变化进行探测，同时对获取到的资料进行分析和研究，进而推断和解释地质构造及矿产分布。

目前主要的物探方法有重力勘探、磁法勘探、电法勘探、地震勘探、放射性勘探等。利用工作站或微机中的解释软件工具，结合钻探、已知地质资料，人工完成解译工作，并编制出专题报告。

与三维可视化平台相关的常用三维地震勘探数据如下。

(1)地震地质剖面图。

(2)主要煤层的底板形态、标高、厚度，以及褶曲、断层、陷落柱、采空区和异常区等。

4. 生产数据

在三维可视化平台及其应用的构建和使用过程中，还需要加入企业生产过程中不断获取的地质数据、测量数据和其他各类生产运行数据。

1)生产阶段的矿井地质数据

根据煤矿生产的需要，系统收集、编录所揭露井巷工程的地质资料，开展地质预测预报工作，及时编写各种地质报告、地质说明书等资料，保障安全生产。

如果已有地质资料不能满足安全生产的需要，应按要求补充地质调查与勘探，开展隐蔽致灾地质因素普查。煤矿隐蔽致灾地质因素主要包括采空区、废弃老窑、井筒、不良封闭钻孔、断层、裂隙、褶曲、陷落柱、瓦斯富集区、导水裂缝带、地下含水体、井下火区、古河床冲刷带等不良地质体。

与三维可视化平台相关的数据如下。

(1)地质素描图和成果台账。包括对生产过程中所揭露的地质体进行观测、描述和记录的信息，要求内容完整、数据准确、表达确切、重点突出、图文结合、字迹清晰，客观反映地质现象的真实情况。

(2)煤矿地形或基岩地质图。

(3)煤矿地质剖面图。

(4)采掘工程图。

(5)矿井瓦斯地质图。

(6)煤矿综合水文地质图。

(7)煤矿水文地质剖面图。

(8)工程地质平面图和断面图。

(9)"三书"(如回采地质说明书等)报告。

2)生产阶段的矿井测量数据

巷道是煤矿井巷工程的重要组成部分。矿井巷道按用途可分为通风巷道、运输巷道、井底车场、联络巷、休息(安全)区等。采掘工程系统是矿井生产的空间支持系统，是采掘作业的主要场所。采掘工程系统在煤矿常被称为矿井开拓开采系统。为了把埋藏在地表以下数百米甚至更深的矿石开采出来并运送至地面，通常的做法是：根据矿层赋存的原始状态条件，在地表适当位置向地下开凿井筒(竖井、斜井或者平硐)，到达预定位置后，沿矿层水平方向向井田两翼开拓水平大巷。然后，再沿着矿层的倾斜方向开掘采区上下山，以及与采区上下山成直角的回采工作面。这样就形成了一个由地面到达地下矿(煤)层的，分别由井筒、水平大巷、采区上下山和回采工作面等构成的连续的矿井骨干巷道网络系统——矿井采掘工程系统。借助这一骨干巷道网络系统所提供的有限空间，井下作业人员进出和滞留采掘作业场所、人员必需的新鲜空气输入和有害气体输出、井下作业地点所需设备材料供应、最终产品向地面输送以及井下灾害预防和救援等一系列正常和非正常的采掘生产活动才得以展开。

传统矿山测量设备主要包括水准仪、经纬仪、测距仪等。近年来，智能化的全站仪已在矿区得到推广应用，也是今后发展的主要方向(徐聪等，2011)。矿山测量是获取井下巷道信息的主要手段，通过测量导线信息可得出每一测点的坐标(x, y, z)，从而确定这些点的空间位置。通过测站的三维坐标，井下巷道可以抽象为沿导线点构成的导线或导线网。

测量数据多在采掘工程图上进行填绘，通过与其他数据组合，综合反映了最新的矿山开采情况。

矿山测量的主要任务有：绘制地形图、地表工业广场图等；进行矿区地面与井下各种工程的施工测量和竣工验收测量；测绘和编制各种采掘工程图、巷道布置图等；进行岩层与地表移动的观测及研究，为保护矿柱和安全开采提供资料；参加采矿计划的编制，并对资源利用及生产情况进行检查和监督。

与三维可视化平台相关的数据如下。

(1)采掘工程图。

(2)地表工业广场图。

（3）井上下对照图。

3）其他数据

主要指煤矿生产过程中涉及的矿山安全环境、设备运行、开采等生产运行属性和状态数据。归纳起来，与三维可视化平台相关的数据如下。

（1）通风数据：避灾线路图、通风系统图、通风网络图、通风立体图。

（2）设备数据：供电布置图、采掘设备布置图、运输系统图、管线布置图等。

（3）实时数据：监控系统图及其实时数据、人员定位设备布置图及其实时数据、视频布置图及其实时数据等。

（4）关键点数据：矿井变电站、井下中央变电所、盘区变电所、采掘工作面移动变电站等详细设计图形。

（5）其他数据：图像、音频、视频等。

5. 相关的其他第三方数据

除了地质建模的数据外，为了真实反映井上下实际情况，需要导入大量的第三方建模数据。这些模型多利用如 3ds Max、Maya 等软件制作，存储为通用的 OBJ 格式，能够精细地表达工业广场建筑、树木、井巷工程、井下关键场所等内容。

与三维可视化平台相关的内容如下。

（1）地表工业广场建模。主要包括工业广场地形、办公建筑、家属区、公园、绿化带、地面管线、建筑物内部场景（调度室、办公楼大厅、重要机房、会议室等）。

（2）运输场所及其设备建模。主要包括井底车场、采区车场、猴车、溜子、煤仓、皮带及其支架、轨道、转载机、乳化泵站等。

（3）提升场所及其设备建模。绞车房、主井、副井、风井、斜井、平硐、主井装载硐室、检修车间、等候室等。

（4）供电场所及其设备建模。井上变电站、井下中央变电所、盘区变电所、采掘工作面移动变电站及配电点供电设备。

（5）通风场所及其设备。包括井上风机房、风机、主扇、局扇、风门、风窗、风桥、闭墙、安全出口等。

（6）生产场所及其设备。包括掘进工作面、回采工作面，以及采煤机、掘进机、刮板运输机、液压支架、锚杆等。

（7）地下管线。包括电缆、压风管线、供水管线、通信线路等。

（8）监测监控设备。包括瓦斯传感器、温度传感器、CO 传感器、人员定位读卡器、工业电视摄像头、顶板压力传感器等。

2.4.2　三维可视化平台的技术框架

基于 GIS 技术的三维可视化平台设计框架如图 2.18 所示，整个框架分为三个层次。

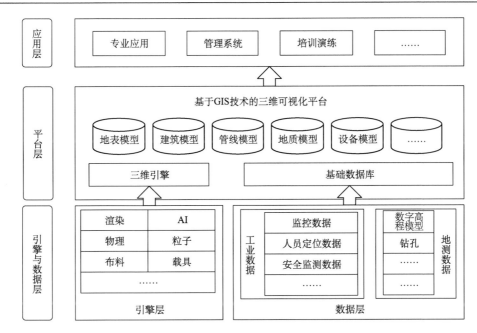

图 2.18　三维可视化平台设计框架

(1)引擎与数据层。采用 SQLServer 或者 Oracle 大型数据库存储工业数据(包括机电设备监控数据、人员定位数据、管线数据、安全监测数据等)和地测数据(包括测量数据、地质数据等),海量数据的组织、多事务处理、多用户并发和数据安全是构建空间数据库的关键。引擎层采用 UE4 虚幻引擎成熟技术,对于渲染、物理、粒子系统等功能直接通过接口调用实现;针对能源行业应用的需求,如微观与宏观场景无缝切换、超大范围场景渲染等,对其进行改造完善,形成适用的三维可视化平台的渲染引擎。

(2)平台层。结合能源行业的应用需求,实现对地测对象、建筑模型、设备模型等各类数据的快速查询、分析、管理,提供构建地表模型、管线模型、设备模型等的场景制作工具,具有建筑模型库、设备模型库等资源管理工作,使用户能够快速搭建虚拟的企业生产环境;提供基于 PhysX 物理运算引擎的物理仿真模块,真实模拟具有水、火等内容的相关场景。平台采用 C/S 架构,提供开放接口,方便接入不断增加的数据;优化数据组织结构,充分考虑分布式计算与云计算的扩展集成。

(3)应用层。针对不同机构、不同部门的需求,提供可操作、可交互的专业应用。除基础功能外,应用层可应用于安全监测管理、地质环境分析、灾害预测分析、虚拟巡检、多人培训演练、远程控制等专业领域。

2.4.3　三维场景中的数据组织

在虚拟的三维场景中,可以将可视化环境模型简单划分为基本固定不变的建筑、设备模型,以及随着生产不断变化的地测模型两部分。不同的模型,数据组织结构并不相同,下面重点介绍地层模型数据组织与建筑物数据组织。

1. 地层模型数据组织

在常规的三棱柱建模算法中，三棱柱模型的生成是对三角面进行复制时产生的，对每个三角形的顶点给定一个厚度值，从而生成了带厚度的 TIN，并对其中的地层进行属性填充，最终生成三维地层模型。然而，在实际建模过程中，由于钻孔孔斜或地层产状的差异性，钻孔在每个地层面的投影位置也就可能有所不同，不同地层生成的三角网在平面投影上无法做到完全相同。此外，在建模过程中还必须对断层进行充分考虑。

根据煤矿地层的特点，毛善君(2002)提出了基于 ARTP 构建层状地质体三维模型的技术方法。在利用 ARTP 构建层状地质体模型时，首先，要将每个地层、断层、边界等包含的数据点在同一水平面上进行投影，以所有点的并集作为后续处理的基础数据点集；其次，将断层、边界等作为约束条件，生成全区统一的 TIN；然后，采用曲面样条插值算法，对每一层 TIN 缺失的特征值进行插值处理；最后，生成无缝的三维地质模型。

ARTP 体元是由三条垂直于水平面的棱线、不一定平行的顶底三角形面构成的似直三棱柱(图 2.19)。图 2.19 中，$(A_1、B_1、C_1、A_2、B_2、C_2)$ 构成一个基本的 ARTP 体元，其中 $\Delta A_1B_1C_1$ 和 $\Delta A_2B_2C_2$ 在水平面的投影均为 $\Delta A_0B_0C_0$。另外，ARTP 体元还有可能出现像 $(A_1、B_1、C_1、B_2、A_2)$ 和 $(C_1、A_2、C_2、B_2)$ 这种因点重合而导致的特殊形状，前者可以看作是两点重合 $(C_1、C_2)$，后者可以看作是三点重合 $(A_1、B_1、C_1)$。

通过利用 ARTP 体元，可以将要表达的空间对象划分成一系列邻接但不交叉的体元集合。例如，图 2.20 中，地层面 1 的形态由 $\Delta A_1B_1C_1$、$\Delta B_1C_1D_1$、$\Delta C_1D_1E_1$、$\Delta D_1E_1F_1$、$\Delta E_1F_1G_1$、$\Delta C_1E_1G_1$ 和 $\Delta G_1C_1A_1$ 组成的面控制；地层面 2 的形态由 $\Delta A_2B_2C_2$、$\Delta B_2C_2D_2$、$\Delta C_2D_2E_2$、$\Delta D_2E_2F_2$、$\Delta E_2F_2G_2$、$\Delta C_2E_2G_2$ 和 $\Delta G_2C_2A_2$ 组成的面控制；整个地质体由 7 个 ARTP 体元组成。

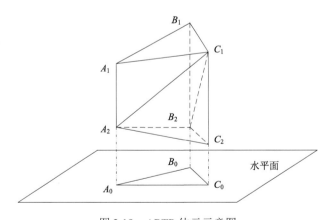

图 2.19　ARTP 体元示意图

在基于 TIN 和 ARTP 的三维数据模型(图 2.21)中，将空间对象抽象为点状实体、线状实体、面状实体和体状实体四种类型。这四种空间对象类型又通过结点、弧段、三角形边、ARTP 棱边、三角形、四边形和 ARTP 体元共七种基本几何元素来表达。

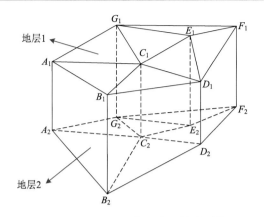

图 2.20　由 ARTP 体元表达的地质体

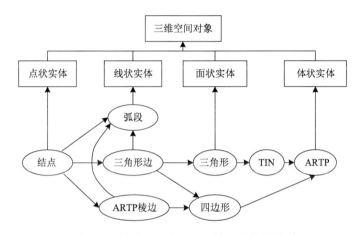

图 2.21　基于 TIN 和 ARTP 的三维数据模型

点状实体是零维空间对象，可以用来表示三维空间中的点状地物。点状实体对应于结点元素，具有空间位置信息 (X, Y, Z) 坐标和拓扑关联数据。

线状实体是一维空间对象，可以用来表示三维空间中的线状地物，如断层线、等值线等，可以由一个或多个弧段元素组成。弧段由起结点和终结点加一系列有序点集表示，也可以由三角形边和 ARTP 棱边所组成。

面状实体是二维空间对象，可以用来表示三维空间中的面状地物，如地层面、断层面等，可以使用 TIN 来表达，在几何形态上是不规则的。

体状实体是三维空间对象，可以用来表示三维空间中的体状地物，如地层、矿体等。任意一个体状实体均可以剖分成一系列邻接但不交叉的 ARTP 体元的集合。当不需要考虑该实体的内部信息时，可以简单地用构成该实体的边界面来表达。

2. 建筑物模型数据组织

在整个地表工业广场可视化中，建筑物数据模型占据三维可视化场景的大量空间。目前，建筑物的数据模型主要有两种：构造实体几何模型(constructive solid geometry，CSG)和边界表示(boundary representation，B-Rep)模型。虽然，这两种数据模型都具有一定的优点，但也存在着缺陷，现在还没有一种方法能完美地构建出所有空间实物模型，各种数据模型还处于研究阶段。

CSG 是广泛应用于 CAD 中的一种结构，通过基本体素及施加在其上的几何变换、布尔运算、局部修改等方法来构造空间实体。该建模方法的一般步骤是先抽取建筑基本形体(体素)，然后对这些体素进行基于 CSG 数据结构的几何变换和布尔运算，形成建筑物的三维建模表达。CSG 模型在描述结构简单的三维实体时十分有效，但该模型不利于表达不规则的复杂三维地物和复杂的应用分析，如图 2.22(a)所示。

B-Rep 模型通过体、面、环、边、点等元素来定义形体的位置和形状。该建模方法的一般步骤是空间实体的几何信息和拓扑信息分开存储。B-Rep 模型能形象地构建复杂对象，提供了一种完整的拓扑分解方法，但同时也带来复杂的数据结构和数据更新的困难，数据量大大增加，如图 2.22(b)所示。

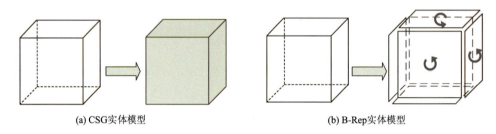

(a) CSG实体模型　　　　　　　　　　　　　　(b) B-Rep实体模型

图 2.22　CSG 模型与 B-Rep 模型

表 2.1 对建筑物建模所用两种数据模型的优缺点进行了比较。目前常见的可视化软件以 B-Rep 模型为主。CSG 模型构建完毕后，可以转换为 B-Rep 模型进行存储。

表 2.1　**B-Rep 模型和 CSG 模型的优缺点比较**

功能	B-Rep 模型	CSG 模型
绘制效率	与场景和地物的复杂度相关	与场景和地物的复杂度无关
变换操作	离散的，只能对物体的几何坐标操作	连续的，能对体素和体素子空间操作
布尔运算	困难	容易
内部绘制	只能对表面操作	能对表面和内部操作

2.5　基于 WebGIS 的地图协同服务

以云计算、大数据、物联网、移动互联网等为主要内容的新一代信息技术，深刻改变了信息化方式和模式，推动各行业管理模式的创新。分布式协同、GIS 服务、大数据等一系列成熟技术为实现"一张图"模式的企业级统一信息管理和应用提供了支撑，谷歌地球、百度地图、天地图等应用模式已深入千家万户，"一张图"模式将是未来基础数据管理的必然趋势(毛善君等，2018；李华等，2011)。

能源行业"一张图"采用云计算、物联网、大数据等新一代信息技术，构建基础地理信息数据标准，将各个业务部门、上级管理部门的相关数据按照标准体系——录入、管理，实现多级在线协同修改编辑、分析浏览等应用，形成以地质、测量空间数据为底图，集成机电、运输、安全管理等数据的企业"一张图"。

建设"一张图"系统不是最终目的，而是通过"一张图"平台，为各类业务系统提供统一的基础支撑，形成"数据关联—大数据分析—综合利用"的管理模式。数据是信息系统的血液，是大数据分析的基础。"一张图"通过基于 WebGIS 的地图协同服务，打通当前各信息系统之间的联结。

下文对数据标准规范体系、时态空间数据管理、分布式协同更新、空间数据发布服务等内容进行阐述。

2.5.1　数据标准规范体系

能源行业"一张图"的目标是建立企业或集团基础数据管理和应用平台。由于面对的业务和数据来源复杂多样，无论是原始数据的入库管理，还是实时或成果数据的共享应用，都必须以统一的标准规范为前提。

能源行业"一张图"管理的数据以地理空间数据为主。国家测绘局曾组织发布了《基础地理信息要素分类与代码》(GB/T 13923—2006)、《地理信息分类与编码规则》(GB/T 25529—2010)等一系列基础地理信息国家标准，但主要面向地形图及相关要素，如水系、居民地及设施、交通、管线、境界与政区、地貌、植被与土质、地名等，缺乏对地下空间要素，特别是能源行业领域的具体标准。

在参考国家相关标准指导思想、制定原则、分类编码规则、完整性和可扩展性要求等内容的基础上，结合我国能源行业的实际情况，本章提出了能源行业"一张图"建设的空间数据标准规范框架，包括分类标准、编码标准、分层标准及要素数据字典等。下文主要以煤炭行业为例简介"分类标准"。

将煤矿数据要素类型分为大类、中类、小类、子类、要素类 5 个层次，并规定了大类、中类、小类、子类、要素类的分类名称。

煤矿要素类型的大类是根据数据的来源，即根据煤矿中各专业部门产生的煤矿数据分为六大类，如表 2.2 所示。

表 2.2　煤矿地理信息要素分类表

大类代码	地质类(01)	测量类(02)	机电类(03)	运输类(04)	通防类(05)	安全类(06)
中类	地层、地质构造、地层边界、储量计算…	控制点、井巷工程…	工作面支架、采掘机械设备…	工作面设备、巷道运输设备…	通风、防灭火、防尘、瓦斯抽采…	采集端设备、传输控制设备…
小类	地层年代、断层、陷落柱、风氧化带…	导线点、回采工作面、巷道…	液压支架、采煤机、掘进机、装载机…	刮板输送机、转载机、输送机…	通风设备、防灭火设备…	安全监控、人员定位、水文监测…

对于煤矿数据涉及的地形内容，可按基础地理信息要素分类及代码(GB/T 13923—2006)执行。

2.5.2　时空数据管理

能源行业数据具有典型的"时态"特性。随着企业生产进行，安全生产管理关注的重点数据会或多或少发生变化，如巷道掘进、工作面回采、油气开采、储量等。因此，能源行业"一张图"不仅要存储和管理实时最新的现状数据，还需要支持对历史数据的回溯管理。

对于时态 GIS，国内外相关研究成果较多，如利用时空 GIS 数据库实现时空交互的框架等，为时态空间数据的管理提供了理论基础(毛善君等，2018)。针对能源行业业务管理的实际需求，从满足"一张图"数据变化的管理以及基于时间点的历史数据回溯的需求出发，在 GIS 基础平台所采用的面向对象一体化数据模型基础上，提出如下基于GIS 空间数据库的版本化时态空间数据管理方案。

在 GIS 空间数据库中，一个典型的数据集对象表存储模型包括对象 ID、外包矩形、几何数据(点、线、面等元素)、属性，如表 2.3 所示。

表 2.3　数据集对象表

ID	系统保留	外包矩形最小 X	外包矩形最大 X	外包矩形最小 Y	外包矩形最大 Y	几何数据	属性…

当数据发生变化时，一般系统中数据的修改会直接覆盖原有数据集表中的记录。基于版本化的时态空间数据管理，对每一个数据集对象表建立一一对应的数据集对象历史版本表，增加了协同 ID、版本 ID、版本类型 3 个数据维，如表 2.4 所示。

表 2.4　数据集历史版本表

ID	系统保留	协同 ID	版本 ID	版本类型	外包矩形最小 X	外包矩形最大 X	外包矩形最小 Y	外包矩形最大 Y	几何数据	属性…

同时，在空间数据库中建立全局的版本记录表，包括版本 ID、版本创建时间、版本创建者、版本唯一标识、版本描述等。当数据发生变化时，将经过如下步骤：①检查相关变化的数据是否存在版本冲突；②冲突检查完成后，在全局版本记录表中添加一条 ID为 VN 的记录；③在数据集对象历史版本表中插入所有变化实体对应的 VN 历史版本记录，并区别版本类型(新增、删除、修改)；④将变化实体的数据更新到数据集对象表中。

基于 GIS 空间数据库的版本化时态空间数据管理方案以版本代替直接的时间维，可以大大减少时态 GIS 中保存连续时间数据带来的数据冗余及复杂度问题，在数据存储的时间和空间方面达到了较好的平衡。同时，数据物理存储的粒度也控制到了实体对象级别，可以很好地满足对于数据修改历史记录和回溯的需求。

2.5.3　分布式协同更新

能源行业企业信息化的建设和日常生产需要地测、安全、机电、生产等业务部门紧密协作，是一个典型的多人协作工作场景。能源行业"一张图"系统在建立企业的数据存储平台后，必须支持各类数据的实时更新，并能够快速、高效地在各业务部门间同步共享数据。

GIS 数据的协同更新，除了数据管理和存储方案研究之外，最关键的是冲突处理问题。冲突处理方法可以分为两大类：①无冲突法，即阻止任何同时发生的更新以避免冲突；②冲突消解法，即允许有冲突，采用一定的机制处理冲突。常见的并发控制算法有加锁法、集中控制法、事务机制、依赖检测、可逆执行、操作转换等。Greenberg 和 Marwood（1994）把这几种并发控制方法概括为加锁法和可串行化法，并指出每一种方法都可以细分为乐观法和悲观法。加锁法通过对共享数据的加锁与解锁来控制用户的并发操作，通常分为乐观锁和悲观锁，可以有效地保证共享数据的一致性。加锁法需要控制加锁粒度合理，否则影响系统效率。王劲波等（2003）对并发控制中的几种锁模型在分布式环境下进行拓展，提出了一种基于加锁粒度的分布式高优先级两段锁模型。

基于 WebGIS 的地图协同服务在基于版本化的时态空间数据管理方案基础上，采用中心协同服务来解决数据的一致性入库问题，同时对于可能发生的冲突采用乐观处理策略，协同更新处理流程如图 2.23 所示。

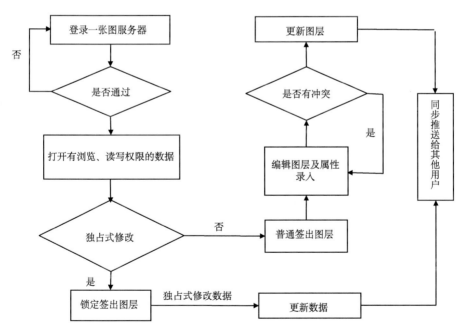

图 2.23　分布式协同更新处理流程

中心协同服务是实现数据协同更新的中枢环节，承担识别服务请求类型、基本请求的处理以及将复杂请求分发给目录服务器或应用服务器的任务。在数据源比较多时，数据引擎服务器的压力较大，可采用分布式部署的方式，管理服务器负责将数据操作请求分发给相应数据源的引擎服务器，起到数据层负载均衡的作用。

协同服务实现了基于"一张图"的多用户在线编辑、数据获取和数据保存，主要包括数据的请求(针对最新版本或特定版本)、数据的获取(针对最新数据或特定版本数据)、数据的提交、数据的签出、数据的锁定与取消锁定、图层管理、用户数据冲突处理、用户管理、用户与图层关联管理、权限管理、用户与权限关联管理、资源状态管理、历史版本管理和数据审核等。多专业协同处理示意图见图2.24。

2.5.4　空间数据发布服务

在实现企业或全集团各类数据"一张图"管理和分布式协同更新后，还需要解决如何方便、快速、流畅地访问和使用"一张图"成果数据的问题，从而将能源行业"一张图"真正作为企业安全生产应急管理中的基础数据管理和业务应用支撑平台。

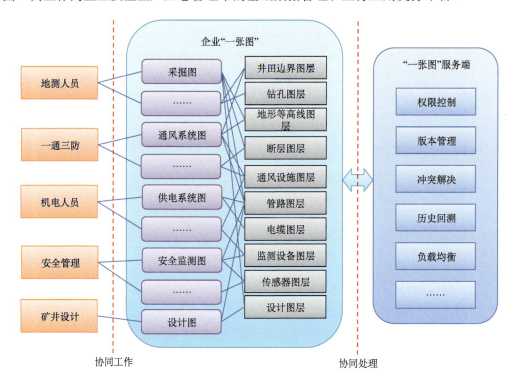

图 2.24　多专业协同处理技术示意图

能源行业"一张图"数据量大(一般在10GB以上)、数据类型多样(图形、属性、附件等)、访问和统计分析需求量大，这些都对"一张图"数据的对外服务能力提出了很高的要求。

网络地图服务(web map service，WMS)和网络地图切片服务(web map tile service，WMTS)是OGC定义的GIS标准网络地图发布服务协议，可以用来解决能源行业"一张图"中大量的图形数据对外提供服务的问题。WMS提供的是实时切图服务，每次服务请求均会在服务端根据矢量数据渲染成图片返回客户端，效率较低；WMTS 则需要服务端提前准备好所有矢量数据的切片，服务请求发生时直接返回静态图片，效率更高，是 GIS 应用中主流的方式。

能源行业相比于其他行业的 GIS 应用，由于其数据动态变化周期很短，无法采用一般的 WMTS 方案，而单纯采用 WMS 方案又会存在性能问题。因此，在版本化时态空间数据管理的基础上，可采用"WMS+WMTS"混合的地图服务方案来优化能源行业"一张图"数据的存储和访问能力。在默认情况下，地图服务端会提供 WMTS 的静态切片访问，当"一张图"数据经过分布式协同更新时，会发送局部数据更新的消息到地图服务端，并触发 WMS 服务来完成对局部地图切片的更新，从而在保证数据最新的前提下，兼顾地图服务的性能问题，并使全部数据的查询和访问响应时间在秒级以下。

参 考 文 献

北京超图软件股份有限公司. 2021. 认识 SuperMap GIS[EB/OL]. https://www.supermap.com/ [2021-5-5].

曹志月, 刘岳. 2002. 一种面向对象的时空数据模型[J]. 测绘学报, 31(1): 87-92.

陈军. 1995. GIS 空间数据模型的基本问题和学术前沿[J]. 地理学报, (S1): 24-33.

高扬. 2011. 基于.NET 平台的三层架构软件框架的设计与实现[J]. 计算机技术与发展, 21(2): 77-80, 85.

龚健雅. 2001. 空间数据库管理系统的概念与发展趋势[J]. 测绘科学, (3): 4-9.

龚健雅, 李小龙, 吴华意. 2014. 实时 GIS 时空数据模型[J]. 测绘学报, 43(3): 226-232.

李华, 孟宪素, 翟刚, 等. 2011. 基于国土资源"一张图"的综合监管与共享服务平台建设研究[J]. 国土资源信息化, (4): 27-31.

李景文, 傅玮佳, 叶良松, 等. 2010. 基于对象的 GIS 时空数据模型设计方法[J]. 地理与地理信息科学, 26(6): 11-14.

李旭晖, 刘洋. 2019. 时空数据建模方法研究综述[J]. 数据分析与知识发现, 3(3): 1-13.

廖国琼, 李陶深. 2000. 一种支持工程设计事务的乐观并发控制方法[J]. 计算机工程, (7): 24-25, 169.

闾国年, 张书亮, 龚敏霞, 等. 2003. 地理信息系统集成原理与方法[M]. 北京: 科学出版社.

马俊海. 2002. 地理信息系统软件的技术体系与选型[J]. 黑龙江工程学院学报, (2): 10-13.

毛善君. 2002. 灰色地理信息系统——动态修正地质空间数据的理论和技术[J]. 北京大学学报(自然科学版), 38(4): 556-562.

毛善君, 杨乃时, 高彦清, 等. 2018. 煤矿分布式协同"一张图"系统的设计和关键技术[J]. 煤炭学报, 43(1): 280-286.

牛红光, 陆毅, 于金星, 等. 2009. 多源空间数据集成技术研究与实现[A]//中国测绘学会海洋测绘专业委员会. 第二十一届海洋测绘综合性学术研讨会论文集: 307-310.

秦彩宁. 2012. 基于 J2EE 架构的企业信息管理系统设计[J]. 煤炭技术, 31(3): 275-277.

宋关福, 钟耳顺, 刘纪远, 等. 2000. 多源空间数据无缝集成研究[J]. 地理科学进展, (2): 110-115.

王劲波, 薛永生, 徐勋民. 2003. 一种基于加锁粒度的分布式高优先级两段锁的并发控制模型[J]. 计算机应用与软件, (6): 16-18, 33.

邬群勇, 孙梅, 崔磊. 2016. 时空数据模型研究综述[J]. 地球科学进展, 31(10): 1001-1011.

吴昌钱. 2014. .NET 框架下软件开发模式研究[J]. 哈尔滨师范大学自然科学学报, 30(3): 99-102.

徐聪, 曹沫林, 李柏明. 2011. 矿山测量技术的发展与探讨[J]. 矿山测量, (1): 58-60.

闫俊伢，安俊秀. 2010. J2EE 技术体系的探讨与研究[J]. 实验室研究与探索, 29 (7): 83-86.

张兴国. 2006. DigMap 与流行 GIS 软件数据接口的设计与实现[D]. 西安：西北大学.

张祖勋，黄明智. 1996. 时态 GIS 数据结构的研讨[J]. 测绘通报, (1): 19-22.

ESRI Inc. 2021. ArcGIS Technical Support[EB/OL]. https: //www.esri.com/ [2021-5-6].

Greenberg S, Marwood D. 1994. Real time groupware as a distributed system: Concurrency control and its effect on the interface. In Proceedings of the 1994 ACM conference on Computer supported cooperative work (CSCW '94). New York: Association for Computing Machinery.

Hexagon Geospatial. 2021. GeoMedia[EB/OL]. https: //www.hexagongeospatial.com/ [2021-1-6].

Langran G. 1992. Time in Geographic Information Systems[M]. Bristol, PA: Toylor & Francis.

Longley P A, Goodchild M F, Maguire D J, et al. 2015. Geographical Information Systems and Science[M]. 4th ed. New York: John Wiley & Sons Ltd.

第3章　智能应急预案的自动生成

3.1　概　　述

3.1.1　智能应急预案的概念

应急预案是确保应急救援工作安全有序开展的重要保障，对能源行业安全生产意义重大。应急预案内容繁杂，编制耗时耗力。目前能源行业应急预案多由人工制定，以纸质或者电子文档的形式保存，编辑修改困难，并且难以有效整合历史事故案例中的知识与经验，在实际应用中具有很大的局限性，为此需要从能源行业应急预案编制方法和内容上开展智能化研究，以更好地开展应急救援工作，适应能源行业智能化建设目标。

智能应急预案是指综合利用历史事故案例处置经验和专家知识，结合基于规则推理的动态应急处置措施生成技术、基于案例推理的检索技术、实时监测监控技术和应急救援可视化技术的应急预案。与传统应急预案相比，智能应急预案具有实时性、动态性和科学性等特点，对能源行业事故应急救援工作意义重大。应急救援可视化技术在相关章节有所涉及，本章不再赘述。

3.1.2　智能应急预案的研究现状

经过多年的事故应急处理，能源行业应急救援工作已经形成了一定的规范，确保救援过程信息流通、资源整合和机构整合，使得救援工作顺利开展。许多工业发达国家，如美国、英国、日本、澳大利亚等都建立了包括应急救援队伍、基础设施、后勤保障和流程管理等在内的紧急救援管理体制与法规，切实保障了能源行业安全事故救援工作顺利开展。随着物联网、云计算和大数据等新技术的出现和普及，关于面向大数据的应急响应系统平台的研究逐渐开展起来。

相比于国外，我国目前应急救援工作已取得了较大成绩，但是在某些方面还存在一些不足，总体水平仍然较低。应急管理系统是能源行业为应对紧急事件而建立的集事故预防、管理、救援和演练于一体的综合系统，不少学者也对此进行了系统开发和研究。但这些应急管理系统多从应急业务流程出发，在应急辅助决策方面，只具备简单电子应急预案管理的功能，对能源行业应急预案的研究与应用主要集中在预案编制原则、预案管理系统、预案质量评价以及预案演练等方面，智能应急预案关键技术研究还很薄弱。尚没有形成智能化的应急预案和应急响应辅助决策，也不能为能源行业安全生产提供强有力的支撑和保障，在实际应用中仍存在较大局限性(杨梦和周恩波，2019；周恩波，2018；陈宁，2019)。

总体而言，目前能源行业应急预案生成、管理与应用方面主要存在以下问题。

(1)应急预案编制烦琐。应急管理相关人员需要查阅大量资料和信息，通过人工方式编制应急预案，耗时耗力。

（2）应急预案管理方式落后。现有应急预案管理方式多为电子文档系统，少量仍然采用纸质文本，预案更新困难。

（3）应急预案时效性差。应急预案事先制定，审核后存档，当发生事故时，预案无法反映事故发生前后实时信息，不能有效监控隐患和事故动态，可能无法形成最优的决策方案。

（4）多源信息利用较少。现有预案管理系统没有整合多源信息，包括事故案例、历史应急预案和专家经验知识等，使得应急救援过程缺乏科学理论指导和充足信息支撑。

（5）应急救援信息不直观。应急预案中的救援信息多以文本形式存在，不利于信息理解和信息交流。

3.1.3　智能应急预案的研究内容

下文将从能源行业应急预案本体知识建模、事故案例获取分析框架研究、基于规则推理和案例推理的处置措施生成与智能应急预案自动生成技术框架 4 个方面展开介绍，以构建智能化能源行业应急预案。

（1）应急预案本体知识建模。应急预案是为了及时、科学、有效地指挥和协调应急救援工作而制定的一套事故处置经验和处置方式的指南，现有的应急预案以独立的电子文档形式保存在计算机数据库中进行管理，其中蕴含的知识经验无法被高效地检索利用，也难以复用。本体作为一种知识组织和表示的方法技术，在概念表示、属性联结和知识推理等方面有优良的特性，在信息表示与信息组织方面，具有一套标准化的知识组织规范。为了规范、共享和复用应急预案中蕴含的知识，本章将在原有历史预案库的基础上构建应急预案本体知识库。

（2）事故案例获取分析框架研究。能源行业事故案例是历史上事故发生后形成的文字记录，包括事故发生经过、原因分析、处置办法、经验教训等，其中包含许多有用信息，特别是事故处置方法和经验，对于新的应急预案编制具有非常重要的意义。但目前能源行业事故案例多以非结构化的文本形式散布于各个单位的网站上，案例不易获取和管理，非结构化的文本也不能直接被计算机有效地分析和利用。本章提供一套能源行业事故案例获取和分析框架，首先应用网络爬虫技术获取事故案例，然后利用框架法将历史事故案例结构化和半结构化加以表示，最后通过非关系型数据库实现对事故案例的高效存储管理。

（3）基于规则推理（rule-based reasoning, RBR）和案例推理（case-based reasoning, CBR）的处置措施生成。传统应急预案作为一个通用的应急指南，不具备实时性，在应急救援措施方面存在一定局限性。本章结合不同类型能源行业应急预案和事故案例，利用规则推理技术和案例推理技术，针对事故信息和实时监测数据动态生成事故处置措施，为救援工作提供科学、有效的信息。

（4）智能应急预案自动生成技术框架。传统应急预案实时性差，存在更新困难、信息滞后、编制烦琐等缺点。

本章通过分析历史应急预案，总结了一套通用的应急预案模板。通过利用应急预案模板、事故处置办法、救援过程可视化结果等信息，自动生成智能应急预案，简化应急预案编制工作。

3.2　应急预案本体与知识图谱构建

3.2.1　本体与知识图谱构建的理论基础

1. 本体的定义与构建

本体最初源于哲学领域，主要指客观存在的一个系统的解释和说明，在 20 世纪 90 年代被引入情报学、人工智能、知识工程等领域，也就具有了更多的含义。Neches 等 (1991) 提出将本体看作领域词汇的基本术语和关系以及这些词汇外延的规则。1993 年，斯坦福大学学者 Gruber 在此基础上给出本体的新定义：概念模型的明确规范说明。Borst (1997) 又在 Gruber 定义的基础上加上共享一词。

1998 年，Studer 等 (1998) 在 W. N. Borst 提出的定义上进行深入，提出了目前本体研究者普遍认同的新定义："共享概念模型的明确的形式化规范说明"，该定义包含四层含义，分别为概念模型 (conceptual model)、明确 (explicit)、形式化 (formal) 和共享 (share)。

国内学者对本体也做了许多研究，张晓林和李宇 (2002) 教授将本体看作是概念集，认为本体是对特定领域具有共识的对象及对象间关系的概念化描述。北京大学的汤艳莉和赖茂生 (2005) 认为本体是语义网的重要组成部分，是对世界或领域知识、实体及其关系的一种明确而规范的概念化描述。

对应不同的属性或应用场景可以对本体进行不同的分类，根据 Guarino (1997) 提出的以详细程度和领域信赖度为依据，可以将本体分为顶级本体 (upper ontology)、领域本体 (domain ontology)、任务本体 (task ontology) 和应用本体 (application ontology)。领域本体描述的是特定领域里的概念及概念间的关系，本章所描述的能源行业应急概念及概念关系的本体可称为能源行业应急领域本体。

本体被广泛应用的一个重要前提就是使用一种语言使它能够进行标准化的信息交换，这种规范化的语言被称为本体描述语言。本体描述语言将客观世界的概念及相互之间的关系，由自然语言表示格式转化为计算机可理解的逻辑表示格式。OWL (web ontology language) 指继承了 RDF (resource description framework)、RDFS (resource description framework schema)、XML (extensible markup language) 优点的 Web 本体语言，是目前功能相对最完善的本体描述语言，已经成为 W3C (world wide web consortium) 的推荐标准。

为了对本体进行更好的组织和应用，Perez 和 Benjamins (1999) 利用分类法提出由类、关系、函数、公理和实例 5 个基本建模元语组织构造本体。建模元语是本体的基本要素，不同领域的知识表观和组织形式各有特色，因此构建本体时需要对领域知识进行充分分析，在建模过程中可视情况而定由哪几个基本建模元语来构建本体。

用不同本体构建方法生成的本体具有的知识表示能力与逻辑推理能力不同。常用的本体构建方法有 TOVE 法 (Gruninger, 1996)、IDEF5 法 (Peraketh et al., 1994)、

MethOntology 法（Fernndez et al., 1999）、SENSUS 及七步法等（李景和孟连生，2004），每一种构建方法都是经过不断的实践研究，都有着各自的特点和限制。其中七步法由斯坦福大学医学院提出，最初用于医学领域本体构建，随着该方法的完善，对其他领域本体构建过程有很好的参考价值，七步法构建本体的步骤如图 3.1 所示。

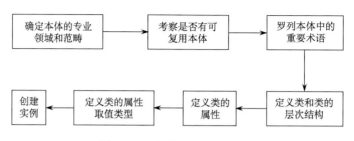

图 3.1　七步法构建本体步骤图

本体的构建是一项复杂的工程，为了方便构建，相应的本体构建工具也随着研究的发展而被开发出来，借助开发工具有助于高效地完成本体的构建任务。常见的构建本体的工具主要分为两类，分别是可视化手工开发工具和半自动化开发工具。可视化手工开发工具主要有 Protégé、WebOnto、OmoEdit（Open Modelica Connection Editor）等，这类工具能为用户提供友好的可视化操作界面，使用便捷，方便学习，能够帮助用户以所见即所得的方式构建本体。

利用可视化手工开发工具构建本体时，因为概念和属性太多需要重复的操作较多，修改时也需要逐个进行。由于难以对本体自动化构建的过程进行质量控制，并且自动抽取的概念关系较为松散，因此仍然需要依赖专家经验进行构建和评测。目前，尚未出现较完备的本体自动化构建工具。但也出现了一些优秀的半自动化工具，以提升本体构建的效率。基于 Java 语言的 Jena（http://jena.sourceforge.net/documentation.html）提供了实现本体形式化的方法，Jena 有很多 API 接口用于本体模型文件的处理，可以通过编写程序来实现本体的构建和批量处理。本体 API 包含 OntModel（本体模型）、Document Manager（文档管理器）、OntClass（本体类）、OntResource（基本本体资源）4 个主要的抽象类，用于本体模型的处理。

2. 知识图谱的定义与构建

知识图谱是一种揭示实体之间关系的语义网络，可以对现实世界的事物及其相互关系进行形式化的描述。知识图谱现已被用来泛指各种大规模的知识库。2012 年 5 月，Google 推出能够实现语义层面信息搜索的 Google 知识图谱，进一步提升搜索引擎的搜索效果，标志着大规模知识图谱在互联网语义搜索中的成功应用。一个规范化的知识图谱具有三大优势：①系统、智能、规范地将人类现有的知识进行互联，构成一张巨大的知识关系网，弱化"知识孤岛"现象；②数据易修改，便于修正及丰富现有的知识图谱；③可解释性及可推理性较强。因此，知识图谱能够帮助不同应用领域显著提高知识管理、利用和深度挖掘的水平。

三元组是知识图谱的一种通用表示方式，基本形式主要包括实体 1，关系，实体 2 和概念、属性，属性值等，即 $G = (E, R, S)$，其中 $E = \{e_1, e_2, \cdots, e_{|E|}\}$ 是知识库中的实体集合，共包含|E|种不同实体；$R = \{r_1, r_2, \cdots, r_{|R|}\}$ 是知识库中的关系集合，共包含|R|种不同关系；$S \subseteq E \times R \times E$ 代表知识库中的三元组集合。

就覆盖范围而言，知识图谱也可分为通用知识图谱和行业知识图谱。通用知识图谱注重广度，强调融合更多的实体，主要应用于智能搜索等领域。行业知识图谱通常需要依靠特定行业的数据来构建，具有特定的行业意义。行业知识图谱中，实体的属性与数据模式往往比较丰富，需要考虑到不同的业务场景与使用人员(徐增林等，2016)。

知识图谱的架构主要包括自身的逻辑结构以及体系架构。知识图谱在逻辑上可分为模式层与数据层，数据层主要是由一系列事实组成的，事实是知识的最小单位数据。模式层构建在数据层之上，主要通过本体库来规范数据层的一系列事实表达。本体是结构化知识库的概念模板，通过本体库而形成的知识库不仅层次结构较强，并且冗余程度较小。

知识图谱的构建有自顶向下和自底向上两种方式。自顶向下的方式是先为知识图谱定义好本体与数据模式，再将实体加入到知识库中，一般用于特定领域知识图谱的构建，在特定领域中知识图谱的数据模型及其相互关系是比较明确的，当已有的数据模型明确时，就先对知识图谱的顶层进行设计，然后自顶向下一步一步地构建知识图谱。自底向上的构建方式指从一些开放链接数据中提取出实体，选择其中可信度较高的实体加入到知识库中，再构建顶层的本体模式，一般将其应用在开放的、数据模型关系不清晰的领域中，先把搜集到的数据模型整合到一起，然后通过一定的技术，分析、归纳、总结形成具有一定联系的知识体系，并从中选择可信度较高的知识构建知识图谱。用两种方式构建知识图谱的流程分别如图 3.2 和图 3.3 所示。

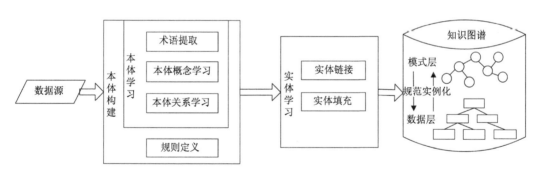

图 3.2　自顶向下构建知识图谱(黄恒琪等，2019)

3.2.2　应急预案本体知识库构建

大多数情况下，本体的构建是领域内研究者在综合考虑自身需要以及所处的环境、具备条件等情况下完成的，因此本体的构建过程具有多样性与复杂性，当前也并没有公认普适的、能涵盖各领域需求的本体构建方法。在这种现状下，部分研究者提出了一些构建本体的原则或者准则。在这些相关论述中，最有影响的是 Gruber 提出的指导本体建立的 5 个准则：

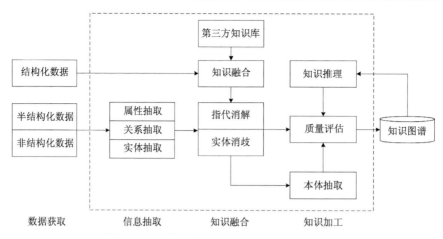

图 3.3　自底向上构建知识图谱(刘峤等，2016)

(1)明确性和客观性：术语的定义必须明确以及客观。

(2)完全性：术语的定义必须完整。

(3) 致性：知识推理的结果和术语含义具有一致性。

(4)最大单向可扩展性：增加的内容或术语不需要对原来的内容做任何修改。

(5)最小承诺：建模对象的约束条件最少。

在这 5 条原则的指导下，通过对应急预案领域知识和相关文献进行分析，确定综合应急预案、专项应急预案、现场处置方案这 3 个概念是应急预案本体的描述重点，具有实际应用意义，并且满足本体类互相独立、表示完备及无歧义的特点。根据本体建模理论，类是组成本体结构的基础元素，用于描述领域中的实体对象。类的层级结构由上而下逐一展开，最顶层的"类"表示抽象的概念，往下展开是更具体的概念或实例。根据应急预案本体所要描述的知识内容，将综合应急预案、专项应急预案、现场处置方案三个概念置于本体层次结构的顶层，再逐步自顶向下地细化，例如专项应急预案会具体分为顶板事故专项预案、瓦斯事故专项预案、火灾事故专项预案、水害事故专项预案、机电事故专项预案等，且瓦斯事故可以进一步分为瓦斯爆炸事故、瓦斯窒息事故等。根据以上关于类的构建和层次细化思路，利用 Protégé 构建应急预案本体概念结构，能够根据需求调用 API，使得结构易于更新和扩展。确定概念结构后利用 Jena 填充属性和本体实例，通过半自动的方式构建领域本体。

3.3　应急处置方案生成关键技术

面对实时动态变化的生产环境，快速响应的应急处置措施生成能够有效提高应急速度和处理水平，进而降低突发事件所造成的负面影响。当前研究中，基于规则和基于案例的推理技术是动态生成处置措施进行辅助决策支持的重要方式。

3.3.1　基于规则的推理技术

专家系统是人工智能应用中最热门的研究课题之一，自其问世以来，已经取得了巨大成功。专家系统是一个由计算机程序组成的智能系统，基于系统内部海量特定行业专家的知识和经验，模仿专家处理专业难题的流程，解决某一领域内的大量难题，提高行业生产力(刘培奇，2014)。专家系统拥有特定行业专家解决具体问题的知识与经验，使用知识推理作为手段来解决具体行业的实际问题。

图 3.4 描述了一个基于知识的专家系统架构(贾拉塔诺等，2000)，用户提供事实或其他信息给专家系统，然后接收专家系统得出的专家建议或专门知识。知识库是专家系统的核心部分，主要用于存储和管理求解领域问题的专家知识和经验。推理机是专家系统的组织和控制机构，在推理机的控制下，专家系统能够以预定的推理策略运用知识库中的知识进行推理，得出问题的解。不同领域或不同类型的知识一般需要针对自身特点选择不同的知识表示方法，推理机以及推理方式也往往不同，从而产生了不同类型的专家系统。一个专家系统的能力大小很大程度上取决于其知识库所包含的知识的数量及质量。因此，构建专家系统过程中，知识库的构建至关重要。

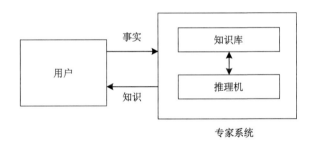

图 3.4　基于知识的专家系统架构

知识库系统能够使得知识的组织、保存、处理及维护更加便捷，其成长与数据库及人工智能是密切相关的，也可以将知识库理解为智能化的数据库(牛润，2018)。

知识库系统中，知识表示是重要模块之一。知识表示是指专家系统中知识的组织形式，与问题特征和推理方式有密切的关系，知识表示是案例推理中的第一步，同时在人工智能中也占据着重要的位置。知识表示的目的是以结构化的形式保存各种数据。主要的知识表示方法包括框架表示法、面向对象表示法、产生式表示法、谓词逻辑表示法、语义网络表示法等，具体如表 3.1 所示。

表 3.1　常见的知识表示方法

方法	简介	特点
框架表示法	该方法的主要思想是从以往的历史经验中提取相关特征来解决新的问题，它可以把数据结构化表示，由框架-槽-侧面-约束条件组成，采取这种表达方式可以完整地表示知识的结构和内容	能够结构化表示知识，明确表示各特征值间的关系，框架的可继承性较强，但表达过程性知识较弱

方法	简介	特点
面向对象表示法	该方法提出现实世界是由实体组成的，可以集成表示知识和规则，能够结构化表示知识，也可以建立案例之间的层次结构，使得案例的组织与检索更加便捷	客观且易于理解，但对有约束性的知识表达能力较弱
产生式表示法	该方法的一般表示形式为 if（条件）、then（结论），表达形式比较简单，易于理解，和人脑的逻辑思维相似，规则推理中经常使用产生式表示法	善于表示一些规则，但不适合表示有层次结构的知识，推理效率较低且不透明
谓词逻辑表示法	该方法是一种基于归纳推理机制的叙述性知识表示方法，在自动定理证明方面得到了很好的应用，适合表示事物的状态、属性、概念等事实性知识	通用且易于理解和实现，不擅长表示启发性和过程性知识，组织推理比较困难
语义网络表示法	该方法和人脑的联想记忆类似，可以理解为一个有向图，节点代表实体或概念，弧代表节点之间的联系	便于增加、删除和修改节点和弧，其灵活性和继承性也较强，但是缺乏正规的语义与术语，不便于表达过程性知识

对于应急预案中的规则、规程类知识，本章采用产生式表示法。产生式规则推理系统分为规则库、事实库和推理机引擎三部分。规则库中存储的规则（专业领域的知识经验）是推理的基础。用于判定的规则分为两个部分 LHS（left-hand-side）和 RHS（right-hand-side），分别表示前提和结论。事实库是被处理的数据所组成的工作空间。推理机是推理过程的核心，主要工作包括将事实和规则的 LHS 匹配并加入到推理引擎议程（agenda）中，并按照一定顺序执行议程中的匹配规则，直到得到结果。

3.3.2 基于案例的推理技术

与基于规则的推理不同，基于案例的推理技术的核心思想是利用历史相似案例作为参考解决当前新的问题。能源行业事故案例包括历史事故的过程描述、原因分析、处置措施及经验教训等，利用基于案例的推理技术可以为应急处置提供相似的历史事故案例，从经验中获取知识，对应急救援有辅助指导作用。基于案例的推理技术的逻辑如下：①对新的案例和历史案例进行对比，抽取相关属性得到匹配度。②从已有案例中选择匹配度较高的案例作为指导，形成可以解决当前问题的方案。③若匹配度没有达到指定阈值，则对案例进行修改，待审核通过后，得到处置方案。

案例推理相比于一些传统的规则推理方法，具有如下特征。

（1）知识获取比较容易。案例推理主要是模仿人脑依据过去积累的处理方法和经验来解决现在的问题，不需要建立模型从历史案例中提取规则，避免了规则获取及从知识中提取规则困难、耗时的问题。

（2）案例推理的学习能力强。在案例推理中，案例往往处于不断增长的状态中，根据使用情况，可以从中选取一些有代表性的案例，大量有代表性的案例数据可以大幅度提高案例检索的精准度，也使案例推理更加具有实用性。

（3）案例的准确表示。案例推理的逻辑思维比较接近人类，可以比较全面地提取并表示知识，而规则推理中的规则相比于原始信息比较片面，并不能完全信赖。

(4)应用领域广。案例推理能够从各个应用领域中获取知识，拥有海量的案例数据知识，即使经验或信息不完整，也可以很好地使用案例推理去形成解决方案。

基于案例的推理技术一般分为以下 5 个具体的步骤，也称基于案例的推理技术的 5R 模型。

(1)案例表示。把当前问题按照某种制定好的案例表征方法表示为新案例。

(2)案例检索。根据案例匹配算法在案例数据库中搜寻和当下问题最相关的案例。

(3)案例重用。在案例匹配中选择匹配度高的一系列案例，依据具体情况选择最为相符的案例进行重复使用。

(4)案例修改。如果被搜索出来的老案例和最新面对的问题完全匹配上，就再次使用已有案例的解决办法作为新问题的求解思路。相反，则需要对案例进行修改，获得更匹配当前问题的处置办法。

(5)案例保存。将审核通过的新的解决方案或事故案例保存到案例库中，实现系统的维护及更新。

3.4　智能应急预案生成方法和系统

依据煤矿智能应急预案定义和应急救援业务流程，煤矿智能应急预案生成系统对历史应急预案和事故案例进行结构化和非结构化的存储和管理并建立了专家知识库和案例检索引擎。当煤矿发生事故后，工作人员上报事故信息和特征，系统结合矿井实时监测数据，判断事故状态和形势。根据知识库以及事故状态进行规则推理，得到事故处置措施。工作人员也可以通过输入关键字检索与当前事故最相似的历史事故案例从而获取经验知识。事故案例中的处置方法和经验也可以进一步扩充规则推理知识库。除此之外，通过分析应急预案总结了一套通用的应急预案模板，通过将生产环境基本信息、事故处置方案生成、救援过程可视化结果等信息填充模板，自动生成智能应急预案。

3.4.1　基于规则推理的应急处置方法生成

图 3.5 为基于规则推理的应急处置方法自动生成的工作流程(陈宁，2019)。在系统运行时，预定义的规则库被载入到产生式内存，当用户将事实数据输入到工作内存时，推理引擎被触发执行，模式匹配器将工作内存中的事实数据与产生式内存中的规则左部进行规则匹配，如果规则触发，则将该规则加入到议程之中，若多条规则被同时触发则产生冲突，此时议程会基于"冲突解决策略"进行冲突消解。之后，执行引擎从议程中获取已触发的规则，如果当前已没有可获取的规则，整个推理过程结束，返回最终的推理结果，反之，如果获取到规则，则执行规则右部，在执行过程中执行引擎可能会对事实库进行修改，从而触发新的规则加入到议程之中，如此循环反复直到议程中没有可执行规则而结束推理。当发生煤矿事故时，系统从应急救援侦查人员和传感器获取事故实时信息，结合矿井地质、瓦斯等自然信息以及设备物资和人员等信息生成事实数据到工作内存，推理机利用推理引擎，匹配规则库中的专家经验和应急救援知识，得到基于规则推理的事故处置办法。例如，根据传感器检测到的瓦斯浓度、氧气和温度等信息，系

统判断是否会发生瓦斯爆炸、瓦斯爆炸级别等，进而推理得到需要采用的应急处置措施。

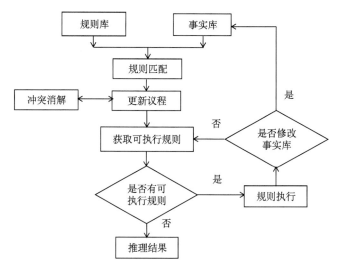

图 3.5　基于规则推理的应急处置方法的流程

3.4.2　基于案例推理的应急处置方法生成

能源行业事故案例散布在各家单位的网或互联网上，缺少统一事故案例发布平台与格式，给能源行业事故案例的获取和分析造成一定困难。本章给出了一套能源行业事故案例获取、存储和分析的流程框架：①利用网络爬虫抓取互联网上的事故案例。②采用框架法将案例结构化和半结构化表示，并把结果存储到 MongoDB 数据库中。③建立案例检索算法，根据工作人员的搜索意愿检索与当前事故最为相似的历史事故案例，通过吸取并总结相关事故案例的经验教训，为制定智能应急预案提供决策支持。

1. 事故案例数据获取

在事故发生后，相关部门汇总相关信息，描述事故发生经过，分析原因和教训等，并将其发布在互联网上，供相关职工、救援人员及管理人员学习总结。因为各地监管部门发布事故案例具有分散性，案例发布在互联网不同站点，给事故案例搜集带来一定的困难。为了解决这个问题。本章基于 Scrapy 框架，利用 Python 语言实现网络爬虫，对互联网事故案例进行自动爬取。首先利用 Python 模拟用户访问事故案例列表页面链接，获取事故案例列表，包括事故案例标题和 URL。针对每个事故案例利用爬虫获取 URL 对应的网页内容，并按照规则提取事故案例的标题、发布时间、事故编号、来源网站、网页 URL 以及事故案例文本内容。同时采用代理方法，避免事故案例网站对爬虫 IP 地址封禁。最后将获取的结构化信息用 JSON（javascript object notation）格式存储。

以瓦斯事故为例，爬取了煤矿安全生产网上的事故案例，截至 2020 年 6 月，共获取事故案例 3089 个，包括事故案例 ID、发布时间、案例来源、案例链接以及案例内容等。

2. 案例表示

　　事故案例本身是一种非结构化的文本数据，以提高检索效率和效果。本章选择基于框架的知识表示方法对事故案例进行表示，表 3.2 为针对煤矿瓦斯类型事故案例设计的表示框架(张丽圆，2014)。单个案例事故利用一个框架来表示，框架名称即该事故案例名称。框架利用 9 个槽从 9 个方面对事故案例进行详细描述，包括事故基本信息、企业信息、矿井信息、事故区信息、事故水文地质条件、事故过程、事故原因、救援措施以及防范措施。每个槽又包含多个侧面，对槽进行不同层面更加细致的描述。由于原始事故案例数据为非结构化文本数据，因此，需要提取事故时间、事故地点等多个结构化数据，以及事故过程、事故原因、救援过程等非结构化文本数据。提取后，依据该煤矿瓦斯事故框架对信息进行组织和表示。

表 3.2　煤矿瓦斯类型事故案例表示框架

框架名		×××事故	
槽 001		事故基本信息	
	侧面 001001	事故时间	×年×月×日 ×:×:×
	侧面 001002	事故地点	×省×市××煤矿
	侧面 001003	事故类型	(如煤与瓦斯突出事故)
	侧面 001004	事故性质	责任事故/非责任事故
	侧面 001005	死亡人数	×人
	侧面 001006	受伤人数	×人
	侧面 001007	直接损失	×元
	侧面 001008	间接损失	×元
槽 002		企业信息	
	侧面 002001	企业名称	××公司
	侧面 002002	企业性质	私营企业/国营企业
槽 003		矿井信息	
	侧面 003001	矿井级别	国有重点/地方重点/乡镇
	侧面 003002	证件情况	是/否 具有证件
	侧面 003003	审批情况	是/否 审批通过
	侧面 003004	年产量	×
	侧面 003005	从业人员数目	×人
	侧面 003006	煤矿瓦斯等级	低瓦斯/高瓦斯/煤与瓦斯突出
	侧面 003007	矿井开采方式	立井/斜井/平硐/综合
	侧面 003008	矿井通风方式	中央并列式/中央分列式/两翼对角式/分区对角式/区域式/混合式
槽 004		事故区信息	
	侧面 004001	事故位置	(如回采工作面)
	侧面 004002	具体位置	×××
	侧面 004003	煤层厚度	×米

续表

框架名			×××事故	
槽 004		侧面 004004	平均倾角	×度
		侧面 004005	煤层自燃倾向	容易自燃/自燃/无自燃倾向
		侧面 004006	煤尘爆炸倾向	有/无
		侧面 004007	走向长度	×米
		侧面 004008	工作面长度	×米
		侧面 004009	绝对瓦斯涌出量	×
		侧面 004010	透气性系数	×
		侧面 004011	坚固性系数	×
		侧面 004012	采煤工艺	(如综合机械化放顶煤和炮采放顶煤开采)
		侧面 004013	顶板管理	(如全部陷落法)
槽 005			事故水文地质条件	
		侧面 005001	事故水文环境描述	(非结构化文本描述 ××)
		侧面 005002	地质构造复杂程度描述	(非结构化文本描述 ××)
槽 006			事故过程	
		侧面 006001	过程描述	(非结构化文本描述 ××)
槽 007			事故原因	
		侧面 007001	直接原因描述	(非结构化文本描述 ××)
		侧面 007008	间接原因描述	(非结构化文本描述 ××)
槽 008			救援措施	
		侧面 008001	救援措施描述	(非结构化文本描述 ××)
槽 009			防范措施	
		侧面 009001	防范措施描述	(非结构化文本描述 ××)

3. 案例存储

利用基于框架的知识表示法对事故案例进行表示后，需要将表示好的案例数据进行有效存储。常见的案例存储数据库多为 NoSQL 类型，其中，MongoDB 数据库以其较强的灵活性、可扩充性、基于 JSON 形式的存储、支持对复杂数据类型存储等特点，被广为应用于案例数据存储中。MongoDB 数据库拥有自身所特有的相关概念，如 collection、document 等，MongoDB 数据库与传统 SQL 数据库的对比如表 3.3 所示。在 MongoDB 数据库中，一个数据库(database)可以包含多个数据集合(collection)，而一个数据集合则可以包含多个文档(document)，一个文档又由多个域(field)组成。其中文档往往以类似 JSON 的数据结构进行组织。煤矿瓦斯事故案例利用框架表示法进行表示后，其组织结构十分类似于 MongoDB 数据库中的文档结构，同时考虑到 MongoDB 数据库具有强大的查询检索功能。因此，选择 MongoDB 数据库作为案例存储引擎较为合适。在将事故案例存储到 MongoDB 数据库时，需要将表示好的事故案例转化为 JSON 结构，并加入相应的元数据信息，如案例 ID、录入时间等。

表 3.3　MongoDB 数据库与传统 SQL 数据库对比

SQL	MongoDB	解释
database	database	数据库
table	collection	表/集合
row	document	数据记录/文档
column	field	字段/域

4. 案例检索

为从事故案例库中提取出相似案例，本章在传统案例检索算法基础上提出一种新的半自动化案例检索算法，该算法利用搜索引擎中倒排索引技术对案例非结构化数据进行主动检索，同时针对当前事故属性值利用传统基于属性的相似度计算方式对案例结构化数据进行自动匹配，最后，将两者结果进行综合，从而在应急状态下，依据指挥人员意愿进行有侧重、有倾向的半自动化相似案例检索辅助决策支持。图 3.6 为案例检索算法流程图，整个检索流程可以分为两个阶段——检索准备阶段和实际检索过程。下文分别对两个阶段进行详细介绍。

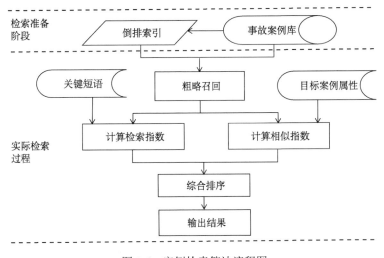

图 3.6　案例检索算法流程图

1）检索准备阶段

在案例检索前，需要基于案例库建立用于支持关键词检索算法的倒排索引。倒排索引是一种特殊的索引技术，常常应用于信息检索领域。现代搜索引擎，如谷歌、百度等均是基于倒排索引技术构建的。倒排索引核心思想是构造一种能够将词映射到文档的数据结构，从而方便人们通过少许关键词来对复杂文档进行有效检索。在现实生活中，人们往往难以记清文档细节，但是对文档的某些关键词更有印象，因此利用关键词检索文档这种行为在我们现实生活中较为实用。对应煤矿应急辅助决策领域，利用少量关键信息进行案例数据的高效筛选具有很强的现实意义。

以煤矿事故为例，通过以下步骤建立倒排索引。

(1)收集煤矿领域专业术语词典(图3.7为词典部分词语)，并基于该词典对事故案例文本数据进行分词，从而将文档映射为由多个词语构成的集合，其中分词采用开源软件库"结巴分词"。

(2)收集常见停止词[图 3.8 为停止词表部分词语，本停止词表参考了 Neches 等(1991)]，并对文档词语集合去除停止词。

(3)对各个文档对应的词语集合统计词频并记录。

(4)扫描所有文档的所有词，构建"词=>文档"的映射结构(即倒排索引结构)，并进行持久化存储。

2)实际检索过程

实际检索过程是指，在应急状态下，系统依据当前目标案例(事故区)属性信息以及决策者输入的检索关键短语信息触发一次检索行为的整个过程。在该过程中，检索系统会进行以下步骤。

A. 粗略召回

粗略召回是指系统基于输入的关键短语信息，利用倒排索引从案例库中召回全部相关案例的过程。对关键短语进行细致化分词，将关键短语分解为一个或多个关键词，之后，通过倒排索引，检索出每个关键词所对应的全部文档，这些文档至少包含一个或多个上述关键词。

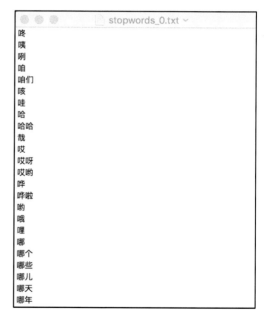

图3.7 煤矿专业词典部分词语　　　　　　图3.8 停止词表部分词语

B. 计算检索指数

对已经粗略召回的案例数据依据输入的关键短语信息计算对应的检索指数，检索指数越大，说明案例与输入短语越契合。对于粗略召回的结果，经过统计可以形成类似于

表 3.4 所示的矩阵形式, 记为 A, 其中每一行表示一个事故案例, 每一列表示对关键短语进行分词后的一个关键词, 矩阵中的每一个元素表示案例中该关键词的词频数目。

表 3.4　案例-关键词矩阵

案例 ID	关键词 0	关键词 1	⋯	关键词 n
案例 0	0	2	⋯	2
案例 1	9	4	⋯	3
⋯	11	0	⋯	0
案例 m	8	0	⋯	5

由于不同关键词的词频数量一般不同, 为了平衡不同关键词带来的影响, 需要对矩阵 A 进行基于列的 z-score 标准化从而得到矩阵 B, 计算过程如式(3.1)所示:

$$B_{i,j} = \frac{A_{i,j} - \mu_j}{\sigma_j + \epsilon} \tag{3.1}$$

式中, $A_{i,j}$、$B_{i,j}$ 分别为对应矩阵的第 i 行、第 j 列元素; μ_j 表示第 j 列的均值; σ_j 表示第 j 列的标准差; ϵ 表示一个很小的数字, 其目的是防止出现除法溢出现象, 从而保证系统的稳定性。

为得到案例 i 的检索指数, 需要对不同关键词的数据进行线性加权组合, 如式(3.2)所示:

$$G_i = \sum_{j=0}^{n} w_j \times B_{i,j} \tag{3.2}$$

式中, w_j 为第 j 个关键词对应的权重值; G_i 为案例 i 的初步检索指数。式(3.3)为计算第 j 个关键词 s_j 的权重公式:

$$w_j = f(s_j) = \begin{cases} 0 & s_j \text{为停止词} \\ 2^{\text{len}(s_j)-1} & s_j \text{为非停止词} \end{cases} \tag{3.3}$$

式中, len 为计算字符长度的函数, 例如 len('瓦斯')=2。该公式中, 对于非停止词类关键词, 其权重会随着关键词长度变大呈指数增长, 符合当前检索现状, 即能够匹配越长的关键词, 该文档检索指数应当越高。

得到各个案例的初步检索指数 G 后, 在案例维度上对 G 进行线性变换, 使之线性映射到[0,10]区间, 并得出最终的检索指数 $\hat{G}$。

C. 计算相似指数

对粗略召回的案例数据计算与目标案例间的相似指数, 相似指数越大, 表示该案例与目标案例在给定属性范围内相似性越高。以煤矿瓦斯事故为例, 基于事故特点及当前获取到的事故案例所包含的有限信息, 提取出 14 个属性特征作为案件相似度计算条件, 14 个属性特征具体如表 3.5 所示。

表 3.5　案例相似度计算涉及的属性

编号	名称	变量类型
004001	事故位置	无序类别型
003006	矿井瓦斯等级	有序类别型
004003	煤层厚度	数值型
004004	平均倾角	数值型
004005	煤层自燃倾向	有序类别型
003004	年产量	数值型
003008	矿井通风方式	无序类别型
004011	坚固性系数	数值型
004010	透气性系数	数值型
004007	走向长度	数值型
004008	工作面长度	数值型
004006	煤尘爆炸倾向	布尔型
003001	矿井级别	有序类别型
003007	矿井开采方式	无序类别型

　　针对不同类型的属性特征，首先设计了各自的相似度计算方式，同时保证每类属性的相似度保持在 [0,10]，然后通过线性加权方式将不同属性相似度进行归总，从而得到初步的相似指数。下面对不同类型属性分别介绍其相似度计算方法。

　　针对无序类别属性及布尔类型属性，如事故位置、矿井通风方式、矿井开采方式、煤尘爆炸倾向，采用式(3.4)进行计算，其中 a、b 表示不同案例的属性。

$$d(a,b) = \begin{cases} 10 & a=b \\ 0 & a \neq b \end{cases} \tag{3.4}$$

　　针对有序类别属性，如矿井瓦斯等级、煤层自燃倾向、煤矿级别，首先采用式(3.5)来计算间隔，然后利用分段函数 f [式(3.6)]将间隔值映射为 [0,10] 内的相似度。

$$t(a,b) = |\text{rank}(a) - \text{rank}(b)| \tag{3.5}$$

$$d = f(t) = 10 \times \text{sigmod}(t(a,b)) \tag{3.6}$$

　　针对数值型属性，分为两种方式计算其对应相似度，一种是可转化为有序类别型的数值型属性，如煤层厚度、平均倾角，首先按照煤矿固有规则对其进行转化，再按照有序类别属性的相似度计算方法进行计算，如表 3.6 为煤层厚度转化为有序类别属性规则，表 3.7 为平均倾角转化为有序类别属性规则。

表 3.6　煤层厚度对应规则表

煤层类型	煤层厚度范围/m	
	地下开采	露天开采
薄煤层	<1.3	>3.5
中厚煤层	1.3～3.5	3.5～10
厚煤层	3.5～8.0	>10
巨厚煤层	>8.0	

表 3.7　平均倾角对应规则表

煤层类型	煤层平均倾角范围/(°)
近水平煤层	<8
缓倾斜煤层	8~25
倾斜煤层	25~45
急倾斜煤层	>45

对于其他数值型属性，对全部召回案例及目标案例对应属性数值进行排序，通过计算其与目标案例间的位置距离来计算其相对于其他候选案例与目标案例间的相似度。具体计算时，首先利用式(3.7)计算距离 t，其中，l 是指由召回案例以及目标案例属性值构成的有序序列，iloc(a,l) 是指计算 a 在有序序列 l 中的位置，在得到距离 t 后，利用映射函数 f [式(3.8)]将其映射到[0,10]。

$$t(a,b) = |\text{iloc}(a,l) - \text{iloc}(b,l)| \tag{3.7}$$

$$d = f(t) = 10 \times \text{sigmod}(t(a,b)) \tag{3.8}$$

对于每个属性，在经过各自相似度计算后，通过式(3.9)计算所有属性相似度的线性加权和，从而得到各个案例的初步相似指数 D_i，其中 w_j 表示预先设定的第 j 个属性对应的权值，而 $d_{i,j}$ 表示第 i 个案例中的第 j 个属性值。

$$D_i = \sum_{j=0}^{n} w_j \times d_{i,j} \quad (i=1,2,\cdots,m) \tag{3.9}$$

式中，m 为案例个数，在得到所有案例的初步相似指数 D 后，在案例维度上对 D 进行线性变换，使之线性映射到[0,10]区间，并得出最终的相似指数 $\hat{D}$。

D. 综合排序

检索指数体现了决策者主动检索需求，相似指数则表达了备选案例与目标案例间的类似程度，通过对检索指数 $\hat{G}$ 和相似指数 $\hat{D}$ 计算线性加权和求得综合指数 I，其表达式如式(3.10)所示，该指数综合了检索指数和相似指数两方面特点，利用综合指数对从案例库中召回的备选案例进行从大到小排序，其中综合指数较大的案例相比于其他备选案例更加满足与目标案例的相似性以及决策者主动检索的倾向性。

$$I = W_g \hat{G} + W_d \hat{D} \tag{3.10}$$

E. 输出结果

召回的案例根据综合指数从大到小进行排序，并将结果进行输出。

3.4.3　应急预案的自动生成

1. 煤矿应急预案模板设计

为了自动生成煤矿应急预案，本章通过分析历史应急预案，构建了一个结构良好、通用的应急预案模板，可以将矿井信息、应急处置措施和人员定位、救援可视化等信息自动填充预案模板，生成应急预案。根据应急预案知识图谱，煤矿应急预案主要由综合应急预案、专项应急预案和现场处置方案三部分构成，还包括附件和附图，如图 3.9 所示。

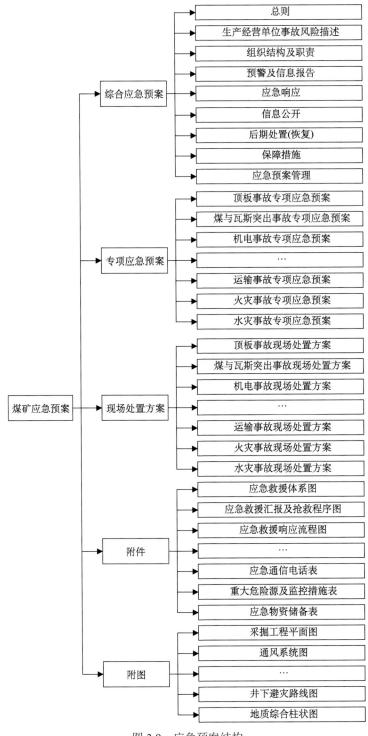

图 3.9　应急预案结构

综合应急预案包括总则、生产经营单位事故风险描述、组织机构及职责、预警及信息报告、应急响应、信息公开、后期处置(恢复)、保障措施和应急预案管理 9 个部分。其中各家煤矿企业的应急预案在总则、预警及信息报告、应急响应、信息公开、后期处置(恢复)、应急预案管理 6 个部分内容基本一致，可重用性较高，故将这些内容作为应急预案模板的一部分，其余 3 个部分需要根据各家煤矿的基础信息进行动态填充。

专项应急预案则针对不同类型事故，分别从事故风险分析、应急救援指挥机构及职责、处置程序和处置措施四部分展开记述，有些专项预案还包括应急处置基本原则、预防和预警、信息报告程序、应急物资和装备保障以及其他方面。总体来看，专项应急预案格式比较统一，具有一定的规范性。因此设计专项应急预案模板包括十余种，每种模板包括事故风险分析、应急救援指挥机构及职责、处置程序和处置措施四部分内容。其中事故风险分析和应急救援指挥机构及职责与煤矿具体情况有关，需要参考煤矿具体信息和历史预案内容综合确定。处置程序和处置措施则可以分成两部分来确定，包括利用事故案例提取的处置方法以及利用基于专家知识库的规则推理动态确定的方法。

现场处置方案与专项应急预案类似，不过更加具体细致，更加具有可操作性。因此现场处置方案的模板格式与专项应急预案类似。

预案模板包含应急预案所共有部分，不同煤矿特有部分内容采用空槽表示，当生成应急预案时，从矿井基础信息、事故处置办法中提取相关内容，按顺序将其填入空槽中，如图 3.10 展示了应急预案模板中生产经营单位事故风险分析的部分内容。

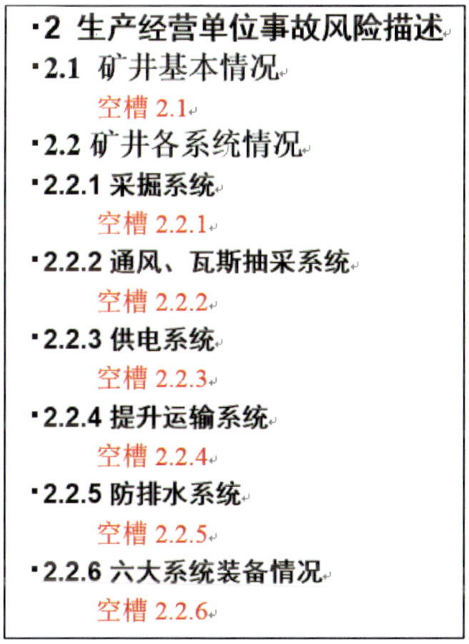
2 生产经营单位事故风险描述
2.1 矿井基本情况
空槽 2.1
2.2 矿井各系统情况
2.2.1 采掘系统
空槽 2.2.1
2.2.2 通风、瓦斯抽采系统
空槽 2.2.2
2.2.3 供电系统
空槽 2.2.3
2.2.4 提升运输系统
空槽 2.2.4
2.2.5 防排水系统
空槽 2.2.5
2.2.6 六大系统装备情况
空槽 2.2.6

图 3.10　应急预案生产经营单位事故风险分析模板

2. 基于 iText 的应急预案自动生成

iText 源于著名开源网站 SourceForge，是一个提供 PDF 文档操作的 Java 类库，可以生成 PDF 或 RTF 文档，并且还可以将 XML 和 HTML 文件转化为 PDF 文件。iText 功能强大，支持 PDF 文件创建、设置文档属性、插入图片、插入表格、创建列表、设置文档样式、设置文档密码和权限、修改已有 PDF 等功能。iText 中主要对象包括 PDF 文档书写器 PdfWriter、读取器 PdfReader、修改器 PdfStamper、文档 Document、段落 Paragraph、章 Chapter、节 Section、字体对象 Font、图片 Image、表格 Table、列表 List 等。

利用 iText 类库可以自动生成应急预案 PDF 文档，其自动生成流程如图 3.11 所示。首先将矿井基础信息、从事故案例中提取的处置信息和基于规则推理得到的处置信息 3 部分内容和应急预案模板对应空槽建立一一映射关系，按照一定的规则填入煤矿应急预案模板中，形成文本应急预案。随后将应急救援可视化结果图表插入到文本应急预案中对应位置，生成图文并茂的煤矿智能应急预案草案。最后，由应急指挥管理人员对自动生成的应急预案进行审核、修改，确保生成预案的可执行性和合理性。应急指挥人员修改、审核完毕，对预案进行发布，供应急救援实施。

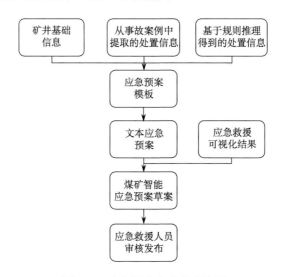

图 3.11　应急预案自动生成流程

智能应急预案中的动态内容主要可以分为矿井基础信息文字、图片和表格。对于基础信息文字和图片，为了能找到文档中对应的空槽，需在预案模板的相应位置建立书签（bookmark）标记和待插入对象的编号。在插入文字和图片时，再将空槽书签和编号对应的矿井基础数据和动态生成的图片逐一插入。对于表格对象，需要在预案模板中设置表单对象。PDF 表单可以分为静态表单和交互式表单两种类型。静态表单没有用户交互式的动态元素，主要由文字、表格和图形等固定内容构成，以二进制格式存储在计算机中，不太适合动态修改 PDF 文档。交互式表单包括 AcroForm 和 XML Forms Architecture 两类，可以实现用户和 PDF 版权拥有者互动，方便用户添加动态内容。为了在预案模板中添加表格动态内容，需要在应急预案模板中设置交互式表单，再将表格内容从数据库中读出并插入到表格对应位置。图 3.12 是向智能应急预案模板中动态插入重大危险源及监控措施表的 Java 代码，应急预案模板中设置了重大危险源及监控措施的交互式表单，并为每个空槽设置了唯一编号，当自动生成预案时从数据库中读取重大危险源和监控措施的 HashMap，并填入表格相应空槽，实现表格的动态生成，结果如表 3.8 所示。

```java
//打开应急预案模板
PdfReader pReader = new PdfReader(templateSrc);
//设置PDF修改器，并连接输出文件
PdfStamper pStamper = new PdfStamper(pReader, new FileOutputStream(dest));
//获取表单
AcroFields pForm = pStamper.getAcroFields();
//遍历所有危险源和监控措施，并填入表单中的对应空槽
Iterator<Map.Entry<String, String>> entries = HazardMeasures.entrySet().iterator();
int i=1;
while (entries.hasNext()) {
    Map.Entry<String, String> entry = entries.next();
    pForm.setField("HazradName"+i, entry.getKey());
    pForm.setField("HazardMeasure"+i, entry.getValue());
    i++;
}
//关闭此表单
pStamper.setFormFlattening(true);
pStamper.close();
```

图 3.12　重大危险源及监控措施表动态生成关键代码

表 3.8　重大危险源及监控措施表生成结果

序号	重大危险源	监控措施
1	煤与瓦斯突出	工作面采用深孔瓦斯预抽；深孔卸压、浅孔卸压；煤壁浅孔动压注水；放松动炮及落煤炮。完善各类监测监控系统
2	瓦斯、煤尘爆炸	加强矿井通风瓦斯管理，完善各类监测监控系统；坚决执行"以风定产"的要求，严禁多头作业和超能力组织生产；做好综合防尘、防爆、隔爆措施
3	水灾	编制带压开采的采区设计，制定带压开采的安全措施；高度重视采空区积水对矿井生产构成的威胁，按照《煤矿安全规程》的要求，做好矿井水害的预测预报及水害防治工作
4	井下火灾	加强对自然发火倾向煤层的采空区、采掘工作面揭露的煤体深部及高冒处、停采线附近、断层附近、各种煤柱的管理，完善各类监测监控系统，做好全面火灾管理工作
5	顶板冒落、塌陷	逐步改进完善巷道支护工艺，提高工作面支护装备水平，遏制顶板事故，杜绝较大顶板事故的发生
6	地面火灾	加强地面火源的管控，以及防火器材的应用
7	火药库爆炸	加强火药库的日常管理，对火药及雷管等定期检查

通过识别预案模板中的空槽，将矿井基础信息、事故处置措施以及可视化图表等内容动态填入应急预案模板中，并使用面向 Java 的 PDF 文件操作类库 iText，全自动生成煤矿智能应急预案 PDF 文件。

参 考 文 献

陈宁. 2019. 煤矿瓦斯预测预警与应急决策支持系统关键技术研究及实现[D]. 北京: 北京大学.

黄恒琪, 于娟, 廖晓, 等. 2019. 知识图谱研究综述[J]. 计算机系统应用, 28(6): 1-12

李景, 孟连生. 2004. 构建知识本体方法体系的比较研究[J]. 现代图书情报技术, (7): 17-22.

刘培奇. 2014. 新一代专家系统开发技术及应用[M]. 西安: 西安电子科技大学出版社.

刘峤, 李杨, 段宏, 等. 2016. 知识图谱构建技术综述[J]. 计算机研究与发展, 53 (3): 582-600.

牛润. 2018. 基于知识推理的煤矿应急预案生成技术的研究与应用[D]. 徐州: 中国矿业大学.

汤艳莉, 赖茂生. 2005. Ontology 在自然语言检索中的应用研究[J]. 现代图书情报技术, 2: 33-36, 52.

徐增林, 盛泳潘, 贺丽荣, 等. 2016. 知识图谱技术综述[J]. 电子科技大学学报, 45 (4): 589-606.

杨梦, 周恩波. 2018. 煤矿智能应急预案生成系统设计与关键技术[J]. 煤矿安全, 49 (7): 96-98.

杨梦, 周恩波. 2019. 基于专家系统的煤矿事故现场处置方案自动生成系统研究[J]. 煤炭工程, 51 (11): 138-142.

张丽圆. 2014. 基于案例推理的煤矿瓦斯应急决策研究与应用[D]. 徐州: 中国矿业大学.

张晓林, 李宇. 2002. 描述知识组织体系的元数据[J]. 图书情报工作, 2: 64-69.

周恩波. 2018. 煤矿智能应急预案自动生成系统的设计与关键技术研究[D]. 北京: 北京大学.

Borst W N. 1997. Construction of engineering ontologies for knowledge sharing and reuse[J]. Universiteit Twente, 18 (1): 44-57.

Fernndez L M, Artificial L D I, Informtica F D. 1999. Overview of methodologies for building ontologies[C]. Madrid: Proceedings of IJCAI99's Workshop on Ontologies and Problem Solving Methods: Lessons Learned and Future Trends.

Giarratand J, Riley G, 贾拉塔诺, 等. 2000. 专家系统原理与编程[M]. 北京: 机械工业出版社.

Gruber T R. 1995. Toward principles for the design of ontologies used for knowledge sharing[J]. International Journal of Human-Computer Studies, 43 (5/6): 907-928.

Gruber T. 1993. A translation approach to portable ontology specifications[J]. Knowledge Acquisition, (5): 199-220.

Gruninger M. 1996. Designing and evahlating generic ontologies[C]. Proceedings of ECAl96's Workshop on Ontological Engineering: 53-64.

Guarino N. 1997. Semantic Matching: Formal Ontological Distinctions for Information Organization, Extraction, and Integration[C]. Berlin: Springer-Verlag.

Neches R, Fikes R, Finin T, et al. 1991. Enabling technology for knowledge sharing[J]. The AI Magazine, 12 (3): 36-56.

Peraketh B, Menzel C P, Mayer R J, et al. 1994. Ontology Capture Method (IDEF5) [C]. Ohio: Ontology Capture Method.

Perez A G, Benjamins V R. 1999. Overview of knowledge sharing and reuse components: Ontologies and problem-solving methods[J]. The IJCAI-99 Workshop on Ontologies and Problem-Solving Methods, 18 (23): 1-15.

Studer R, Benjamins V R, Fensel D. 1998. Knowledge engineering: Principles and methods[J]. Data & Knowledge Engineering, 25 (1): 161-197.

第4章 能源行业应急决策与风险评估模型

4.1 概　　述

能源行业灾情防控主要是指基于监测监控数据，对风险隐患及灾害事故进行分析，并根据分析结果进行预警信息发布的过程，主要包括突发事件的事前、事中、事后相关信息的监测监控、预测预警、风险评估、灾情模拟和避灾逃生等。其中监测监控的目的是获取与灾情防控和处置相关的动态信息，是平时与战时灾情分析的重要数据来源。预测预警是对灾情演变规律的进一步理解，以便提供应急决策依据。监测监控与预测预警的结合可以为平时灾情防控与战时灾情预测提供可靠的决策支持。就平时而言，可以基于监测监控数据，采用相关的数学或物理机理模型进行风险隐患的识别、风险评估以及风险或灾情的预测预警。就战时而言，可以基于监测监控数据进行快速的应急响应，或基于数学物理模型等快速或实时计算出灾害波及的范围，以达到快速预测，为事故应急响应提供实时可靠的决策支持。

4.2 安全隐患预测模型

事故预测预警是灾情防控与处置的重要环节，如果在事故发生之前能够做出科学的预测并及时发出预警信息，将能够避免或减少人员伤亡与财产损失。事故预测预警中的"预测"与"预警"两个环节相辅相成，其中"预测"是指在事故发生之前对各种致灾因素及其表象进行实时、持续、动态的监测，同时采集相关的动态与静态数据，通过各种预测模型或方法来计算事故发生的可能性或事故的发展趋势，"预警"是指对预测突发事件的发生地域、规模、性质、影响因素、波及范围、危害程度以及可能引发的后果等因素进行综合评估，在一定范围内采取适当的方式预先发布事件威胁警告信息并采取相应级别预警行动的过程，从而最大限度地防范与应对灾情的发生和发展（Wu et al., 2018）。一般来讲，灾情的发展与演变都是在空间上随着时间变化的，具有时空动态特征，对事故危险性的提前预测与预警，对于能源行业的安全生产预判与应急决策支持有着非常显著的现实意义。

能源行业，如煤矿、石油、天然气等在开采或运输过程中，都伴随着各类传感器的监测监控数据，这些数据都随着时间动态变化。以煤矿瓦斯监测监控数据为例，其受到自然条件与开采技术等多种因素影响，随时间动态变化，属于一种典型的时间序列数据。时间序列是指将某一变量的观察数值，根据设置的采样率，按照时间排列而成的数列，本质上反映了变量随时间的变化趋势。时间序列预测问题的核心就是从数据中挖掘出相关规律，并利用该规律对将来数据做出估计。近年来，利用监控监测数据进行预测的研究不断增多，其中，基于时间序列的预测理论和方法是其重要研究方向。因此，对能源行业所涉及的海量时序数据进行有效的挖掘，预测其未来的变化趋势是避免事故灾害发生的有效手段之一（赵志凯，2012）。

时间序列预测模型，目前主要包括基于传统统计学的预测方法和基于机器学习或深度学习的预测方法、自回归模型及其变体、混沌时间序列模型、人工神经网络、支持向量机等方法（Liu et al., 2018）。神经网络方法的发展使得基于深度学习的时间序列预测技术广泛应用于非线性、非平稳的数据处理中，能够从价值密度较低的大数据中挖掘出数据规律。下文对目前常用的时间序列预测模型进行阐述。

4.2.1　基于传统统计学的自回归预测模型

时间序列预测在数学上可以表达为已知时间序列 $\{x_t, t = 1, 2, \cdots, n\}$，给定需要预测的时间步长 m，建立预测模型 $f(x_t)$ 得到对应的未来序列 $\{x_{n+1}, x_{x+2}, \cdots, x_{n+m}\}$，当 $m=1$ 时称为单步预测，当 $m>1$ 时称为多步预测。

时间序列预测算法的发展历史悠久，早在 1927 年，英国统计学家在对太阳黑子进行研究时就提出了自回归预测模型（autoregressive model, AR 模型）。后续科学家先后建立了滑动平均模型（moving average model, MA 模型）、自回归滑动平均模型（autoregressive moving average model, ARMA 模型）。针对时间序列的非平稳性，提出差分方法并最终形成较为成熟的差分整合移动平均自回归模型（autoregreesive integrated moving average model, ARIMA 模型）。当前 ARMA 模型及 ARIMA 模型仍然是时间序列预测应用较为广泛的模型之一（陈宁，2019；尹洪胜，2010；吴娇娇，2015）。这里介绍最经典的 ARMA 模型，可以记为 ARMA (p, q)，其中 p 为自回归模型阶数，q 为滑动平均模型阶数，其表达式如式（4.1）所示：

$$X_t = a_0 + \sum_{i=1}^{p} a_i X_{t-i} + \varepsilon_t + \sum_{i=1}^{q} b_i \varepsilon_{t-i} \tag{4.1}$$

式中，a_0 为常数；a_i 为自回归系数；b_i 为滑动平均系数；X_t 为时间序列预测值；X_{t-i} 为历史时间序列预测值；ε_t 及 ε_{t-i} 为误差值。

4.2.2　基于机器学习的时间序列预测模型

1. 混沌时间序列

1）混沌理论

在学科划分中，混沌被划分为数学与物理学的交叉学科。通常认为，混沌就是一种无规则的、类似随机性的现象，这种现象存在于确定系统中。而在非线性系统中存在的随机性的解被称为混沌解。这种解在短时间间隔内可以预测而在长时间间隔内却无法预测（李栋，2020；黄文标和施式亮，2009；程健等，2008）。混沌不单具有简单的无序性，而且没有明显的周期性和对称性，但其结构具有丰富的内部层次性，使得非线性系统增添了一种新的存在形式。混沌理论的相空间重构及预测理论为那些不完全确定但又非完全随机的系统的预测提供了新的方法和理论基础。

2) 延迟时间和嵌入维数的选取

多变量相空间重构中，关键是嵌入维数 m 和延迟时间 τ 的选取，采用互信息法确定延迟时间，采用假近邻法确定嵌入维数，得到重构后的相空间和原动力系统是微分同胚的。

A. 延迟时间 τ 的求解

延迟时间 τ 选择的基本准则就是使得 x_n 与 $x_{n+\tau}$ 保持合适的距离，使得二者在统计意义上具有一定的相关性。如果时间延迟较大，就会使得两个点间的距离增大，从而丧失相关性，如果时间延迟较小，就会使得两个点间的距离减小，增加数据的冗杂性。常用的求解延迟时间的方法有自相关法、互信息法和时间窗口法等。本书以互信息法为例来说明。

对于单变量时间序列 $[x_1,x_2,\cdots,x_n]$，设其对应的时间延迟为 τ，则对应的变换后的新的时间序列为 $[x_{i+\tau}|i=1,2,\cdots,n]$，$P(x_k)$ 表示 x_k 出现在原始时间序列中的概率，$P(x_{k+\tau})$ 表示 $x_{k+\tau}$ 出现在 $[x_{i+\tau}|i=1,2,\cdots,n]$ 中的概率，$P(x_{k+\tau},x_k)$ 表示 x_k，$x_{k+\tau}$ 两个时间序列共同出现的联合概率。

互信息函数 $I(\tau)$ 可以表示为

$$I(\tau)=\sum_{k=1}^{N}P(x_{k+\tau},x_k)\log_2\frac{P(x_{k+\tau},x_k)}{P(x_{k+\tau})P(x_k)} \tag{4.2}$$

式中，τ 的取值标准为 $I(\tau)$ 函数取得第一个极小值时对应的 τ 值。

B. 嵌入维数的求解

从几何的知识上看，混沌时间序列就是在高维相空间混沌运动的轨迹投影到了低维空间上。在这个过程中，混沌运动的轨迹必然会发生一定的变化，导致在高维空间中原本不相邻的两个点在低维空间中变得相邻，这个点就是假近邻点。相空间重构的目的就是刻画出混沌时间序列的运动轨迹。随着嵌入维数的不断增大，对应的运动轨迹将会被不断展开，假近邻点也会逐渐被消除，而当嵌入维数较小时，运动轨迹未得到较好的展开，相互之间折叠和挤压，使得原本距离较远的点折叠在一块，这些点就称为假近邻点。当嵌入维数不断增大，运动轨迹得到充分展开，假近邻点全部消失时，对应的最小嵌入维数就是所要求的混沌时间序列的最佳嵌入维数。

对 m 维空间中任一相点 $V_i=[x_i,x_{i+\tau},\cdots,x_{i+(m-1)\tau}]$，记第 f 个点为最近邻点 $x_{(f)}$，则 $x(n)$ 与 $x_{(f)}(n)$ 距离的平方 L_m^2 可以表示为

$$L_m^2(n,f)=\sum_{k=0}^{m-1}[x(n+k\tau)-x_{(f)}(n+k\tau)]^2 \tag{4.3}$$

当嵌入维数增加到 $m+1$ 时，则 $x(n)$ 与 $x_{(f)}(n)$ 距离的平方可以表示为

$$L_{m+1}^2(n,f)=L_m^2(n,f)+[x(n+m\tau)-x_{(f)}(n+m\tau)]^2 \tag{4.4}$$

判断假近邻点的依据为

$$\sqrt{\frac{L_{m+1}^2(n,f)-L_m^2(n,f)}{L_m^2(n,f)}}>L_{\text{tol}} \tag{4.5}$$

L_{tol} 为设定的阈值。依据式(4.5)计算 V_i 的假近邻点，随着嵌入维数的增加，记录假近邻点的数量，当增加的嵌入维数与假近邻点的比值小于 5%或者全部矢量均不包含假近邻点时，可以认为此时的运动轨迹被完全展开了，其所对应的嵌入维数就是最佳嵌入维数。

3) 多变量相空间重构基本理论

在混沌系统中，由于时间序列中包含与该系统有关的其他变量的信息，因此，根据一个变量的时间序列数据可以重新构造出该系统的相空间。通过相空间重构就可以在某一单变量的时间序列上构造和恢复原系统本来的规律，这种规律就是一种轨迹，该轨迹存在于高维空间中，也就是混沌理论中定义的混沌吸引子。通过引入嵌入维数和延迟时间对原始时间序列进行相空间重构后，相空间出现混乱的复杂特性。Takens 定理指出混沌系统中分量的变化规律都受到相关影响因素的影响且这些相关因素对分量的变化起决定性的作用，那么就可以通过重构思想构建一个等价的相空间。瓦斯浓度的影响因素众多，且各因素之间呈现复杂的非线性特征，而实际收集到的数据大多是监控监测数据，为了更有效地利用多种影响因素建立预测模型，可以利用相空间重构的思想，充分挖掘非线性动力系统的特征。

单变量时间序列$[x_1, \ x_2, \ \cdots, \ x_n]$重构后的相空间为

$$\begin{bmatrix} V_1 \\ V_2 \\ \vdots \\ V_M \end{bmatrix} = \begin{bmatrix} x_1 & x_{1+\tau} & \cdots & x_{1+(m-1)\tau} \\ x_2 & x_{2+\tau} & \cdots & x_{2+(m-1)\tau} \\ \vdots & \vdots & \ddots & \vdots \\ x_M & x_{M+\tau} & \cdots & x_{M+(m-1)\tau} \end{bmatrix} \tag{4.6}$$

式中，m 为嵌入维度；τ 为延迟时间；V_i 为 m 维相空间中的相点，$i=1, 2, 3, \cdots, M$；M 为相点个数，可通过计算得到，$M = n-(m-1)\tau$。其中，延迟时间代表原始时间序列数。多变量相空间重构就是对每个变量分别进行单变量重构，将重构的相空间重新组合成一个空间。

4) 混沌时间序列识别

A. Lyapunov 指数

Lyapunov 指数是定量描述相近轨道的平均指数发散快慢的量，是对动力系统混沌性水平的度量。通常可以根据最大 Lyapunov 指数是否大于零来直观地判断所研究的系统是否具有混沌性。混沌现象是指当最大 Lyapunov 指数大于零时，表示在系统相空间中，两条初始轨线的间距尽管非常小，其差别也会随着时间的变化而成指数率地增加，将会导致无法进行预测。Lyapunov 指数常用的计算方法有定义法、Wolf 方法和小数据量法等。

B. Lyapunov 指数的计算

这里采用小数据量法计算最大 Lyapunov 指数。设$[x_1, \ x_2, \ \cdots, \ x_n]$为混沌时间序列，引入嵌入维数和延迟时间再进行相空间重构后为

$$X = [x_i, x_{i+\tau}, \cdots, x_{i+(m-1)\tau}]^{\mathrm{T}}, \qquad i = 1,2,\cdots,M \tag{4.7}$$

相空间重构后，寻找到参考点 X_j 的最近邻点 $X_{\hat{j}}$ 的初始距离，即

$$d_j(0) \triangleq \min_{X_{\hat{j}}} \left\| X_j - X_{\hat{j}} \right\| \tag{4.8}$$

式中，$d_j(0)$ 表示参考点 X_j 到离它最近的点 $X_{\hat{j}}$ 的初始距离，上述式子成立的前提条件为 $|j - \hat{j}| > p$，此条件可以避免参考点和近邻点在同一轨迹线上，p 为混沌时间序列的平均周期，功率谱的平均频率倒数可以用来表示平均周期。参考点与近邻点在第 i 个离散时间步长的距离为 $d_j(i)$

$$d_j(i) = \left| X_{j+1} - X_{\hat{j}+1} \right|, \quad i = 1, 2, \cdots, \min(M - j, M - \hat{j}) \tag{4.9}$$

假设参考点与其最近邻点的指数发散率为 λ_1，则满足：

$$d_j(i) = C_j e^{\lambda_1(i \cdot \Delta t)} \tag{4.10}$$

其中，$C_j = d_j(0)$，对式 (4.10) 两端取自然对数可得

$$\ln d_j(i) = \ln C_j + \lambda_1(i \cdot \Delta t) \tag{4.11}$$

式 (4.11) 在某一范围内满足线性关系，这条直线的斜率为 λ_1。通过固定参考点 X_j，对所有时间步长 i 对应 $\ln d_j(i)$ 求平均后除以 Δt，得到 $y(i)$，如式 (4.12) 所示：

$$y(i) = \frac{1}{q\Delta t} \sum_{j=1}^{q} \ln d_j(i) \tag{4.12}$$

式中，q 表示 $d_j(i)$ 非零时对应的个数，对其进行最小二乘回归直线拟合，则此直线的斜率表示最大 Lyapunov 指数 λ_1。

2. 支持向量机

支持向量机 (support vector machine，SVM) 早期是以统计学理论为基础发展和进一步完善的，属于机器学习领域中的监督学习模型。支持向量机基于最小化结构风险原则，在其复杂程度与自身的学习能力之间进行模拟，从而依据最优参数确定模型最优表现效果。支持向量机是将求解的问题转化为了一个被约束的二次回归问题。其使用范围较广，可进行分类与回归，在数据分析、趋势预测和模式识别领域均有很好的应用。支持向量机在使用过程中弥补了神经网络在学习过程中的"维数灾难"和"过拟合"等问题。此外，其变体模型，最小二乘支持向量机 (least squares support vector machine，LSSVM) 不仅继承了支持向量机在处理小样本上的优点，而且将支持向量机中的不等式约束问题转化为等式问题，将二次规划问题采用最小二乘法转化为解线性方程组，求解过程得到了简化。对于支持向量机来说，最小二乘支持向量机模型的泛化能力得到提高，算法的计算程度降低，模型的收敛速度和求解精度得到了较大的提高 (乔美英等，2011; 周玉国和姚恩营，2009; 付华等，2012)。这里主要介绍最小二乘支持向量机及其加权改进的算法。

1) 最小二乘支持向量机算法

对于给定的训练集 $\{(x_i, y_i) | i = 1, 2, \cdots, N\}$，$x_i \in R^d$ 为 d 维训练样本输入，$y_i \in R$ 为训练样本输出。这里采用核函数将样本从原来的空间映射到高维特征空间，将非线性估计问题转换为高维特征空间中的线性估计，以误差 ξ_i 的二范数定义损失函数，优化问题变为

$$\min \frac{1}{2}w^{\mathrm{T}}w + \frac{1}{2}C\sum_{i=1}^{N}\xi_i^2 \tag{4.13}$$

$$\mathrm{s.t.} y_i = w^{\mathrm{T}} \cdot \varphi(x_i) + b + \xi_i$$

式中，w 为权系数向量；$\varphi(x_i)$ 为输入到高维空间的映射；C 为正则化参数；b 为阈值；ξ_i 为误差。式(4.13)优化问题的拉格朗日函数为

$$L(w, b, \xi, \alpha) = \frac{1}{2}w^{\mathrm{T}}w + \frac{1}{2}C\sum_{i=1}^{N}\xi_i^2 - \sum_{i=1}^{N}\alpha_i[w^{\mathrm{T}}\varphi(x_i) + b + \xi_i - y_i] \tag{4.14}$$

式中，$\alpha_i (i=1, 2, \cdots, N)$ 表示对应于 x_i 的拉格朗日乘子，根据 KKT(Karush-Kuhn-Tucker) 条件可得

$$\begin{cases} \dfrac{\partial y}{\partial x} = 0 \rightarrow w - \sum_{i=0}^{n}\alpha_i\varphi(x_i) = 0 \\[2mm] \dfrac{\partial L}{\partial b} = 0 \rightarrow \sum_{i=0}^{n}\alpha_i = 0 \\[2mm] \dfrac{\partial L}{\partial \xi_i} = 0 \rightarrow \alpha_i = C\xi_i \\[2mm] \dfrac{\partial y}{\partial \alpha_i} = 0 \rightarrow w^{\mathrm{T}}\varphi(x_i) + b + \xi_i - y_i = 0 \end{cases} \tag{4.15}$$

消去变量 w、ξ_i，可得如下方程：

$$\begin{bmatrix} 0 & l_{1\times N} \\ l_{N\times 1} & R + \dfrac{1}{C}E \end{bmatrix} \begin{bmatrix} b \\ \alpha \end{bmatrix} = \begin{bmatrix} 0 \\ y \end{bmatrix} \tag{4.16}$$

式中，$l_{1\times N}$ 为 $1\times N$ 的单位行向量；$l_{N\times 1}$ 为 $N\times 1$ 的单位列向量；$R = \{ K(x_i, x_j) | i = 1, 2, \cdots, N \}$，为径向基核函数矩阵；$E$ 为 $N \times N$ 单位阵，$y = [y_1, y_2, \cdots, y_N]^{\mathrm{T}}$。根据式(4.16)可求得 b 和 α，输入测试样本得到 LSSVM 模型形式如式(4.17)：

$$K(x_i, x_j) = \exp\left\{-\frac{|x_i - x_j|^2}{\sigma^2}\right\} \tag{4.17}$$

式中，σ 为核函数参数，进而得到

$$y = \sum_{i=0}^{n}\alpha_i K(x_i, x) + b \tag{4.18}$$

2) 加权最小二乘支持向量机

针对 LSSVM 模型鲁棒性较差的问题，Suykens 等在 LSSVM 模型的基础上提出了加权最小二乘支持向量机(weighted least squares support vector machine，WLSSVM)，通过对式(4.13)中误差的平方 ξ_i^2 进行加权，权值为 ν，将式(4.18)优化问题描述为

$$\min \frac{1}{2}w^{\mathrm{T}}w + \frac{1}{2}C\sum_{i=1}^{N}\nu_i\xi_i^2 \tag{4.19}$$

$$\mathrm{s.t.} y_i = w^{\mathrm{T}} \cdot \varphi(x_i) + b + \xi_i$$

拉格朗日函数为

$$L(w,b,\xi,\alpha^*) = \frac{1}{2}w^{\mathrm{T}}w + \frac{1}{2}C\sum_{i=1}^{N}v_i\xi_i^2 - \sum_{i=1}^{N}\alpha_i^*[w^{\mathrm{T}}\varphi(x_i) + b + \xi_i - y_i] \tag{4.20}$$

式中，α_i^*（$i=1,2,\cdots,N$）表示对应于x_i的拉格朗日乘子，根据 KKT（Karush-Kuhn-Tucker）条件可得到：

$$\begin{bmatrix} 0 & l_{1\times N} \\ l_{N\times 1} & R + \dfrac{1}{C}V \end{bmatrix}\begin{bmatrix} b \\ \alpha^* \end{bmatrix} = \begin{bmatrix} 0 \\ y \end{bmatrix} \tag{4.21}$$

式中，对角阵$V = \mathrm{diag}(v_1^{-1}, v_2^{-1}, \cdots, v_N^{-1})$，其他参数同前。根据式（4.21）可求得$b$和$\alpha^*$，输入测试样本得到 WLSSVM 模型形式如下：

$$y = \sum_{i=0}^{n}\alpha_i^* K(x_i, x) + b \tag{4.22}$$

权值大小决定了每个样本对模型的贡献，Suykens 等提出的 WLSSVM 权值计算公式如下：

$$v_i = \begin{cases} 1, & \left|\dfrac{\xi_i}{\hat{s}}\right| \leqslant s_1 \\[3mm] \dfrac{s_2 - \left|\dfrac{\xi_i}{\hat{s}}\right|}{s_2 - s_1}, & s_1 < \left|\dfrac{\xi_i}{\hat{s}}\right| \leqslant s_2 \\[3mm] 10^{-4}, & \text{其他} \end{cases} \tag{4.23}$$

式中，s_1、s_2的取值分别为 2.5、3.0；$\hat{s}$为误差序列的标准估计差，其计算公式如下：

$$\hat{s} = \frac{\mathrm{IQR}}{2 \times 0.6745} \tag{4.24}$$

式中，IQR 是误差ξ_i序列从小到大排列，第三四分位与第一四分位数值的差。

3. 粒子群及其改进算法

1）粒子群优化算法

粒子群优化（particle swarm optimization, PSO）算法将微粒飞行规则类比于鸟类运动。其基本思想是在鸟类的群体行为基础上进行建模和仿真，在函数优化方面具有很好的适用性。从某种意义上说，粒子群优化算法处于遗传算法和进化算法之间。在粒子群优化算法中，每个个体称为一个"粒子"，每个粒子代表了一个潜在的解（Xiang et al., 2014）。通过群体中个体之间的相互协作和信息共享来寻找全局最优解，在每次迭代中，其粒子速度和位置更新公式如下：

$$v_{i+1} = v_i + c_1 \times \text{rand}_1 \times (\text{pbest}_i - x_i) + c_2 \times \text{rand}_2 \times (\text{gbest}_i - x_i) \tag{4.25}$$

$$x_{i+1} = x_i + v_{i+1} \tag{4.26}$$

式中，c_1 和 c_2 为学习因子，也称加速因子，其使粒子具有自我总结和向群体中优秀个体学习的能力；rand_1、rand_2 为 $(0，1)$ 的随机数，用以保持群体的多样性；v_i 和 v_{i+1} 分别为种群中第 i 个粒子在 t 和 $t+1$ 时刻的飞行速度；x_i 和 x_{i+1} 分别为第 i 个粒子在 t 和 $t+1$ 时刻的位置矢量；pbest_i 为第 i 个粒子在本次迭代搜索过程中得到的最佳位置；gbest_i 为整个种群迄今为止搜索到的最优位置。式 (4.25) 中的第二项是"认知"部分，表示粒子对自身的学习程度；第三项是"社会"部分，表示粒子间的协作影响。粒子的速度公式表示粒子根据它上一次迭代的速度、它当前位置以及自身最好经验与群体最好经验之间的距离来对速度进行更新。随后粒子根据式 (4.26)，飞向新的位置。粒子群算法在初始化种群时具有一定的盲目性，随机初始化尽管可以满足初始解是随机分布的，但仍会存在一些粒子远离最优解，从而影响进化过程中种群的收敛性。

2) 混沌粒子群优化算法

混沌粒子群优化 (chaotic-particle swarm optimization, CPSO) 算法是在粒子群算法的基础上进行的改进，为了防止粒子群优化算法的局部收敛，首先采用混沌序列初始化种群的位置和速度，提高种群的多样性和粒子搜索的遍历性。混沌映射采用典型的一维混沌映射逻辑斯谛映射，计算公式为

$$z_{i+1} = \mu \times z_i \times (1 - z_i) \qquad i = 1, 2, \cdots, n \tag{4.27}$$

式中，n 为迭代次数；μ 为控制参数 (通常取 4，保证迭代生成的值是一种伪随机分布的状态)；初始值 z_0 为 $(0，1)$ 的随机数，且 z_0 不取 0.25、0.5、0.75 (保证系统完全处于混沌状态)；z_i 为第 i 次迭代后的混沌序列。混沌变量 x_i 映射到混沌序列 z_i 的计算公式为

$$z_i = \frac{x_i - x_{\min}}{x_{\max} - x_{\min}} \tag{4.28}$$

通过载波函数可生成混沌变量 x_i，从而达到对粒子群位置和速度实现混沌初始化的目的，计算公式如下：

$$x_i = z_i (x_{\max} - x_{\min}) + x_{\min} \tag{4.29}$$

式中，$x_{\max}$、$x_{\min}$ 为初始化设置的上、下限。

3) 自适应混沌粒子群优化算法

自适应混沌粒子群优化 (adaptive chaotic partical swarm optimization, ACPSO) 算法是在混沌粒子群优化算法的基础上进行的改进，引入惯性因子 ω，传统粒子群优化算法默认惯性因子为常数 1，自适应混沌粒子群优化算法的速度和惯性因子更新公式如下：

$$v_{i+1} = \omega \times v_i + c_1 \times \text{rand}_1 \times (\text{pbest}_i - x_i) \tag{4.30}$$

$$\omega = \omega_{\max} - \frac{\omega_{\max} - \omega_{\min}}{\text{iter}_{\max}} \times k \tag{4.31}$$

式中，$\omega_{\max}$ 为初始权重；$\omega_{\min}$ 为最终权重；$\text{iter}_{\max}$ 为最大迭代次数；k 为当前迭代次数。自适应混沌粒子群优化算法只对每次迭代后部分适应度值表现较好的粒子进行混沌映射，迭代初期可以避免陷入局部最优，混沌映射后的粒子也可以提高全局搜索能力。

4.2.3 基于深度学习的时间序列预测模型

传统的时间序列分析模型受限于固定的模型框架以及较为严格的假设条件，往往不能对复杂的时间序列数据做出较为准确的预测。而基于深度学习的时间序列分析方法更注重对于数据本身的驱动，通过使用激活函数能够处理非线性问题，因此可以更好地应对"非理想化"的时间序列数据，得到更为准确的预测结果。循环神经网络(recurrent neural network, RNN)作为一种特殊的深度网络结构对序列数据建模具有特别的优势(Dougherty and Karacan, 2011)，其网络结构如图 4.1 所示。

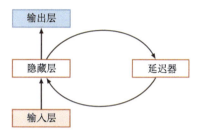

图 4.1　RNN 结构图

传统循环神经网络在训练过程中易发生梯度爆炸或梯度弥散问题，尤其当样本的训练时间较长时更加严重。因此，循环神经网络的变种——长短时记忆网络(long short-term memory，LSTM)被科学家提出。LSTM 自提出以来，已经被广泛应用于语音识别、情绪分析、电量预测等各类时间序列学习的任务。而基于 LSTM 的 Encoder-Decoder(编码-解码)模型也已经在机器翻译、车辆轨迹预测、空气污染指数预测预报、多传感器时序异常检测等领域中得到应用。其中编码是要将整个序列的信息压缩进一个固定长度的向量中，而解码是将之前生成的固定向量再转化成输出序列。相比于传统机器学习算法，Encoder-Decoder 模型能够通过多层网络对原始数据进行自动化特征提取，减少了人工特征提取的工作，能够有效减少浅层网络参数数量，在同等量级参数下具有更好的拟合能力(Tong et al., 2018; Shaikh and Ji, 2016; Pratama et al., 2018)。

LSTM 通过引入输入门、遗忘门、输出门来控制和维护单元或细胞状态(cell state)，实现了信息的长期依赖和记忆。与 RNN 相比，LSTM 使用存储单元和门函数控制信息流，将梯度限制在神经元中，能够防止梯度过快消失。图 4.2 为 LSTM 网络结构示意图。

经过 LSTM 细胞后，细胞状态 C 和隐层状态 h(同时也是输出状态)均获得更新而形成新的细胞状态 C_t 和新的隐层状态 h_t；细胞内 F_t 为遗忘门；i_t 为输入门；$\tilde{C}_t$ 为临时细胞状态；o_t 为输出门；t 为时间，其计算公式分别为式(4.32)~式(4.37)。

$$f_t = \sigma(W_f[h_{t-1}, x_t] + b_f) \tag{4.32}$$

$$i_t = \sigma(W_i[h_{t-1}, x_t] + b_i) \tag{4.33}$$

$$\tilde{C}_t = \tanh(W_c[h_{t-1}, x_t] + b_c) \tag{4.34}$$

$$C_t = f_t \times C_{t-1} + I_t \times \tilde{C}_t \tag{4.35}$$

$$o_t = \sigma(W_o[h_{t-1}, x_t] + b_o) \tag{4.36}$$

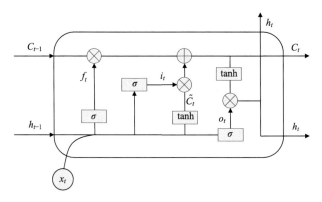

图 4.2　LSTM 网络结构示意图

$$h_t = o_t \times \tanh(C_t) \tag{4.37}$$

式中，C_{t-1} 为前一时刻 LSTM 细胞状态；h_{t-1} 为前一时刻隐藏状态；x_t 为当前时刻输入。

　　LSTM 的核心在于细胞状态的更新，即前一时刻细胞状态通过遗忘门抛弃一部分信息，再通过输入门新增一部分信息得到新状态，而新的隐藏状态则是由输出门进行控制更新的。LSTM 循环网络除了外部的 RNN 循环外，还具有内部的"LSTM 细胞"循环（自循环）。

　　深度学习中将一个输入序列映射到一个输出序列的问题称为 seq2seq（sequence to sequence，即序列到序列）问题，Encoder-Decoder 模型是实现 seq2seq 问题的一种方式，包含编码器（encoder）和解码器（decoder）两部分。在具体实现的过程中，编码器和解码器可以基于卷积神经网络（convolutional neural networks, CNN）、RNN、LSTM 等自由组合，如图 4.3 所示。

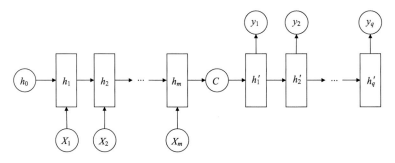

图 4.3　Encoder-Decoder 模型的实现过程

　　在编码器阶段，主要是对输入的时序数据进行特征提取。输入一个可变长度的序列数据，编码器将该序列编码成一个定长的状态向量 C，并将 C 作为解码器的输入。在解码器阶段，解码器将状态向量 C 解码，并结合当前时刻的输入数据，预测下一时刻序列 Y，从而实现最终的序列到序列的映射关系。在 Encoder-Decoder 模型中，每次读入数据时，模型会对隐层状态 h 进行更新，当读到序列 X 的结尾时，其输出的隐层状态向量 C 可以看作对整个输入序列的一个总结，即序列中的信息已经被提取并映射到向量 C 中。

基于 Encoder-Decoder 架构建立的预测模型，通过对网络参数与损失函数的调整和大量数据的训练，实现对时间序列预测的功能，其结构如图 4.4 所示。模型的编码器部分为单层 LSTM 网络，用于将历史特征数据映射成状态向量，解码器部分由 LSTM 和全连接层构成，用于将状态向量解码为需要预测的序列，两部分由状态向量连接。

如图 4.4 所示，在编码器阶段的某时间点 t，模型以历史上 m 个时间点的值及特征数据 $\{X_{t-m}, \cdots, X_{t-1}, X_t\}$ 为输入，LSTM 网络将输入数据 X_t 映射为对应的细胞状态和隐层状态，并作为模型编码器阶段的输出。

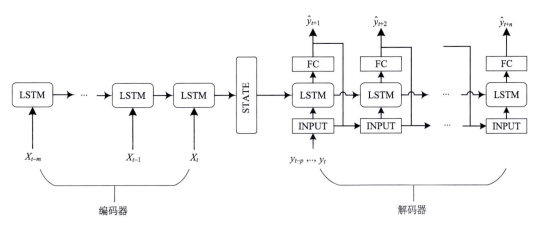

图 4.4　基于 Encoder-Decoder 模型的时间序列预测模型

在解码器阶段，以编码器阶段输出的状态向量为输入，同时以 p 个时间点的序列数据 $\{y_{t-p}, \cdots, y_{t-1}, y_t\}$ 为 LSTM 网络每个时间步的输入，再通过一层全连接层，最终得到对未来 n 个时间步的预测结果 $\{\hat{y}_{t+1}, \hat{y}_{t+2}, \cdots, \hat{y}_{t+n}\}$。在解码器阶段，每个时间步的输入均为以该时间步的时间为基准向前获取 p 个时间步的序列，而当进行多步预测时，可能并不存在前 p 步的真实指标值数据，因此需要利用预测值作为替代，如在预测 $\hat{y}_{t+2}$ 时，输入向量为 $\langle y_{t-p+1}, \cdots, y_t, \hat{y}_{t+1} \rangle$，如图 4.5 所示。

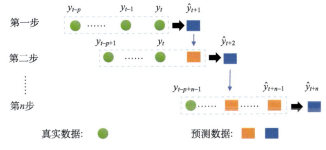

图 4.5　时间序列多步预测示意图

通常，将均方误差(mean square error，MSE)作为模型训练的损失函数，其计算如式 (4.38) 所示，其中 b 为 batch_size，n 为预测步长，t 为当前时刻，y 为真实值，$\hat{y}$ 为预测值。

$$\text{loss} = \frac{1}{b} \sum_{i=0}^{b} \frac{1}{n} \sum_{j=0}^{n} (y_{i,t+j} - \hat{y}_{i,t+j})^2 \tag{4.38}$$

为了防止过拟合，在损失函数中加入了 L_1 正则化项，能够有效提升模型训练的泛化能力。式(4.39)为加入 L_1 正则化项后的损失函数。其中 W 为模型的全部参数矩阵。$\|W\|_1$ 为 W 的 1 范数。

$$\text{loss} = \frac{1}{b} \sum_{i=0}^{b} \frac{1}{n} \sum_{j=0}^{n} (y_{i,t+j} - \hat{y}_{i,t+j})^2 + \|W\|_1 \tag{4.39}$$

4.3　计算流体动力学瓦斯模拟模型

4.3.1　传统计算流体动力学

能源行业事故爆发往往伴随着流体流动及热传导现象，如天然气管道泄漏、毒害性气体扩散、矿井火灾、瓦斯涌出、爆炸等事故。计算流体动力学(computational fluid dynamics，CFD)为一门以理论试验、数值代数和计算机技术为基础，研究流体运动以及传质传热等物理现象的交叉学科。能够对这些事故灾害进行低成本的模拟、实验。本书主要介绍传统计算流体动力学及格子玻尔兹曼模型的理论基础及其在矿井风流和瓦斯涌出等案例中的应用，以期对能源行业事故模拟进行相关的理论性指导。传统计算流体动力学方法以非线性的微分方程为出发点，采用有限差分、有限体积、有限元或有限谱等离散方法对微分方程进行离散，得到代数方程或常微分方程系统，然后再用标准的数值方法求解。这类方法比较直观，近 20 年来也发展了许多精度和速度不断提高的算法，取得了很大的进展(刘晖，2020; Liang et al., 2018; Ren et al., 2014; Zhou, 2015)。

其能够从数学模型本质出发，解决三维时空过程模拟问题，实现三维空间网格的离散化，对单相、多相流问题和热传导等物理现象进行时空过程精细化模拟。其模拟流程如图 4.6 所示。

具体研究思路如下。

(1)确定研究对象，建立研究对象的空间几何模型。

(2)对几何模型进行空间网格离散划分，每一个网格点具有不同的空间属性。

(3)依据空间网格离散化结果，将原有时空连续物理量在时间域和空间域上进行离散化，如原有的速度场、压力场等连续场均由一系列离散变量集合所代替。

(4)根据流体流动物理机理及理论原则，建立表征空间离散变量关系的代数控制方程，进而根据相应的算法对方程组进行求解，得到时空物理变量的近似值。

计算流体动力学方法是基于流体基本控制方程的时空数值模拟研究，可以得到复杂流场内压力、速度、温度等基本物理量的时空分布情况。其显著优势是适应性强，能够解决三维空间具有复杂边界条件的复杂流体流动，如矿井火灾、爆炸等各类问题，然而其控制方程多为非线性微分方程，自变量较多，且研究对象多为具有复杂边界条件的计算域，难以求得解析解，数值迭代通常也难以收敛。此外，由于 CFD 方法的数值迭代计算量大，需要较高的计算机硬件配置(Zhou et al., 2017; Xu et al., 2017)。本节主要针对井工煤矿巷道内部的风流及瓦斯输运过程建立相应的流体动力学模型,为相关的矿井火灾、爆炸等事故奠定一定的理论基础。

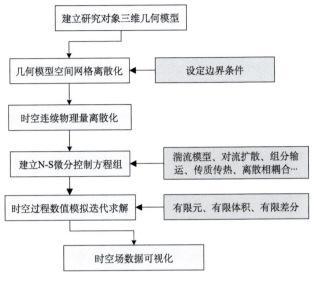

图 4.6　三维 CFD 时空过程模拟流程

1. 控制方程及本构关系

对于非稳态流动而言,流体质点的运动不仅在三维空间内发生位置迁移,还随着时间发生变化,对其分析需要考虑惯性力的作用,即运动方程是时空变化的,是时空和空间的函数,这从运动本质上考虑了风流的时空特性。其基本控制方程包括连续性方程、运动方程和能量方程,此时,这些基本控制方程就不再是常微分方程,而是偏微分方程。如图 4.7 所示,假定有一段巷道 AB,对其上的微元体 Δx 建立相应的控制方程。

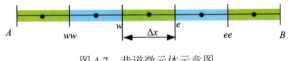

图 4.7　巷道微元体示意图

(1)连续性方程。对微元体在 dt 时间内运用质量守恒定律,有

$$\frac{1}{\rho a^2}\left(v\frac{\partial p}{\partial x}+\frac{\partial p}{\partial t}\right)=-\frac{\partial v}{\partial x} \tag{4.40}$$

式中,a 为流体音速,m/s;ρ 为气体的密度,kg/m^3;v 为断面的平均流速,m/s;t 为时间,s;p 为断面的平均压力,Pa;x 为巷道沿 x 轴的位置变量,m。

(2)运动方程。运动方程由牛顿第二定律推导而来,假设微元体 dx 沿巷道 x 轴方向流动,则其运动方程为

$$\frac{\partial v}{\partial t} + \frac{1}{\rho}\frac{\partial p}{\partial x} + \frac{\lambda}{2d}v|v| = -g\sin\theta \tag{4.41}$$

式中，p 为断面处的平均压力，Pa；v 为断面平均流速，m/s；ρ 为微元体内流体平均密度；λ 为达西摩阻系数；g 为重力加速度；θ 为微元段与巷道水平轴线的夹角；d 为微元体内巷道的平均直径，m。

（3）能量方程。基于能量守恒定律，存在

$$dQ_v + dE_c + dW = dE_m + dE_i \tag{4.42}$$

式中，dQ_v 为摩擦生热量；dE_c 为对流控制体所产生的净热量；dW 为外界对控制体做的功；dE_m 为控制体向外界散发的热量；dE_i 为控制体内能量增量。对其进行推导：

$$dQ_v = gGi_x dx = \rho A vgi_x dx \tag{4.43}$$

$$dE_c = \rho veA - \left[\rho veA + \frac{\partial}{\partial x}(\rho veA)dx\right] = -\frac{\partial}{\partial x}(\rho veA)dx \tag{4.44}$$

式中，e 为流体单位质量总能量，J/kg。

$$dW = pvA - \left[pvA + \frac{\partial}{\partial x}(\rho veA)dx\right] = -\frac{\partial}{\partial x}(\rho veA)dx \tag{4.45}$$

$$dE_m = q\pi d \times dx \tag{4.46}$$

$$dE_i = \frac{\partial}{\partial x}(\rho e)Adx \tag{4.47}$$

化简得到能量方程为

$$-\frac{q\pi d}{A} = v\frac{\partial e}{\partial t} + p\frac{\partial v}{\partial x} + \frac{\partial p}{\partial x} - \rho gi_x v \tag{4.48}$$

（4）气体状态方程。由连续性方程、运动方程及能量方程所建立的方程组一共有 6 个未知量，分别是 u、v、w、p、T、ρ，而方程数目只有 5 个，无法确定其解，为了使方程组封闭，添加包含 p、ρ 的气体状态方程：

$$pv = \rho RT \tag{4.49}$$

2. 多组分输运问题

多种气体组分混合流动、互相作用、互相影响的过程被定义为多组分输运问题。例如在巷道掘进过程中，大量的瓦斯气体从掘进面产生并随着来自风筒的风流进行耦合扩散，风流的时空分布对瓦斯运移扩散起着至关重要的作用，属于典型的多组分输运问题。以瓦斯涌出扩散过程为例，考虑到风流与瓦斯气体属于黏性牛顿流体，并受 Navier-Stokes（N-S）方程控制，假设空气为连续介质，在扩散过程中忽略热质量转移，以下对多组分输运问题进行介绍。

1）基本控制方程

巷道内气流流动过程中涉及质量、动量、能量及物质的转移（Sasmito et al., 2015; Booth et al., 2017; Palazzi et al., 2013; Peng et al., 2012）。瓦斯从掘进工作面释放后随着通风风流扩散，此过程中的质量、动量、能量及物质的转移控制方程可表达为

$$\frac{\partial \rho}{\partial t} = -\nabla \cdot \rho U \tag{4.50}$$

$$\frac{\partial}{\partial t}(\rho U) = -\nabla \cdot \rho U U - \nabla p + \rho g + \nabla \cdot \tau \tag{4.51}$$

$$\frac{\partial}{\partial t}(\rho c_{\mathrm{p}} T) = \nabla \cdot \left(k_{\mathrm{eff}} + \frac{c_{\mathrm{p}} \mu_t}{\sigma_{\mathrm{rt}}} \right) \nabla T - \nabla \cdot (\rho c_{\mathrm{p}} U T) \tag{4.52}$$

$$\frac{\partial}{\partial t}(\rho \omega_i) = \nabla \cdot \left(\rho D_{i,\mathrm{eff}} + \frac{\mu_t}{\mathrm{sc}_t} \right) \nabla T - \nabla \cdot (\rho \omega_i U) \tag{4.53}$$

式中，ρ 是流体密度；U 是流体速度；p 是压强；τ 是黏性应力张量；c_{p} 是流量比热；g 是重力加速度；k_{eff} 是有效流体导热速度；T 是温度。ω_i、$D_{i,\mathrm{eff}}$ 分别是不同物质 i(O_2、CH_4、N_2) 的质量分数和有效扩散系数；μ_t 是湍流黏度；sc_t 是湍流施密特数。

2) 本构关系

流体的黏性应力张量可以描述为 (Kurnia et al., 2014)：

$$\tau + 2/3[(\mu + \mu_t)(\nabla \cdot U)I + \rho k I] = (\mu + \mu_t)[\nabla \cdot U + (\nabla \cdot U)^{\mathrm{T}}] \tag{4.54}$$

式中，μ 是动态黏度；I 是二阶单位张量；k 是湍流动能。值得注意的是，巷道内不同物质之间的相互作用遵循不可压缩理想气体定律，因此这里考虑混合物密度，假设混合物气体由瓦斯、氧气和水蒸气组成，可由理想气体的定律描述为

$$\rho = \frac{pM}{RT} \tag{4.55}$$

式中，R 是气体常数，M 为混合物分子质量，由式(4.56)给出：

$$M = \left[\frac{\omega_{CH_4}}{M_{CH_4}} + \frac{\omega_{O_2}}{M_{O_2}} + \frac{\omega_{H_2O}}{M_{H_2O}} + \frac{\omega_{N_2}}{M_{N_2}} \right]^{-1} \tag{4.56}$$

ω_i 和 M_i 分别为不同物质 i (O_2、CH_4、N_2) 的质量分数和摩尔质量，其中 N_2 的质量分数由式(4.57)计算：

$$\omega_{N_2} = 1 - (\omega_{CH_4} + \omega_{O_4} + \omega_{H_2O}) \tag{4.57}$$

摩尔质量占比基于质量分数的占比来计算：

$$x_i = \frac{\omega_i M}{M_i} \tag{4.58}$$

流体混合物的黏度定义为

$$\mu = \sum_i \left[x_i u_i \Big/ \left(\sum_j x_i \varphi_{i,j} \right) \right] \text{ with } i, j = CH_4, O_2, H_2O, N_2 \tag{4.59}$$

式中，$\varphi_{i,j}$ 定义为

$$\varphi_{i,j} = \frac{1}{\sqrt{8}} \left(1 + \frac{M_i}{M_j} \right)^{-1/2} \left[1 + \left(\frac{\mu_i}{\mu_j} \right)^{1/2} \left(\frac{M_i}{M_j} \right)^{1/4} \right]^2 \tag{4.60}$$

为了使计算单位与实际应用中的单位相符，采用常用规程中的瓦斯浓度单位%v/v，在此定义为

$$CH_4 = \omega_{CH_4} \times 100\%$$ (4.61)

对井工矿局部通风系统而言，风机功率由式(4.62)给出：

$$P_{fan} = \Delta P_{fan} \dot{Q}_{fan}$$ (4.62)

式中，ΔP_{fan} 为进出口压强差；$\dot{Q}_{fan}$ 为风机的体积流量。这里风机功率取决于实际风机的规格。

3. 湍流模型

常用的三类湍流模型分别为 k-epsilon、k-omega、Spalart-Allmaras。选择合适的湍流模型是精确模拟的关键一步，Kurnia 等的对比实验指出 k-epsilon 有较好的准确性(Wang et al., 2017; Parra et al., 2006)，该模型在工程领域中得到了广泛的应用，并被证明能够保持足够高的运算效率。因此，这里以 k-epsilon 湍流模型为例展开介绍，该模型考虑了双方程结构，能够求解湍流动能 k 及其耗散率 ε，并与湍流黏度相耦合。湍流动能的计算公式为(Nyaaba et al., 2015; Park et al., 2018)

$$\nabla \cdot \left[\left(\mu + \frac{\mu_t}{\sigma_k} \right) \nabla k \right] + G = \frac{\partial}{\partial t}(\rho k) + \nabla \cdot (\rho U k)$$ (4.63)

$$\nabla \cdot \left[\left(\mu + \frac{\mu_t}{\sigma_\varepsilon} \right) \nabla \varepsilon \right] + C = \frac{\partial}{\partial t}(\rho \varepsilon) + \nabla \cdot (\rho U \varepsilon)$$ (4.64)

$$G = G_k - \rho \varepsilon$$ (4.65)

$$C = C_{1\varepsilon} \frac{\varepsilon G_k}{k} + C_{2\varepsilon} \rho \frac{\varepsilon^2}{k}$$ (4.66)

式中，G_k 代表由平均速度梯度引发的湍流动能；σ_k 和 σ_ε 分别为系数 k 和 ε 的湍流普特朗数。湍流黏度通过 k 和 ε 来计算：

$$\mu_t = \rho C_\mu \frac{k^2}{\varepsilon}$$ (4.67)

式中，$C_{1\varepsilon}$、$C_{2\varepsilon}$、C_μ、σ_k 和 σ_ε 为常数，在巷道风流及瓦斯输运过程中，通常取值为 1.44、1.92、0.09、1、1.3。

4.3.2　格子玻尔兹曼模型

传统的计算流体力学的方法大多是针对宏观连续模型设计的，其对复杂问题的强大计算能力以及计算结果的直观特性使得其在工业界有着不可替代的地位，但是该方法仍然存在着很多不足之处。其中最大的一个瓶颈问题是计算时间以及计算资源的限制，现实中分钟级别的空气动力学现象在实际计算机数值迭代中可能需要更长的时间，其模拟计算很难做到实时性。另外，黏性牛顿流体及其与粒子的相互作用与扩散过程由 N-S 微分控制方程来描述，而求解 N-S 方程组是一大难点，其数值稳定性与计算收敛性难以保

证。而时空过程模拟计算除了用传统数值算法求解 N-S 方程组以外，还有目前备受关注的格子玻尔兹曼方法(Lattice Boltzmann Method，LBM)等粒子类算法。近年来 LBM 在计算和处理复杂边界条件方面的效率使其得到了广泛的应用(袁梦霞和乔秀臣，2018；Mattila et al.，2008；Wang et al.，2009；Velivelli and Bryden，2015；Chikatamarla and Karlin，2013)。

与传统 CFD 方法不同的是，LBM 是从介观动力学的角度出发，是基于元胞自动机理论、分子运动论和统计物理学所设计的在时间、空间、速度上完全离散的局部动力学模型(Dubois et al.，2019；陈锋，2012；陈锋等，2018)。该方法将流体运动视为大量的微观流体分子在空间离散格点上做微观运动的平均统计，运动过程主要分为粒子之间的碰撞和其在格点上的迁移，并遵从一定的物理规律，借助统计学中的密度分布函数来进行刻画。在 LBM 方法中，不需要像传统 CFD 方法一样建立和求解复杂的偏微分方程，只需要对流体粒子运动进行物理统计就可以描述其运动特征和规律，对复杂流体系统、复杂边界条件以及多尺度行为都具有良好的自适应性。

从物理规律的角度出发，该方法可以方便地处理流体粒子与粒子之间、粒子与边界之间、不同的流体粒子组分之间的复杂相互作用，而传统的 CFD 方法则很难做到这点。从计算角度来讲，其计算方法属于显式时间推进法，也即在每一个时间步的迭代中，只需要考虑每一个格点的离散速度数以及计算的格点总数，其计算效率优于传统的数值迭代方法。此外，LBM 的物理演化过程简单明了，也不需要显式的基于几何模型的网格划分，程序设计过程简洁，且该方法的计算过程具有天然的并行优势，在条件允许的情况下可大幅提升计算效率。在连续极限的条件下，应用 LBM 所描述的介观动力学模型能够与 Navier-Stokes 方程组所描述的宏观世界进行转换，保证了其对宏观问题分析的可靠性。因此，该方法自诞生起就成了物理界、数学界以及计算机界等各个领域的研究热点(郭照立和郑楚光，2008；俞慧丹和赵凯华，1999；赵冬和赵鹏，2011)。

下文主要介绍 LBM 的方法原理。通过对其原理和迭代过程进行梳理，阐述将该方法应用于能源行业过程模拟中的可能性，并以煤矿通风网络风流及瓦斯时空过程模拟为例，构建瓦斯涌出多组分输运模型。

1. LBM 原理及本构方程

LBM 方法由最早的元胞自动机(cellular automaton，CA)发展而来，该模型的发展经历了格子气模型的演变，保留了格子气自动机模型的诸多优点，并克服了其统计噪声时需要牺牲存储性能和计算性能的缺点。目前与 LBM 研究相关的文献数量持续增长，新的 LBM 及验证方法不断涌现，其在数学物理、计算机相关的交叉学科领域有着非常广阔的研究前景(Carrillo et al.，2016；Ohwada et al.，2011；Su et al.，2018；乐励华等，2009)。

LBM 以分子动力学为基础，遵守质量守恒定律以及动量守恒定律。其基本思想是在分子动力学模拟中，不必确定每一个分子的运动状态方程，而只需要确定分子处于某种运动状态的概率即可，进而通过运动统计学理论来确定大量分子的状态，从而刻画系统的宏观物理量。构建 LBM 的三个假设条件如下。

(1)粒子的碰撞仅发生在两个粒子之间，也即 3 个以上粒子同时碰撞的现象不会发生。

（2）粒子在碰撞之前均做相互独立的运动，其速度互不相关。

（3）粒子之间的局部碰撞不受外界作用力的影响。

LBM 所描述的是粒子的物理参数在相空间中对时间的演化分布情况。假设粒子对某一物理量的时空分布函数为 $f(x,v,t)$，其表示在 t 时刻的空间位置 x 处速度为 v 的粒子密度分布，在受外界作用力的条件下，在 $\mathrm{d}t$ 时间内，粒子由碰撞引发的位置变化以及速度变化分别为 $x+\mathrm{d}x$、$v+\mathrm{d}v$，那么将 $\mathrm{d}t$ 时刻的粒子时空分布函数 $f(x+\mathrm{d}x,v+\mathrm{d}v,t+\mathrm{d}t)$ 进行泰勒展开，并去掉高阶项，得

$$f(x+\mathrm{d}x,v+\mathrm{d}v,t+\mathrm{d}t)-f(x,v,t)=v\frac{\partial f}{\partial x}+a\frac{\partial f}{\partial v}+\frac{\partial f}{\partial t} \tag{4.68}$$

式中，$\mathrm{d}v=a\cdot\mathrm{d}t$；$a$ 为加速度；以 Ω 表示由碰撞引起的粒子变化量，则可以得到经典的玻尔兹曼方程为

$$\Omega=f(x+\mathrm{d}x,v+\mathrm{d}v,t+\mathrm{d}t)-f(x,v,t)=v\frac{\partial f}{\partial x}+a\frac{\partial f}{\partial v}+\frac{\partial f}{\partial t} \tag{4.69}$$

基于麦克斯韦方程及玻尔兹曼方程所采用的碰撞模型，将式（4.69）写成微分积分的形式，则得

$$\Omega=\iint(f'f_1'-ff_1)\mathrm{d}_D^2|g|\cos\mathrm{d}\Omega\mathrm{d}v_1 \tag{4.70}$$

对于单原子单组分的简单气体，式（4.70）的解析解为麦克斯韦分布函数：

$$f(x,v,t)=\frac{\rho}{(2\pi R_\mathrm{g}T)^{D/2}}\exp\left[-\frac{(v-u)^2}{2R_\mathrm{g}T}\right] \tag{4.71}$$

式中，ρ、T、u、D、R_g 分别为气体的宏观密度、温度、速度、格子玻尔兹曼模型所在的空间维度和气体常数。

格子玻尔兹曼方程属于非线性方程，对其求解的最大难点在于对碰撞函数的处理，而复杂的微积分求解非常困难，因此需要对其做相应的假设与简化，此处加入了松弛时间 τ，其倒数 $1/\tau$ 表示粒子碰撞频率，因此就有了玻尔兹曼方程的 BGK（Bhatnagar-Gross-Krook）近似（Boltzmann-BGK 方程）：

$$\Omega=-\frac{1}{\tau}(f-f^{\mathrm{eq}}) \tag{4.72}$$

式中，f^{eq} 表示粒子的平衡态分布函数。若只考虑扩散过程，那么可忽略粒子的流动过程，也即方程中的速度项等于零，此时即扩散过程的平衡态分布函数。通过求解得到气体的分布函数 f 以后，就可以对其进行积分，从而得到气体的宏观物理量，例如对于密度，有

$$\rho=\int f\mathrm{d}v=\int f^{\mathrm{eq}}\mathrm{d}v \tag{4.73}$$

$$\rho u=\int fv\mathrm{d}v=\int f^{\mathrm{eq}}v\mathrm{d}v \tag{4.74}$$

由于微观粒子的空间连续性，在建立方程时需要将其在空间维度、时间维度和速度维度进行离散化，假设经离散化后的分布函数为 $\{f_0,f_1,f_2,\cdots,f_N\}$，其中，$N$ 表示离散的空间维度，那么包含外力项的玻尔兹曼方程为

$$\frac{\partial f_i}{\partial t} + c_i \cdot \nabla f_i = -\frac{1}{\tau}(f - f^{eq}) + F_i \tag{4.75}$$

式中，∇ 为相空间的哈密尔顿算子；$F_i = a \cdot \nabla_v f$，为离散速度相空间的外力项；f^{eq} 表示平衡态分布函数。当风流流动速度较低时，f^{eq} 可以表示为

$$
\begin{aligned}
f_i^{eq}(x,v,t) &= \frac{\rho}{(2\pi R_g T)^{D/2}} \exp\left[-\frac{(v_i - u)^2}{2R_g T}\right] \\
&= \frac{\rho}{(2\pi R_g T)^{D/2}} \exp\left[-\frac{(v_i^2 - 2c_i u + u^2)}{2R_g T}\right] \\
&= \frac{\rho}{(2\pi R_g T)^{D/2}} \exp\left[-\frac{v_i^2}{2R_g T}\right] \exp\left[\frac{v_i u}{R_g T} - \frac{u^2}{2R_g T}\right]
\end{aligned}
\tag{4.76}
$$

对式 (4.76) 中的最后一项进行泰勒展开，得到：

$$f_i^{eq}(x,v,t) = \frac{\rho}{(2\pi R_g T)^{D/2}} \exp\left[-\frac{v_i^2}{2R_g T}\right] \exp\left[1 + \frac{v_i u}{R_g T} + \frac{(v_i u)^2}{2R_g T} - \frac{u^2}{2R_g T}\right] + O(u^3) \tag{4.77}$$

对式 (4.77) 进一步进行时空离散化，则二代完全离散化的玻尔兹曼方程：

$$\Omega = f(x + v_i dt, t + dt) - f(x,t) = -\frac{1}{\tau}[f_i(x,t) - f_i^{eq}(x,t)] + dt F_i(x,t) \tag{4.78}$$

在编程过程中，为了便于实现，将离散化的玻尔兹曼方程分为粒子的碰撞过程和迁移过程两部分，分别为

$$f_i'(x,t) = f_i(x,t) - \frac{1}{\tau}[f_i(x,t) - f_i^{eq}(x,t)] \tag{4.79}$$

$$f_i(x + v_i dt, t + dt) - f_i'(x,t) \tag{4.80}$$

LBGK（Lattice Bhatnagar-Gross-Krook）作为当前主要用到的 LBM，其最常用的是 DdQb 模型（Kawaguchi and Oguni, 2016; Tao and Guo, 2015），其中 d 表示粒子分布所在的空间维度，b 表示粒子的离散速度个数，目前常用的模型主要有 D2Q5、D2Q9、D3Q7、D3Q19、D3Q27 等。

2. LBM 与宏观控制方程的转换

由于 LBM 的建立是基于时空离散假设的粒子统计学模型，将其应用到宏观物理世界中还需要对其进行适应性及准确性验证。通常以 Chapmann-Enskog 展开法来实现模型适用性的判断，该方法主要用来判断 LBM 所对应的宏观方程是否能够满足流体的物理控制方程。

其中，Chapmann-Enskog 展开法是一种多尺度方法。取一个任意小的正数 ε，假设其与 Knudsen 数具有相同的数量级，基于三种时间尺度，也即碰撞时间尺度 ε_0、对流时间尺度 ε_1 和扩散时间尺度 ε_2 来展开，这 3 个时间尺度分别表示：粒子碰撞过程所耗费的时间，粒子对流过程所耗费的时间，粒子扩散过程所耗费的时间，这 3 个时间尺度数量级依次递增，其中扩散时间尺度大于对流时间尺度，并远大于碰撞时间尺度。那么就可以通过微量 ε 的转换对连续尺度用离散尺度进行表示，其中时空离散与连续尺度对应关

系如图 4.8 所示。

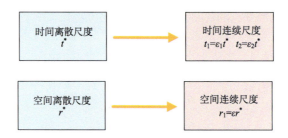

图 4.8　时空离散与连续尺度对应关系

此时对时间和空间导数进行展开，得

$$\frac{\partial}{\partial t} = \varepsilon \frac{\partial}{\partial t_1} + \varepsilon^2 \frac{\partial}{\partial t_2} \tag{4.81}$$

$$\frac{\partial}{\partial r} = \varepsilon \frac{\partial}{\partial r_1} \tag{4.82}$$

此外，对分布函数进行 ε 幂级数展开：

$$f_i = f_i^{\text{eq}} + \varepsilon f_i^{(1)} + \varepsilon^2 f_i^{(2)} + \cdots \tag{4.83}$$

并对玻尔兹曼方程做时间和空间的泰勒展开，省略高阶项，可得

$$\mathrm{d}t \left(\frac{\partial}{\partial t} + v_i \cdot \nabla \right) f_i + \frac{\mathrm{d}t}{2} \left(\frac{\partial}{\partial t} + v_i \cdot \nabla \right)^2 f_i = -\frac{1}{\tau} (f_i - f_i^{\text{eq}}) \tag{4.84}$$

将式(8.81)、式(8.82)、式(8.83)代入式(8.84)中，并对比 ε 的各阶系数项可得

$$\varepsilon^1 : \left(\frac{\partial}{\partial t_1} + v_i \cdot \nabla_1 \right) f_i^{\text{eq}} = -\frac{1}{\tau \mathrm{d}t} f_i^{(1)} \tag{4.85}$$

$$\varepsilon^2 : \frac{\partial f_i^{\text{eq}}}{\partial t_2} + \left(\frac{\partial}{\partial t_1} v_i \cdot \nabla_1 \right) f_i^{(1)} + \frac{\mathrm{d}t}{2} \left(\frac{\partial}{\partial t_1} + v_i \cdot \nabla_1 \right)^2 f_i^{\text{eq}} = -\frac{1}{\tau \mathrm{d}t} f_i^{(2)} \tag{4.86}$$

由粒子分布函数及宏观密度和速度的相关定义可知：

$$\sum_i f_i^{(n)} = 0, \qquad \sum_i c_i f_i^{(n)} = 0, \qquad n = 1, 2, \cdots \tag{4.87}$$

那么对式(4.85)求其零阶矩和一阶矩，就得到其在宏观尺度上的对于时间 t_1 的方程为

$$\frac{\partial \rho}{\partial t_1} + \nabla_1 \cdot (\rho \boldsymbol{u}) = 0 \tag{4.88}$$

$$\frac{\partial (\rho \boldsymbol{u})}{\partial t_1} + \frac{\partial (\rho \boldsymbol{u} \boldsymbol{u})}{\partial r_1} = -\frac{\partial p}{\partial r_1} \tag{4.89}$$

式(4.88)和式(4.89)为流体在温度不变条件下的欧拉方程。另外，对式(4.86)求其零阶矩和一阶矩，就得到其在宏观尺度上的对于时间 t_2 的方程为

$$\frac{\partial \rho}{\partial t_2} = 0 \tag{4.90}$$

$$\frac{\partial(\rho u)}{\partial t_2} + \left(1 - \frac{1}{2\tau}\right)\frac{\partial\left(\sum_i v_i v_i f_i^{(1)}\right)}{\partial r_1} = 0 \tag{4.91}$$

这样就得到了两个时间尺度上的 4 个方程式(4.88)~式(4.91),其对应的宏观尺度方程为(Lu and Wei, 2009):

$$\frac{\partial\rho}{\partial t_2} = -\nabla(\rho u) \tag{4.92}$$

$$\frac{\partial(\rho u)}{\partial t_2} + \nabla\cdot(\rho uu) = -\nabla\cdot(\rho v(\nabla u + (\nabla u)^{\mathrm{T}})) - \nabla\cdot p \tag{4.93}$$

至此就通过 Chapmann-Enskog 展开法得到了 LBGK 模型到宏观控制方程的转换,并发现玻尔兹曼方程是能够满足宏观 N-S 方程组形式的,因而从理论上讲,LBM 是求解流体运动的正确方法,可以将其引入到矿井风流的模拟中去。

综上可知,LBM 是连续玻尔兹曼方程的有限差分格式的演变,也可以看作拉格朗日求解法的一种。其相比于传统 CFD 方法中的数值模拟,具有如下特点(陈锋,2012)。

(1)LBM 是一种介观动力学模型,遵从基本的守恒定律,可以模拟具有复杂边界条件的复杂物理现象。

(2)LBM 对宏观物理量的刻画可以通过粒子分布函数的演化得到,计算过程简洁。

(3)对于多组分、多相流等复杂流体流动问题,可以建立不同的模型进行耦合。

(4)基于 Chapmann-Enskog 展开法可以将 LBM 方程转换为传统的 N-S 控制方程,也即等价于对宏观世界的描述。

(5)格子玻尔兹曼方法的完全离散化和天然并行特征非常适合做大规模的并行计算,从而提高计算效率。此外,该方法有良好的稳定性和计算精度。

3. 基于 LBM 的瓦斯涌出多组分输运模型

基于 LBM 的矿井通风时空过程模拟,考虑了风流与瓦斯的扩散及耦合作用,此耦合过程属于多组分输运模型的范畴。下文首先推导了基于三维 LBM 的风流速度与瓦斯浓度多组分模型,给出了速度场和浓度场的 LBM 方法,并采用 Bossinesq 近似来对风流速度场与瓦斯浓度场进行时空耦合。最后,基于巷道内部风流的主要物理参数特性,推导了相关的参数转换关系。

1)基于 LBM 的风流时空速度场

基于格子玻尔兹曼方法计算风流速度场。在不失一般性的情况下,采用 D3Q19 模型,也即具有 19 个点阵速度的三维格子模型,气流粒子分布如图 4.9(a)所示(Tao and Guo, 2017; Kawaguchi and Oguni, 2016; Su et al., 2018; Lu and Wei, 2009)。

格点上的粒子运动过程服从格子玻尔兹曼方程规律:

$$f_i(x + a_i, y + b_i, z + c_i, \delta_t, t + \delta_t) - f_i(x, y, z, t) = \Omega_i(f(x, y, z, t)) \tag{4.94}$$

式(4.94)描述了三维笛卡儿坐标系下的粒子分布函数 f_i 的演变过程。假设 Γ 为一个自封闭的系统,也即如果 $x \in \Gamma$,则 $x + c_i\delta_i \in \Gamma$,因此粒子总是在网格线上沿速度方向

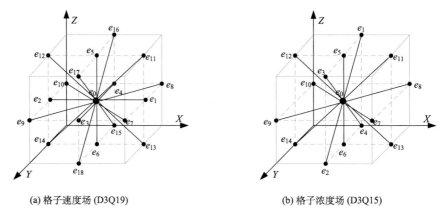

(a) 格子速度场 (D3Q19)　　　　　　　　　(b) 格子浓度场 (D3Q15)

图 4.9　三维格子模型中的粒子分布示意图

运行。其中，$x \in \Gamma$ 是格子 Γ 上的格点位置，$\{a_i, b_i, c_i : i = 0,1,2,\cdots,b\}$ 是格子上参与动态演化过程的粒子的离散速度，这里每一个粒子具有 19 个离散速度方向，δ_t 为计算中的离散化时间步长，t 为当前时刻。$\Omega_i(f(x,y,z,t))$ 表示离散碰撞算子，采用 Bhatnagar-Gross-Krook（BGK）碰撞算子来刻画其碰撞过程。

$$\Omega_i(f(x,y,z,t)) = -\frac{1}{\tau}[f_i(x,y,z,t) - f_i^{\text{eq}}(x,y,z,t)] \tag{4.95}$$

式中，τ 为松弛因子（与流体黏度有关）；f_i^{eq} 是风流速度的平衡态分布函数，该值依赖于密度 ρ、速度 u、温度 T 等，由式(4.96)给定。

$$f_j^{\text{eq}}(x,y,z,t) = \omega_i \rho \left(1 - \frac{u^2}{2c_s^2} + \frac{e_j u}{c_s^2} + \frac{(e_j u)^2}{2c_s^4} \right) \qquad j = 0,1,\cdots,b-1 \tag{4.96}$$

式中，ω_i 是模型的权重系数；$c_s = \sqrt{RT}$（R 是气体常数），是格子声速。对于模拟来讲，$c_s = c / \sqrt{3}$，其中 $c = \Delta x / \Delta t$，Δx 是格子间隔，通过 Chapman-Enskog 展开法，流体的宏观物理参数，如浓度 ρ、速度 u 和温度 T 或内能 e 可以分别由离散分布函数的零阶矩及一阶矩来推导：

$$\rho = \sum_i f_i, \qquad \rho u = \sum_i c_i f_i, \qquad \rho e = \frac{\rho DRT}{2} = \frac{1}{2} \sum_i (c_i - u)^2 f_i \tag{4.97}$$

流体的压力可直接定义为 $p = c_s^2 \rho$，其中离散速度方向和模型权重系数如式(4.98)和式(4.99)所示。

$$\boldsymbol{e}_i = \begin{bmatrix} 0 & 1 & -1 & 0 & 0 & 0 & 0 & 1 & -1 & 1 & -1 & 1 & -1 & 1 & -1 & 0 & 0 & 0 & 0 \\ 0 & 0 & 0 & 1 & -1 & 0 & 0 & 1 & 1 & -1 & -1 & 0 & 0 & 0 & 0 & 1 & -1 & 1 & -1 \\ 0 & 0 & 0 & 0 & 0 & 1 & -1 & 0 & 0 & 0 & 0 & 1 & 1 & -1 & -1 & 1 & 1 & -1 & -1 \end{bmatrix}$$

$$\tag{4.98}$$

$$\omega_i = \begin{cases} 1/3, & i = 0 \\ 1/18, & i = 1,2,\cdots,6 \\ 1/36, & i = 7,8,\cdots,18 \end{cases} \tag{4.99}$$

由此可以推导得到经典的 Navier-Stokes 控制方程。这表明 LBM 介观流体模型与传统 CFD 模型在物理规律本质上是等价的。

$$\frac{\partial \rho}{\partial t} = -\nabla \cdot (\rho u) \tag{4.100}$$

$$\frac{\partial \rho}{\partial t} + \nabla \cdot (\rho u) + \nabla p = \nabla[\rho v(\nabla u + (\nabla u)^{\mathrm{T}})] \tag{4.101}$$

2）基于 LBM 的瓦斯时空浓度场

用 D3Q15，也即具有 15 个点阵速度的三维格子模型计算瓦斯气体浓度场的分布，浓度粒子分布如图 4.9（b）所示。瓦斯浓度场的演化方程由三维笛卡儿坐标系下的浓度粒子分布函数 C_i 描述：

$$C_i(x+a_i, y+b_i, z+c_i, \delta_t, t+\delta_t) - C_i(x,y,z,t) = \psi_i(C(x,y,z,t)) \tag{4.102}$$

其中，主要物理量与式（4.94）中的类似；δ_t 为计算中的离散化时间步长；t 为当前时刻；$\psi_i[C(x,y,z,t)]$ 为离散碰撞算子，由式（4.103）给定。

$$\psi_i[C(x,y,z,t)] = -\frac{1}{\tau_c}[C_i(x,y,z,t) - C_i^{\mathrm{eq}}(x,y,z,t)] + \Delta t \frac{\omega}{6} \tag{4.103}$$

$$\tau_c = 2\Delta t D / \Delta x^2 + 0.5 \tag{4.104}$$

式中，τ_c 为松弛因子；D 为瓦斯扩散系数；C_i^{eq} 为瓦斯浓度粒子的平衡态分布函数，该值取决于速度 u 及温度 T 等，由式（4.105）给定：

$$C_i^{\mathrm{eq}}(x,y,z,t) = \frac{C(x,y,z,t)}{6}\left[1 + 2\frac{e_j u}{c_s^2}\right], \qquad i = 0,1,\cdots,6 \tag{4.105}$$

式中，c_s 为格子声速；u 为从速度场模型中计算得到的速度，瓦斯浓度粒子离散速度方向由式（4.106）给定。

$$e_i = \begin{bmatrix} 0 & 1 & 0 & 0 & -1 & 0 & 0 & 1 & 1 & 1 & -1 & -1 & -1 & -1 & 1 \\ 0 & 0 & 1 & 0 & 0 & -1 & 0 & 1 & 1 & -1 & 1 & -1 & -1 & 1 & -1 \\ 0 & 0 & 0 & 1 & 0 & 0 & -1 & 1 & -1 & 1 & 1 & 1 & -1 & 1 & -1 \end{bmatrix} \tag{4.106}$$

格点 x 处 t 时刻的瓦斯浓度值 $C(x,y,z,t)$ 由式（4.107）来计算。

$$C(x,y,z,t) = \sum_{i=0}^{6} C_i(x,y,z,t) \tag{4.107}$$

该模型同样可以推导相应的宏观控制方程，如式（4.108）所示：

$$\frac{\partial C}{\partial t} = -\nabla \cdot (uC) + D\nabla^2 C + \omega \tag{4.108}$$

4.4　油气泄漏与扩散模型

4.4.1　油气泄漏扩散模型

在石油石化及天然气的生产运输过程中，一旦受到高温高压等风险因素的影响，具有易燃易爆、有毒有害特征的天然气存在引发泄漏事故的风险。天然气泄漏事故严重威胁着人民的生命和财产安全，本节重点介绍天然气泄漏及相关的气体扩散模型。

就毒害性气体泄漏与扩散而言，早期的研究大多使用经验模型预测，比较常见和应用较为广泛的数学模型主要包括高斯烟羽模型、高斯烟团模型、Sutton 模型、Pasquill-Gifford（P-G）模型、重气箱模型、FEM3（三维有限元计算）模型、SLAB、EGADIS 等（刘茜，2015；Yang et al.，2006；李梅等，2020；练章华等，2009）。其中，高斯模型、Sutton 模型和 P-G 模型由于没有考虑重力对扩散的影响，只适用于密度小于或等于空气密度的气体的扩散；FEM3 模型则只适用于重气的扩散。从应用范围看，由于高斯模型提出的时间较早，且实验数据多，加上该模型简单，运算量小，易于理解，计算结果与实验值能较好吻合，所以应用较为广泛，尤其适用于大规模、短时间的扩散；FEM3 模型可以处理复杂地形条件下的泄漏扩散，但由于模型计算量较大，对于真实情景的模拟较为困难；P-G 模型在规模和时间上也不受限制，但由于考虑因素详细周全，在确定大气稳定度时人为因素较多，导致模拟结果偏差较大，其应用也存在着一定的局限性。前人研究表明，对于可燃气体泄漏扩散过程的模拟，Sutton 模型会产生较大的误差。

早期的简单模型通常将高度方向的浓度变化进行理想化，是简化的二维模型，忽略了气体迁移输运时产生的低洼积聚、地形导向、建筑物下洗等重要现象，并且不考虑扩散中发生的沉降、化学分解过程。在这些简单二维模型的基础上，大量高级非稳态气象和空气质量预测模型得到了发展，包括美国国家环境保护局（U.S. Environmental Protection Agency，EPA）推出的工业复合源模型（ISC3）、AERMOD 模型、CALPUFF 模型、CMAQ 模型，英国剑桥环境研究公司（Cambridge Environmental Research Consultants，CERC）推出的城市大气扩散模型（ADMS）。其通过大量实验以及实际应用得到不断的检验和修正，成为应用较多的大气容量测算模型，可用于模拟和评价局部区域环境内污染物的影响情况。然而这些模型计算步长较长，一般大于等于一小时，扩散过程描述粗略，多用于风险评估，不适用于应急响应。风险评估模型 SEVEX 完整、全面地集成了用于各种复杂条件下的紧急泄漏或爆炸事故的风险评估和模拟分析模块，可以用于高效率的应急计划的制定和预案的编制准备，被欧盟和 EPA 指定为复杂地形下的紧急泄漏事故专用模型。然而，由于其考虑精细，对输入数据的要求较高，如精确的有毒气体成分、每种成分的物理化学性质等，且商用软件费用较高，目前应用不够广泛。

针对油气事故应急而言，研究扩散动力学演化机制和规律，建立能精确刻画事故性泄漏扩散过程的理论模型，研制开发能模拟气体扩散动力学过程的大型数值模拟软件，将其应用于事故后果分析和生产风险评价，能够为事故应急预案的制订提供参考。基础高斯模型不考虑地形效应，CFD 模拟方法计算过程复杂，耗时较长，实现困难，两者难以适应事故应急响应的需求，而由 EPA 推出的 CALPUFF 模型能够针对不同的需求实现不同时间量级的计算，能够较好地适用于事故应急需求。CALPUFF 模型是 EPA 长期支持的西格玛公司(Sigma Research Corporation，现在从属于 Earth Tech, Inc.)开发的法规导则模型。该模型是一个多层、多种污染物、非稳态的烟团扩散模型，在考虑地形动力学、坡流等对风场影响的基础上，结合研究区域的气象、地理、污染源排放等数据资料，通过数值方法，模拟随时间和空间任意变化的气象条件下，污染物的输送、转化和清除过程，并根据不同的应用目的输出逐时、逐月、逐年的污染物浓度预测值，诊断污染评价等级。美国大气质量模型小组(Interagency Workgroup on Air Quality Modeling，IWAQM)和 EPA 的示踪实验结果表明，CALPUFF 模型预测效果良好，并将 CALPUFF 模型作为长距离影响模拟和近源影响模拟的推荐模型(邬群勇等，2015；伯鑫等，2014)。同时，在我国近年来的大气环境研究中，CALPUFF 模型得到了较多应用并取得了良好效果，环境保护部 2008 年 12 月颁布的《环境影响评价技术导则—大气环境》已将其列入了大气扩散模拟的推荐模式。

　　CALPUFF 模型基于烟团模型，通过一定数量的污染物离散包来表示连续的烟羽扩散，一般通过快照(snapshot)来评估单个烟团(puff)对某个受体(receptor)的浓度贡献(陈建国等，2007)。按一定的时间间隔(采样步长)布置烟团，采样时刻烟团静止，计算每个静止烟团的浓度贡献，在下一个采样时刻之前，允许烟团进行移动、改变大小及强度。某个受体在基本计算步长(如 1h)内的平均浓度等于它附近的所有烟团在基本计算步长内的所有采样步长(如 1min)的浓度贡献平均值之和。这里的采样步长和计算步长由模型和实际应用决定。

　　CALPUFF 模型提供两种快照采样函数，第一种方法使用径向对称高斯烟团，第二种方法使用在释放时沿着风向拉伸的非圆形烟团（烟片）。两种方法都基于 MESOPUFF 模型。

　　1)积分烟团采样函数方程

　　单个烟团在某个受体点的浓度贡献的基本方程为

$$C = \frac{Q}{2\pi\sigma_x\sigma_y} g \exp[-d_a^2/(2\sigma_x^2)]\exp[-d_c^2/(2\sigma_y^2)] \tag{4.109}$$

$$g = \frac{2}{(2\pi)^{1/2}\sigma_z} \sum_{n=-\infty}^{\infty} \exp[-(H_e + 2nh)^2/(2\sigma_z^2)] \tag{4.110}$$

式(4.109)和式(4.110)中，C 为受体点的地面污染物浓度(g/m^3)；Q 为烟团中污染物的质量(g)；σ_x 为 x 方向(水平风向)上污染物高斯分布的标准差(m)；σ_y 为 y 方向(垂直水平风向)上污染物高斯分布的标准差(m)；σ_z 为 z 方向(竖直方向)上污染物高斯分布的标准差(m)；d_a 为 x 方向上烟团中心到受体点的距离(m)；d_c 为 y 方向上烟团中心到受体点的距离(m)；g 为高斯方程的垂直项(m)；H_e 为烟团中心离地面的有效高度(m)；h 为混合层高度(m)。

　　垂直项 g 解释了混合层和地面之间的多次反射。如果 $\sigma_z > 1.6h$，g 将简化为 $1/h$。一般对流边界层内的烟团在释放几小时后都满足这一条件。

对于水平对称的烟团，式(4.110)简化为

$$C(s) = \frac{Q(s)}{2\pi\sigma_y^2(s)} g(s) \exp[-R^2(s)/(2\sigma_y^2(s))] \tag{4.111}$$

式中，R 为烟团中心到受体的距离(m)；s 为烟团移动的距离(m)。

通过对烟团移动轨迹 s 积分，可得到方程的解析解。

2) 烟片的计算和采样函数

烟片可以认为是一组相互叠加但间距非常小的烟团，描述了烟团的连续排放。烟片主体部分的长度为 $u\Delta t_e$，u 为风速，Δt_e 为污染物的排放时间，一个烟片的浓度可以表示为

$$C(t) = \frac{Fq}{(2\pi)^{1/2} u'\sigma_y} g \exp\left[\frac{-d_c^2}{2\sigma_y^2}\frac{u^2}{u'^2}\right] \tag{4.112}$$

$$F = \frac{1}{2}\left\{\operatorname{erf}\left[\frac{d_{a2}}{\sqrt{2}\sigma_{y2}}\right] - \operatorname{erf}\left[\frac{-d_{a1}}{\sqrt{2}\sigma_{y1}}\right]\right\} \tag{4.113}$$

式(4.112)和式(4.113)中，u 为平均风速矢量(m/s)；u' 为风速标量(m/s)，定义为 $u' = \sqrt{u^2 + \sigma_V^2}$，其中 σ_V 是风速的方差；q 为源排放速率(g/s)；F 为"因果关系"函数，解决了烟片端点附件的边缘效应；d_c 为垂直于烟片轴线的方向，烟片到受体的距离(m)；d_{a1} 为沿着烟片轴线方向，烟片末端 1 到受体的距离(m)；d_{a2} 为沿着烟片轴线方向，烟片末端 2 到受体的距离(m)。

d_{a1} 和 d_{a2} 中的下标 a1 和 a2 分别指最初和最新的烟片末端的相关值，d_c 表示定义在受体处的相关值。因子 (u/u') 和函数 F 使烟片模型比分段烟羽模型更像"烟团"。对式(4.113)在采样步长内进行积分，若排放速率和气象条件没有发生改变，可以得到通用积分解析解。

一般说来，烟团采样适用于远场模拟，烟片模型适用于近场模拟。CALPUFF 模型允许将圆形烟团和拉长烟片两种方法混合使用。

横向和轴向高斯扩散系数 σ_y 和 σ_z 是 CALPUFF 模型中非常关键的参数。扩散参数根据大气湍流变化关系及与污染源相关的常用变量来计算。扩散参数 σ 的改变量可能是时间或者距离的函数，统一表示为 $\sigma(\xi)$。

在第 n 次采样时段中，时间或距离参数产生了增量 $\Delta\xi$，相应的扩散参数为

$$\sigma^2_{yn}(\Delta\xi_y) = \sigma_{yt}^2(\xi_{yn} + \Delta\xi_y) + \sigma_{ys}^2 + \sigma_{yb}^2 \tag{4.114}$$

$$\sigma_{zn}^2(\Delta\xi_z) = \sigma_{zt}^2(\xi_{zn} + \Delta\xi_z) + \sigma_{zb}^2 \tag{4.115}$$

式(4.114)和式(4.115)中，ξ_{yn} 和 ξ_{zn} 为在第 n 次采样时段开始时的虚拟源参数(表示时间或距离)；σ_{yn} 和 σ_{zn} 为采样时段 n 中，某指定位置上横向和轴向总的扩散系数(m)；σ_{yt} 和 σ_{zt} 为大气湍流作用下形成的扩散系数 σ_y 和 σ_z 的函数形式(m)；σ_{yb} 和 σ_{zb} 为释放时刻由于浮力抬升而产生的 σ_y、σ_z 分量(m)；σ_{ys} 为面源侧风向扩散产生的横向扩散系数分量(m)。

4.4.2　蒸气云爆炸模型

除了对常见的毒害性气体泄漏的扩散模型的研究，危化品泄漏所释放的气体或液态物质还有可能引发爆炸、火灾等事故，如蒸气云爆炸、池火灾等事故同样有巨大的危害性。其中蒸气云爆炸是由于气体或易于挥发的液体燃料大量快速泄漏，与周围空气混合形成覆盖范围很大的"预混云"，在某一有限空间遇点火而出现的爆炸(Wang et al., 2020)。蒸气云爆炸的能量通常用 TNT 当量描述，即将参与爆炸的可燃气体释放的能量折合为能释放相同能量的 TNT 炸药的量，这样，就可以利用有关 TNT 爆炸效应的实验数据预测蒸气云爆炸效应(张晓英和陈荣顺，2013；杨克等，2019)。

以苯储罐泄漏事故为例，蒸气云爆炸伤害半径以及热辐射伤害半径的计算方法如下。

(1)首先获取初始数据，主要包括苯储罐直径 D(m)；苯储罐厚度 k(m)；苯储罐高度 H(m)；储罐温度 T(℃)；储存压力 P(MPa)；苯的分子量 M 为 78.11；储存量 W(kg)；燃烧热 Q_1(kJ/kg)；损害等级(可选择，取值为 1、2、3、4 级，对应爆炸试验常数 C 值见表 4.1)；爆炸发生系数 N(根据荷兰应用科学院标准，取 10%)。

(2)计算伤害半径：

$$R = C\{N \times 748\pi H[(D-k)/2]^2 \times Q_1\}^{1/3} \tag{4.116}$$

以某公司苯储罐泄漏事故为例，储罐容积为 3000 m³，最大储存量为 2244000 kg，储存压力为 1.0 MPa，苯的分子量为 78.11，燃烧热为 40258 kJ/kg。苯储罐最大时的总能量为

$$E = W_{max} \times Q_1 = 2244000 \times 40258 = 9.034 \times 10^{10}\,kJ \tag{4.117}$$

其事故后果模拟计算得到伤害半径，见表 4.1。

表 4.1　不同爆炸常数的伤害程度表

损害等级	C	设备损坏	人员伤害	(实例)伤害半径/m
1	0.03	重创建筑物及设备	1%死亡于肺部伤害 >50%耳膜破裂；>50%被碎片击伤	62.48
2	0.06	损坏建筑物外表	1%耳膜破裂；1%被碎片击伤	124.96
3	0.15	玻璃破碎	被碎玻璃击伤	312.45
4	0.4	10%玻璃破碎		833.2

若储罐瞬间发生灾难性破坏或储罐大尺寸液相管道断裂性长时间泄漏并点火导致液池火灾(假设有苯全部泄漏)，此时，热辐射将会对周围设备构成威胁。同时，苯燃烧产物的毒物性扩散也会对周边人群、环境等造成危害。下文计算热辐射伤害范围。

(1)首先获取初始参数，包括围堤长度 L(m)；围堤宽度 W(m)；空气密度 P_0(参考值 1.208kg/m³)；燃烧速度 m(kg/m²)；液池燃烧热 H_c(J/kg)；目标点到液池中心的距离；入射热辐射强度 I(kW/m²)(表 4.2，该值可选择)。其中苯的燃烧速度为 0.0459，苯的液池燃烧热取 4.19×10^7。热传导系数 T_c 通常取值为常数 1；重力加速度 $g = 9.81$m/s²；圆周率 $\pi = 3.14$；效率因子 $n = 0.3$。

(2)计算液池当量半径 R(m)：

$$R = (L \cdot W / p)^{1/2} \tag{4.118}$$

火焰高度 h(m)：

$$h = 84R\{m / [P_0(2gR)^{0.5}]\}^{0.6} \tag{4.119}$$

总热辐射通量 Q(W)：

$$Q = \frac{(pR^2 + 2pRh)mnH_c}{72m^{0.5} + 1} \tag{4.120}$$

热辐射伤害半径 x(m)：

$$x = \left(\frac{QT_c}{4pl}\right)^{0.5} \tag{4.121}$$

根据以上计算方法可得苯储罐发生泄漏事故后，爆炸伤害半径及热辐射伤害半径。

表 4.2　不同热辐射值对人体的伤害及周围设施的破坏情况

热辐射强度 I/(kW/m²)	人体伤害类别	周围设施破坏类别
37.5	1min 内 100%的人死亡，10 s 内 1%的人死亡	周围设备全部造成损坏
25.0	1min 内 100%的人死亡，10 s 内严重烧伤	没有引火情况下点燃木材的最小能量
12.5	在 1min 内 10%的人死亡，10 s 内轻度烧伤	木材被引燃，　塑料管熔化的最小能量
4.0	超过 20 s 引起疼痛，但不会起水泡	
1.6	长期接触不会有不适感	

4.5　事故应急避灾逃生模型

4.5.1　最短路径基础算法

避灾逃生在事故发生后的应急救援的过程中起着至关重要的作用，其基本原理是最短路径问题。这里以煤矿事故的应急避灾逃生为例进行阐述，煤矿巷道网络属于典型的路径网络。图 4.10 所示为局部巷道几何体模型及其对应的网络图，对其进行最短路径分析，给定一个带权重的有向图 $G = (V, E)$ 和权重函数 $w: E \rightarrow R$，该权重函数将每条边映射到实数值的权重上(徐劭懿，2018；章昭辉，2010)。

一条路径 $p = <v_0, v_1, \cdots, v_k>$ 的权重 $w(p)$ 是构成该路径的所有边的权重之和：

$$w(p) = \sum_{i=1}^{k} w(v_{i-1}, v_i) \tag{4.122}$$

$w(v_i, v_j)$ 为从节点 v_i 到节点 v_j 的最短路径的权重，其定义如下：

$$w(v_i, v_j) = \begin{cases} \min\{w(p) : v_i \xrightarrow{p} v_j\} & \text{如果存在一条从节点到节点的路径} \\ \infty & \text{其他} \end{cases} \tag{4.123}$$

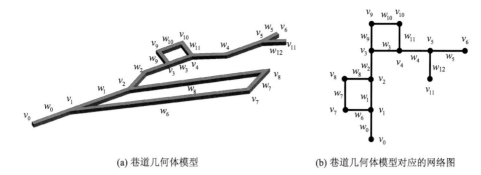

(a) 巷道几何体模型   (b) 巷道几何体模型对应的网络图

图 4.10 巷道最短路径分析

从节点 v_i 到节点 v_j 的最短路径定义为任何一条权重为 $w(v_i, v_j)$ 的从 v_i 到 v_j 的路径 p。单源最短路径问题则为找到从给定源节点到每个节点的最短路径。

最优化算法即一般意义上一定能够得到最优解的算法。其中，标号算法是目前研究最成熟、应用最广泛的最短路径算法，又包括标号设定与标号修正两大类，分别以 Dijkstra 算法与 Bellman-Ford 算法为代表。由于矿井巷道避灾路线问题本质上为单源最短路径问题，因而对非单源最短路径算法，如 Floyd 算法等不再分析(汪维清等，2007；杨珂，2006；司连法和王文静，2005)。针对最短路径算法涉及的一些共同概念及运算步骤，在前述最短路径问题定义的基础上，进一步做如下说明。

(1)前驱节点。给定图 $G = (V, E)$，对于每个节点 v_i，维持一个前驱节点作为该节点的一项属性，其值可以是另一个节点或者空节点。对于本节的最短路径算法，当算法结束时，将从节点 v_i 开始的前驱节点链反序排列并依次输出即可得到从源节点 v_o 到节点 v_i 的一条最短路径。

(2)最短路径估计。对于任意节点 v_i，将一个最短路径估计作为该节点的一项属性，用来记录从源节点 v_o 到节点 v_i 的最短路径权重上界。算法运行至当前未发现从源节点到节点的可达路径时，权重上界通常被赋予一个足够大的数值。

(3)图的初始化。将源节点的最短路径估计设置为 0，除源节点之外，所有节点的最短路径估计设置为 ∞，并将所有节点的前驱节点设置为空。

(4)松弛(relaxation)操作。对于边 (v_i, v_j)，首先判断能否对从源节点 v_o 到节点 v_j 的最短路径进行改进，具体判断方法为：将节点 v_i 的最短路径估计值与节点 v_i 到节点 v_j 的边权重进行求和，与节点 v_j 的最短路径估计值进行比较；如果前者更小，则将节点 v_j 的最短路径估计值更新为该值，同时将前驱节点更新为节点 v_i。为避免运算中出现最短路径估计值为 ∞ 带来的歧义，需要特别指出，只要节点 v_i 的最短路径估计值为 ∞ 或节点 v_i 到节点 v_j 的边权重为 ∞，则不进行前述更新操作。

4.5.2 带约束条件的最短路径算法

当事故发生时，存在多种可能影响逃生过程的因素，会对避灾路线的求解产生影响，称为最短路径算法的约束条件。针对一部分约束条件，只需要对巷道网络图进行微调等处理，不影响最短路径算法本身；而另一部分约束条件，则可能使以路径权重为基础的传统单源最短路径算法失效，需要对原始算法进行扩展。以下即分这两种情况进行讨论。

1. 简单约束条件的处理

当灾害发生时，确定影响避灾路线的灾变因子，如温度、有毒气体浓度、烟尘浓度、风向等，根据实际情况在原当量长度网络的基础上加入必经点、不可经过点、方向性等约束条件。

（1）如果有必须经过的结点，例如煤矿井下逃生条件恶劣时必须至压风自救装置处暂避，则对巷道当量长度网络进行分段求解。

（2）如果有不可经过的节点或巷道，例如发生局部严重坍塌或有毒气体浓度已经超过人体瞬时承受极限时，则在原网络图中将节点删除或将当量长度赋值无穷大。

（3）如有风向约束，即灾害区域可能充斥污浊风流，则相应地在网络图中将污浊风流方向当量长度赋值无穷大。

经过以上处理后，避灾路线的求解即可还原为经典的单源最短路径问题。

2. 包含累积阈值的约束目标——双目标优化问题

火灾发生时产生的一些毒害气体，如一氧化碳（CO）、氯化氢（HCL）气体，衡量其对人体危害的程度时通常使用半致死浓度 LC50（median lethal concentration 50），即杀死50%防治对象的毒物浓度，其致死效应通常与暴露时间有密切关系。对于这类具有累积量危害的灾变因子，需要联合该因子与当量长度构造多目标优化函数进行辅助求解，以便得到能够满足灾变因子阈值约束条件的当量长度最短路径。其中多目标最短路径为 NP-Hard 问题，而带约束最短路径问题为 NP-Complete 问题。为此，针对避灾路线求解问题，需要寻找有效的方法将该问题简化以满足求解的实时性要求。

单一约束条件的情况是该类问题最有代表性的特例；在此研究中，该约束条件即火灾产物对人员的危害值。该问题可以形式化地表示为：对于有向网络图 $G = (V, E)$，给定源节点 v_o、目的地节点 v_n、主要优化目标 Y_1（当量长度）、阈值约束目标 Y_2；对于每项目标 Y_i，网络图 G 的各边有一套对应的权重值 w_i，阈值约束目标还有对应的阈值约束 T。所有从 v_o 到 v_n 的路径 p 中，求解最优路径 p^* 使得其满足式（4.124）的同时，使式（4.125）最小：

$$Y_1(p, s, t) = \sum_{e_{ij} \in p} w_1^{ij} \tag{4.124}$$

$$Y_2(p, s, t) = \sum_{e_{ij} \in p} w_2^{ij} \leqslant T(\forall k \neq 1) \tag{4.125}$$

式中，$w_k^{ij}(k = 1, 2)$ 为边 e_{ij} 的第 k 套权重值；T 为约束目标 Y_2 的阈值。

这里给出的求解方法基于双目标优化算法，可有效解决带目标约束的最短路径问题；同时引入了二分法思想，并以 SPFA（Shortest Path Faster Algorithm）算法作为求解无约束条件的单源最短路径算法实现时间效率的进一步提高。其中 SPFA 是求单源最短路径的一种十分高效的算法。为此，首先构造双目标优化函数，如式（4.126）所示：

$$f(\alpha) = \sum\nolimits_{e_{ij} \in p} [\alpha w_1^{ij} + (1-\alpha) w_2^{ij}] \tag{4.126}$$

式 (4.126) 中，对任一 $\alpha \in [0,1]$，均可使用 SPFA 算法求解使 $f(\alpha)$ 达到最小值的路径 p_α，该路径分别对应式 (4.124)、式 (4.125) 两个目标函数值 $Y_1(p_\alpha, s, t)$ 和 $Y_2(p_\alpha, s, t)$，它们均是关于 α 的函数，又可分别记作 $f_1(\alpha)$ 和 $f_2(\alpha)$，且在 [0,1] 上前者单调递减、后者单调递增。若该问题的最优解 p^* 存在，则存在对应的 α^* 使得 $f_2(\alpha^*) = T$；但该问题是一个拥有全多项式近似方案 (fully polynomial approximation scheme, FPAS) 的 NP 完全问题，为满足求解的实时性要求，算法要以区间逼近的方法找到 α^* 的近似解从而找到相应的 p^* 近似解。流程描述如下。

(1) 令 $\alpha = 1$，求解使 $f(1)$ 达到最小值的路径 p_1，并计算 $f_2(1)$ [给定 α，求解 $f_1(\alpha)$ 或 $f_2(\alpha)$ 的方法同理]。若 $f_2(1) \leqslant T$，输出最优解 p_1，算法结束；否则计算 $f_2(0)$，若 $f_2(0) = T$，输出最优解 p^*，算法结束；若 $f_2(0) > T$，输出无解，算法结束；否则执行步骤 (2)。

(2) 设定用于逼近最优解的区间 $[\mathrm{LB}, \mathrm{UB}]$，初始化 $\mathrm{LB} = 0$，$\mathrm{UB} = 1$；设定近似解搜索终止区间长度阈值 $\varepsilon(0 < \varepsilon < 1)$。

(3) 赋值临时变量 $\mathrm{temp} = (\mathrm{LB} + \mathrm{UB}) / 2$，计算 $f_2(\mathrm{temp})$；若 $f_2(\mathrm{temp}) = T$，输出最优解 p_{temp}，算法结束；若 $f_2(\mathrm{temp}) < T$，更新值 $\mathrm{LB} = \mathrm{temp}$；若 $f_2(\mathrm{temp}) > T$，更新值 $\mathrm{UB} = \mathrm{temp}$。

(4) 计算 $|\mathrm{LB} - \mathrm{UB}|$。若 $|\mathrm{LB} - \mathrm{UB}| < \varepsilon$，输出最优解的近似解 p_{LB}，算法结束；否则执行步骤 (3)。

从算法流程步骤 (2) 起，最优解 p^* 始终在区间 $[\mathrm{LB}, \mathrm{UB}]$ 内，且 $f_2(\mathrm{LB}) \leqslant L < f_2(\mathrm{UB})$，即 p_{LB} 满足约束条件而 p_{UB} 不满足约束条件。通过区间迭代，使算法能迅速找到满足近似解搜索终止区间长度阈值 ε 时最优解的近似解 p_{LB}。

4.6 事故风险综合评价模型

事故风险综合评价主要是指基于事故发生的影响因素，构建一套综合评价机制，对事故风险进行打分评价。事故风险评价对能源行业事故灾情的日常防控与事故应急预测预警起着至关重要的作用 (胡国清，2006)。以煤矿地下作业为例，其与地面作业相比，不安全的自然因素较多，如瓦斯爆炸、煤尘爆炸、煤层自燃、水害等灾害，这些因素都会对生产系统及作业人员构成威胁，这就要求生产技术和管理部门在日常生产过程中事先做好事故风险评判，并预测发生事故的可能性，确定生产系统的危险状态，摸清和掌握事故发生规律，以便采取相应的预防措施 (Koulinas et al., 2019; 陈建民，2010)。

能源行业事故风险综合评价的研究对象是事故的系统性安全问题。要实现事故风险综合评价的目标，没有完善、合理和科学的指标体系，是不可能实现的。构建能源行业安全评价指标体系，需要根据具体的事故类型，找出相互联系、相互制约的因素，将其构成一个有机整体，其研究内容主要包括：评价指标体系建立的原则；评价指标体系的结构及评价指标确定方法；建立适用于具体事故灾情安全评价的指标体系；确定指标权重；基于评价模型进行风险综合评价。

4.6.1　风险指标体系与权重确定

在事故风险综合评价之前，首先需要对选定的评价指标体系确定权重。权重是衡量各项评价指标对目标贡献度大小的物理量。权重分析法可分为主观赋权法、客观赋权法和综合赋权法三大类，其中主观赋权法是基于专家判断来确定的，这些专家判断来源于长期的经验积累与实践。客观赋权法不需要征求专家们的意见，是完全基于指标的统计性质来考虑的，由调查所得的数据来决定（施式亮，2000；陶菊春和吴建民，2001；戴西超和张庆春，2003）。这两种方法各有优劣，于是又诞生了综合赋权法，该方法能够结合主观赋权法和客观赋权法各自的优势，既避免了主观赋权法的主观臆断缺陷，又避免了客观赋权法对数据的绝对依赖性弊端。

从权重确定方法原理的不同来划分，可大致分成 4 类：①因子分析和主成分法，此类方法利用了数据的信息浓缩原理，利用方差贡献率进行权重计算。②AHP 层次法和优序图法，此类方法利用数字的相对大小信息进行权重计算。③熵值法（熵权法），此类方法利用数据熵值信息，即信息量大小进行权重计算。④CRITIC、独立性权重和信息量权重，此类方法主要利用数据的波动性或者数据之间的相关关系情况进行权重计算。

通过对目前常见权重确定方法的综合对比分析，为了建立公平、有效的权重确定方法和风险综合评价模型，这里重点介绍基于博弈论的综合赋权思想，利用主观赋权法（层次分析法）与客观赋权法（熵值法）相结合的组合赋权法来计算权重，尽可能吸收资深专家的理论和经验，判断各指标的重要程度，同时结合客观赋权法，以规避两种方法各自的缺陷。

采用层次分析法和熵权法相结合的组合赋权法来确定各评价指标权重，其具体实施思路分为以下四个步骤。

步骤 1：基于层次分析法确定风险评价指标权重；

步骤 2：基于熵权法确定风险评价指标权重；

步骤 3：进行组合赋权一致性检验；

步骤 4：基于博弈论的组合赋权法进行权重优化，得到最终优化的组合权重。

1. 层次分析法

层次分析法是将与决策有关的元素分解成目标、准则、方案等层次，在此基础上进行定性和定量分析的决策方法。其特点是在对复杂的决策问题本质、影响因素及其内在关系等进行深入分析的基础上，利用较少的定量信息使决策的思维过程定量化，从而为多目标、多准则或无结构特性的复杂决策问题提供简便的决策方法（张晓旭，2022；江高，2005）。层次分析法一般包括构造层次模型、建立判断矩阵及计算权重向量、单层次排序及其一致性检验、层次总排序等步骤。

1）构造层次模型

建立层次结构模型，从目标层、准则层到决策层依次是：综合风险等级评价决策目标，考虑的因素（决策准则），决策时的备选方案，也即具体待评价的案例。

2）建立判断矩阵及计算权重向量

层次分析法中建立判断矩阵的方法是一致矩阵法，即不把所有因素放在一起比较，而是两两相互比较；对此采用相对尺度，以尽可能减少性质不同因素相互比较的困难，以提高准确度。目前一般采用 1～9 尺度作为确定判断定量值的依据，在这个依据上，对综合风险指标分别构造判断矩阵，依次计算权重系数。对于 n 个因素，利用两两比较法进行因素间重要程度的比较，得到比较矩阵 A，如式（4.127）所示，其中，设定对 A_i 与 A_j 两个因素进行重要性比较时，比较结果为 a_{ij}。

$$A = \begin{bmatrix} a_{11} & a_{12} & \cdots & a_{1n} \\ a_{21} & a_{22} & \cdots & a_{2n} \\ \vdots & \vdots & \ddots & \vdots \\ a_{n1} & a_{n2} & \cdots & a_{nn} \end{bmatrix} \tag{4.127}$$

式中，$a_{ii} = 1$，$a_{ij} = 1/a_{ji}$。

假设在矩阵 A 中做两两比较时，令 w_i 为第 i 个指标的重要程度，w_j 为第 j 个指标的重要程度，a_{ij} 为第 i 个指标相对于第 j 个指标的重要程度比较值，即

$$a_{ij} = \frac{w_i}{w_j} \tag{4.128}$$

根据该矩阵可以用一定的方法（通常包括和法、根法、特征根法和最小平方法等）求出权向量的值，这里基于特征根法来计算。令各组成元素对目标的特征向量为

$$W = (w_1, w_2, \cdots, w_n)^{\mathrm{T}} \tag{4.129}$$

如果有 $\sum_{i=1}^{n} w_i = 1$，且矩阵 A 满足

$$a_{ij} = \frac{a_{ik}}{a_{jk}} \qquad i, j, k = 1, 2, \cdots, n \tag{4.130}$$

则 A 成为一致性矩阵，简称一致阵。

n 阶一致性矩阵 A 具有下列性质。

（1）A 的秩为 1，A 的唯一非零特征根为 λ。

（2）A 的任一列（行）向量都是对应特征根的特征向量。

如果得到的比较判断矩阵是一致阵，则对应于特征根归一化的特征向量表示各因素对目标（或上层因素）的权重，该向量称为权向量。

在实际操作中，由于客观事物的复杂性以及人们对事物判断比较时的模糊性，很难构造出完全一致的判断矩阵。如果两两对比所得的判断矩阵不是一致阵，但在不一致的允许范围内，则对应于 A 的最大特征根 λ_{mac} 的特征向量（归一化后）作为权向量 W，满足

$$AW = \lambda_{\max} W \tag{4.131}$$

式中，W 的分量就是对应于 n 个因素的权重系数，也即同一层次元素对于上一层次某元素相对重要性的排序权值，这一过程称为层次单排序。

3）单层次排序及其一致性检验

此处需要定义一致性指标 $\mathrm{CI} = (\lambda - n)/(n-1)$，其中 $\mathrm{CI} = 0$ 表示有完全的一致性，CI 接

近 0 表示有满意的一致性，CI 越大表示不一致越严重。为了衡量 CI 的大小，引入随机一致性指标 RI，如表 4.3 所示，其中 n 为矩阵阶段。

表 4.3 随机一致性指标 RI

指标	1	2	3	4	5	6	7	8	9	10	11
RI	0	0	0.58	0.90	1.12	1.24	1.32	1.41	1.45	1.49	1.51

定义一致性比率：CR=CI/RI，一般认为一致性比率 CR<0.1 时，认为 A 的不一致程度在容许范围之内，有满意的一致性，通过一致性检验。可用其归一化特征向量作为权向量，否则要重新构造比较矩阵 A，对 A 中的元素加以调整。

4）层次总排序

通过以上的层次单排序和一致性检验过程就完成了风险评价指标的权重排序。各指标的权重为

$$w_i = a_i \times b_{ij} \times c_{jk} \tag{4.132}$$

2. 熵值法

在信息论中，熵是系统无序程度的度量，可以度量数据所提供的有效信息，信息量越大，系统无序程度和不确定性就越小，熵也就越小（唐红梅等，2023；李莎莎，2020）。反之，信息量越小，不确定性就越大，熵也越大。熵值法就是用指标熵值来确定权重。

对综合风险分析评价而言，将评价目标层或方案层，也即对象集合记为 $\{A_i\}(i=1, 2,\cdots,m)$，风险评价的某一级指标集合记为 $\{X_j\}(j=1,2,\cdots,n)$，用 x_{ij} 表示第 i 个方案第 j 个指标的原始值，熵值法的计算步骤如下。

将 x_{ij} 做正向化处理，并计算第 j 个指标第 i 个方案所占的比重 p_{ij}：

$$p_{ij} = \frac{x_{ij}}{\sum_{i=1}^{m} x_{ij}} \quad (i=1,2,\cdots,m; j=1,2,\cdots,n) \tag{4.133}$$

根据熵的定义，计算第 i 个指标的信息熵值：

$$e_j = -\frac{1}{\ln m} \sum_{i=1}^{m} p_{ij} \ln p_{ij} \tag{4.134}$$

计算第 j 个评价指标的差异系数 g_j：

$$g_j = 1 - e_j \quad (j=1,2,\cdots,n) \tag{4.135}$$

其中，$0 \leqslant g_j \leqslant 1, \sum_{j=1}^{n} g_j = 1$。对第 j 项指标而言，指标值的差异越大，对方案评价的影响也就越大，熵值就越小。

计算第 j 个评价指标的权重：

$$w_j = \frac{g_j}{\sum\limits_{j=1}^{n} g_j} \quad (j = 1, 2, \cdots, n) \tag{4.136}$$

式中，g_j 越大，则该指标对评价的重要性越大，权重系数 w_j 也就越大。同理可以计算得到整个风险评价指标体系各级指标的权重。

3. 权重的一致性检验

基于层次分析法和熵权法计算所得的权重指标可能差别很大，甚至相互冲突。因此在组合赋权之前，需要对这两种方法求得的赋权结果进行一致性检验(李汶华和郭均鹏，2005)。一般地，假设对由 k 种赋权方法确定的权重进行组合赋权，有研究表明当 $k = 2$ 时，主、客观赋权法的一致性程度适合用 Spearman 等级相关系数来刻画，记两组权重组合分别为 $W_1 = \{w_{11}, w_{12}, ..., w_{1n}\}, W_2 = \{w_{21}, w_{22}, ..., w_{2n}\}$，$n$ 为风险指标的数量，可以用距离函数来刻画两组权重的差异性

$$d(W_1, W_2) = \left[\frac{1}{2} \sum_{j=1}^{n} (w_{1j} - w_{2j})^2 \right]^{1/2} \tag{4.137}$$

当 $0 \leqslant d(W_1, W_2) \leqslant 1$ 时，$d(W_1, W_2)$ 越小，两种赋权结果越接近。

当 $k \geqslant 3$ 时，适宜采用非参数统计方法中的 Kendall 协和系数检验法来检验多种赋权结果的一致性。Kendall 协和系数检验法是一种秩相关分析法，在检验一致性之前，先把各赋权方法确定的权重向量转换为排序号向量，其步骤如下。

(1)将 k 组权重记为 $W = \{W_1, W_2, ..., W_k\}$，第 i 组权重为 $W_i = \{w_{i1}, w_{i2}, ..., w_{in}\}$，将其中的权重元素 $w_{ij}(i = 1, 2, ..., k; j = 1, 2, ..., n)$ 转化为排序值，记为

$$p_{ij}(1 \leqslant p_{ij} \leqslant n) \quad (i = 1, 2, \cdots, k; j = 1, 2, \cdots, n) \tag{4.138}$$

式中，k 为权重组的数目；n 为指标数目。

(2)给定零假设 H_0：k 种赋权方法所赋权值不具有一致性；假设 H_1：k 种赋权方法所赋权值具有一致性。给定显著性水平 α。

(3)计算 Kendall 协和系数检验统计量：

$$K = \sum_{j=1}^{n} \frac{\left[\sum\limits_{i=1}^{k} p_{ij} - \dfrac{k(n+1)}{2} \right]^2}{\dfrac{k^2 n(n^2 - 1)}{12}} \tag{4.139}$$

(4)根据显著性水平 α，查 Kendall 协和系数检验的临界表，得临界值。作出检验判断结论：当 $K \leqslant K\alpha$ 时，接受 H_0；否则拒绝之，接受 H_1。

本节采用了层次分析法和熵权法两种方法来进行组合赋权，故 $k=2$，因此采用 Spearman 等级相关系数来进行一致性检验。若两种方法所赋权重的 Spearman 相关系数在 0～1 范围内，越接近 0，则说明两种赋权方法所得权重的一致性越好，之后便可进行组合赋权。

4. 基于博弈论的组合赋权法

组合赋权的实质是通过一定的计算式，将多种方法赋权的结果综合在一起，以得到一个更为客观合理的权重值。博弈论即对策论(games theory)，是研究具有竞争性事物的理论和方法，它是运筹学领域的重要学科。博弈论分析的是多个决策主体行为相互影响时的理性行为及其决策均衡的问题。在博弈论中，可以假定每个方案都是理性决策的结果，是决策者为实现自身利益最大化或者自身损失最小化而进行的决策。这种竞争结果不是由某一方决策者掌控的，而是由所有决策者共同实现的。在决策过程中，当博弈各方协调一致去寻找最大化共同利益时，就会出现妥协，纳什均衡就是在不同的权重之间寻找一致和妥协，即寻找最小化组合权重与各个权重之间的偏差，使偏差之和达到最小，从而实现共同利益的最大化。基于博弈论的组合赋权步骤如下。

(1)对于一个基本的权重组合 $W = \{W_1, W_2, \cdots, W_k\}$，其中 k 为确定权重方法的个数，其元素 $W_i = \{w_{i1}, w_{i2}, ..., w_{in}\}, (i = 1, 2, ..., k)$，$n$ 为风险指标的数量，W_i 可以任意线性组合成一个可能的权重向量 W'，如式(4.140)所示，其中 W_i 为第 i 组权重向量，α_i 为权重系数：

$$W' = \sum_{i=1}^{k} \alpha_i W_i^{\mathrm{T}} \qquad (\alpha_i > 0) \tag{4.140}$$

(2)采用博弈论的方法可以在可能的向量集中找到最满意的权重组合 W^*。其基本思想是在不同的权重之间寻找一致或妥协。寻找最满意的权重向量可转化为对线性组合权重系数的优化，优化的目标是使 W' 与各个 W_i 的离差极小化。即

$$\min \left\| \sum_{i=1}^{k} \alpha_i W_i^{\mathrm{T}} - W_i^{\mathrm{T}} \right\|_2 \qquad (i = 1, 2, \cdots, k) \tag{4.141}$$

根据矩阵的微分性质，可知式(4.141)最优化的一阶导数条件为

$$\sum_{i=1}^{k} \alpha_i \cdot W_i \cdot W_i^{\mathrm{T}} = W_i \cdot W_i^{\mathrm{T}} \qquad (i = 1, 2, \cdots, k) \tag{4.142}$$

(3)据此可以计算得到组合权重系数 $(\alpha_1, \alpha_2, \cdots, \alpha_k)$，对其归一化处理：

$$\alpha_i^* = \frac{\alpha_i}{\sum_{i=1}^{k} \alpha_i} \tag{4.143}$$

最后得到最优的组合权重为

$$W^* = \sum_{i=1}^{k} \alpha_i^* W_i^{\mathrm{T}} \tag{4.144}$$

基于博弈论的组合赋权思想是不同评价指标体系赋权方法的集成，其集成过程不是简单的物理过程，而是相互比较、相互协调的过程，故适宜用博弈论对主观赋权法和客观赋权法进行组合。

基于以上给出的博弈论组合赋权方法计算步骤，用式(4.140)～式(4.143)计算得到权重系数，再根据式(4.144)计算最终的组合赋权结果。

4.6.2 风险综合评价模型

1. 综合评价模型

在确定安全风险评价指标体系和权重后，需要建立一个较为合理的模型，对指标体系中各指标进行综合，以便进行综合分析和评价。各类单一综合评价模型自身评价角度的不同、主观决策的不确定性及客观数据的模糊性等，都会导致被评价对象结果的不一致性。解决这一问题的有效办法是通过对多种单一评价方法的综合评价，达到优势互补的目的。

鉴于单一评价模型自身存在的缺陷及客观数据的不确定性，本书以基于循环修正排序的综合评价模型为例(夏陈红等，2019；李浩鑫等，2014；高雄等，2013；刘艳春，2007)，介绍基于多种单一评价模型的综合评价模型，以期从多角度、全方位地对灾害风险进行评价。基于此，给出了风险综合评价模型的体系流程，如图 4.11 所示。

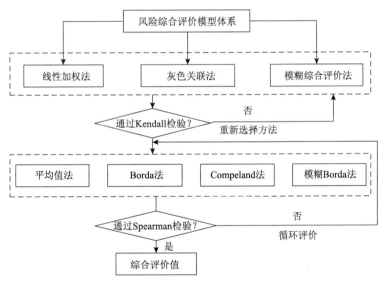

图 4.11　综合评价体系流程

步骤 1：选用多种单一评价方法对综合灾害风险进行评价，得出不同方法的评价结果和排名，这里以线性加权估计法(linear weighted evaluation method，LWE)、灰色关联度分析(grey relational analysis，GRA) 法、模糊综合评价(fuzzy comprehensive evaluation，FCE)法为例。

步骤 2：运用 Kendall 协和系数对不同的单一评价结果进行一致性检验，保证下一步的循环修正组合的可行性。

步骤 3：运用平均值法、Borda 法、Compeland 法以及模糊 Borda 法对单一评价结果进行综合评价，得到综合后的排序值。

步骤 4：运用 Spearman 等级相关系数检验不同评价方法排名结果之间的相关性程度，不断循环修正，直至所有单一排序值完全一致，即得到最终的综合评价结果。

以矿井风险评价为例，假设有 m 个矿井，n 个灾害风险分级数据指标，循环修正模型所用到的四种方法的具体计算公式如表 4.4 所示。

表 4.4　四种方法的具体计算公式

循环修正方法及介绍	定义公式	得分计算公式	说明
平均值法，将每种排序值转换成得分的一种方法	$R_{ik} = n - r_{ik} + 1$	$\overline{R}_i = \dfrac{1}{m}\sum\limits_k R_{ik}$	R_{ik} 为第 i 个矿井在第 k 种评价方法下的得分
Borda 法，一种多数优胜于少数的方法	$b_{ij} = \begin{cases} 1, & \xi_i S \xi_j \\ 0, & 其他 \end{cases}$	$B_i = \sum\limits_{j=1}^{n} b_{ij}$	第 i 个矿井风险等级优于第 j 个矿井的个数大于第 j 个矿井风险等级优于第 i 个矿井的个数，则记为 $\xi_i S \xi_j$
Compeland 法，一种划分优劣的方法	$c_{ij} = \begin{cases} 1, & \xi_i S \xi_j \\ 0, & 其他 \\ -1, & \xi_j S \xi_i \end{cases}$	$C_i = \sum\limits_{j=1}^{n} c_{ij}$	第 i 个矿井风险等级优于第 j 个矿井则记为 $\xi_i S \xi_j$，否则记为 $\xi_j S \xi_i$，相同则记为 0
模糊 Borda 法，同时考虑排序和得分差异的一种排序方法	$\mu_{ik} = \dfrac{r_{ik} - \min\{r_{ik}\}}{\min\{r_{ik}\}} \times 0.9 + 0.1$	$B_k = W_{ik} Q_{ik}$	μ_{ik} 为第 i 个矿井在第 k 种评价方法下的得分

2. 单一综合评价方法

以下介绍三类单一综合评价方法。

1）线性加权评价模型

在确定多个事故风险的风险等级量化值和风险权重后，可以采用加权法，即将各风险点的风险等级量化值与相对应的风险权重相乘，然后将得到的结果相加，得到该事故的综合风险等级量化值。

$$y = \sum_{i=1}^{n} w_i x_i \qquad (i = 1, 2, \cdots n) \tag{4.145}$$

式中，w_i 为指标 x_i 的权重。

2）灰色关联评价模型

灰色关联评价模型，是将因素之间发展趋势的相似或相异程度作为衡量因素间关联程度的一种方法，亦即"灰色关联度"。灰色关联分析方法是根据序列曲线几何形状的相似程度来判断其联系是否紧密，从而分析灰色系统主行为因子与相关行为因子的关系密切程度，即用灰色关联度表示。灰色关联分析方法对样本量的多少和样本有无规律都无要求，而且计算量小，十分方便。一般来说，曲线几何形状越相似，变化趋势也就越接近，对应关联度将越大，反之亦然。灰色关联评价系统根据所作出的评价标准或比较数列，通过计算参考数列与各评价标准或比较数列的关联度大小，判断该参考数列与比较数列的接近程度来评定该参考数列的等级。

A. 确定参考数列和比较数列

反映系统行为特征的数据序列称为参考数列。影响系统行为的因素组成的数据序列称为比较数列。

设 $X = \{X_0, X_1, \cdots, X_n\}$ 为关联因子集，其中 X_0 为参考序列，其余序列 $X_j(j = 1, 2, \cdots, n)$ 为比较序列，其中元素为 $x_{ij}(i = 1, 2, \cdots, m; j = 1, 2, \cdots, n)$。

B. 对参考数列和比较数列进行无量纲化处理

系统中各指标物理意义不同导致数据的量纲也不相同，而且数据大小的数量级相差悬殊，不便于比较，无法进行关联评价计算。因此在进行灰色关联度分析时，一般都需要进行无量纲化的数据处理。

无量纲化的方法通常采用 z-score 变换法，具体如下：

$$x'_{ij} = \frac{x_{ij} - \overline{x}_j}{S_j} \quad (i = 1, 2, \cdots, m; j = 1, 2, \cdots, n) \tag{4.146}$$

其中，

$$\begin{cases} \overline{x}_j = \dfrac{1}{m} \sum\limits_{i=1}^{m} x_{ij} \\ S_j = \sqrt{\dfrac{1}{m-1} \sum\limits_{i=1}^{m} (x_{ij} - \overline{x}_j)^2} \end{cases} \tag{4.147}$$

C. 求灰色关联系数

计算各个比较序列中各要素 x'_{ij} 与参考序列 x'_{i0} 的灰色关联系数 β_{ij}，即

$$\beta_{ij} = \frac{\min\limits_{j} \min\limits_{i} \left| x'_{i0} - x'_{ij} \right| + \rho \cdot \max\limits_{j} \max\limits_{i} \left| x'_{i0} - x'_{ij} \right|}{\left| x'_{i0} - x'_{ij} \right| + \rho \cdot \max\limits_{j} \max\limits_{i} \left| x'_{i0} - x'_{ij} \right|} \tag{4.148}$$

式中，$\min\limits_{i} \left| x'_{i0} - x'_{ij} \right|$ 为第一级最小差；$\min\limits_{j} \min\limits_{i} \left| x'_{i0} - x'_{ij} \right|$ 为第二级最小差；$\max\limits_{i} \left| x'_{i0} - x'_{ij} \right|$ 为第一级最大差；$\max\limits_{j} \max\limits_{i} \left| x'_{i0} - x'_{ij} \right|$ 为第二级最大差；ρ 为分辨系数，取值 $0 \sim 1$，一般取 0.5。

D. 计算灰色关联度

由于关联系数 β_{ij} 数目较多，信息过于分散不便于比较，因此用关联系数平均值表示关联度，如式 (4.149) 所示。关联度越大，表明比较序列对参考序列的依赖性越强。

$$\gamma_i = \frac{1}{n} \sum_{j=1}^{n} \beta_{ij} \tag{4.149}$$

E. 风险综合评估

考虑权重的影响，基于灰色关联理论的综合风险评估模型为

$$\gamma'_i = w_i \gamma_i \quad (i = 1, 2, \cdots, m) \tag{4.150}$$

式中，w_i 为第 i 个指标的权重；γ'_i 为综合关联度，即评价对象的安全程度，γ'_i 越大，说明与理想标准的要求越接近，安全程度越高。

3) 模糊综合评价模型

模糊集合理论主要用于表达事物的不确定性。模糊综合评价法是一种基于模糊数学的综合评价方法。该综合评价法根据模糊数学的隶属度理论把定性评价转化为定量评价，即用模糊数学对受到多种因素制约的事物或对象做出一个总体的评价。它具有结果清晰，

系统性强的特点，能较好地解决模糊的、难以量化的问题，适合各种非确定性问题的解决（江高，2005）。一般而言，模糊综合评价涉及因素集、决断集和模糊映射三个要素，其中决断集又称为评价集。模糊综合评价的主要步骤如下：

A. 确定评价因素集

假设待评价对象的影响因素有 n 个，则评价因素集 $U = \{u_1, u_2, \cdots, u_n\}$，集合中的元素为 n 个评价因素。

B. 建立评价集

假设可能出现的评语有 m 个，采用 $v_1, v_2, \cdots, v_m$ 分别代表 m 个评语，则评价等级集合 $V = \{v_1, v_2, \cdots, v_m\}$，其中每一个评价等级集合相当于一个模糊子集。

C. 单因素评价

如果对每一个因素 u_i 单独作一个评判，就可以看作从 U 到 V 的模糊映射 $f: U \to F(v), u_i \mapsto f(u_i) = (r_{i1}, r_{i2}, \cdots, r_{im}), i = 1, 2, \cdots, n$，其中 $f(u_i)$ 表示对 u_i 的模糊因素评语向量，$r_{i,2}$ 表示 u_i 具有评语 v_j 的程度，进而得到模糊评价矩阵 R：

$$R = \begin{bmatrix} r_{11} & r_{12} & \cdots & r_{1m} \\ r_{21} & r_{22} & \cdots & r_{2m} \\ \vdots & \vdots & \vdots & \vdots \\ r_{n1} & r_{n2} & \cdots & r_{nm} \end{bmatrix} \tag{4.151}$$

D. 确定评价因素的权重

在模糊综合评价中，各个因素对评价对象的影响程度往往不同，因此需要结合实际情况确定权重，一般记为 $A = \{a_1, a_2, \cdots, a_n\}$，其中 a_i 为第 i 个因素 u_i 所对应的权重，且 $\sum_{i=1}^{n} a_i = 1$。

E. 综合评判

当模糊评价矩阵 R 和评价因素权向量 A 均已确定后，可以通过合成运算把 $A = \{a_1, a_2, \cdots, a_n\}$ 变成评价集 $V = \{v_1, v_2, \cdots, v_m\}$ 上的模糊子集 $B = \{b_1, b_2, \cdots, b_m\}$，其中 b_j 代表着第 j 种评判 v_j 在综合评判中所占的地位，$0 \leq b_j \leq 1 (j = 1, 2, \cdots, m)$。则合成后的综合评价指标为

$$\begin{aligned} B &= A \circ R \\ &= \{\bigvee_{i=1}^{n} (a_i \wedge r_{i1}), \bigvee_{i=1}^{n} (a_i \wedge r_{i2}), \cdots, \bigvee_{i=1}^{n} (a_i \wedge r_{im})\} \end{aligned} \tag{4.152}$$

这里的合成运算与矩阵乘法运算一致，只不过把实数算子"+"改为"∨"（取大），实数"•"改为"∧"（取小）。

参 考 文 献

伯鑫, 吴忠祥, 王刚, 等. 2014. CALPUFF 模式的标准化应用技术研究[J]. 环境科学与技术, 37(S2): 530-534.

陈锋. 2012. 可压缩流体格子玻尔兹曼方法及其应用[D]. 北京: 中国矿业大学.

陈锋, 许爱国, 张广财, 等. 2018. 一个三维多松弛时间全速域格子 Boltzmann 模型[J]. 计算物理, 35(4): 379-387.

陈建国, 潘思铭, 刘奕, 等. 2007. 复杂地形下有害气体泄漏的模拟预测与输运规律[J]. 清华大学学报 (自然科学版), (3): 381-384.

陈建民. 2010. 煤矿生产过程风险源辨识与评价研究[D]. 北京: 中国矿业大学.

陈宁. 2019. 煤矿瓦斯预测预警与应急决策支持系统关键技术研究及实现[D]. 北京: 北京大学.

程健, 白静宜, 钱建生, 等. 2008. 基于混沌时间序列的煤矿瓦斯浓度短期预测[J]. 中国矿业大学学报, (2): 231-235.

崔威, 李晓英, 郭宜薇. 2022. 基于博弈论组合赋权的水电站事故风险评价[J]. 南水北调与水利科技(中英文), 20(2): 408-416.

戴西超, 张庆春. 2003. 综合评价中权重系数确定方法的比较研究[J]. 煤炭经济研究, (11): 37.

付华, 姜伟, 单欣欣. 2012. 基于耦合算法的煤矿瓦斯涌出量预测模型研究[J]. 煤炭学报, 37(4): 654-658.

高雄, 王红瑞, 高媛媛, 等. 2013. 基于迭代修正的水资源利用效率评价模型及其应用[J]. 水利学报, 44(4): 478-488.

郭照立, 郑楚光. 2008. 格子 Boltzmann 方法的原理及应用[M]. 北京: 科学出版社.

胡国清. 2006. 我国突发公共卫生事件应对能力评价体系研究[D]. 长沙: 中南大学.

黄文标, 施式亮. 2009. 基于改进 Lyapunov 指数的瓦斯涌出时间序列预测[J]. 煤炭学报, 34(12): 1665-1668.

江高. 2005. 模糊层次综合评价法及其应用[D]. 天津: 天津大学.

乐励华, 温荣生, 张文. 2009. Lattice Boltzmann 模型在 CFD 中应用[J]. 数学的实践与认识, 39(11): 79-87.

李栋. 2020. 基于多传感器的煤矿瓦斯预测与安全评价系统研究[D]. 北京: 中国矿业大学.

李浩鑫, 邵东国, 何思聪等. 2014. 基于循环修正的灌溉用水效率综合评价方法[J]. 农业工程学报, 30(5): 65-72.

李梅, 杨冬偶, 何望君. 2020. 大气扩散模型 AERMOD 与 CALPUFF 对比研究及展望[J]. 武汉大学学报 (信息科学版), 45(8): 1245-1254.

李莎莎. 2020. 基于改进层次分析法和熵权法的采矿方法优选研究[J]. 化工矿物与加工, 49(3): 1-4. DOI: 10.16283/j.cnki.hgkwyjg.2020.03.001.

李汶华, 郭均鹏. 2005. 区间判断矩阵权重求解及一致性检验的目标规划模型[J]. 天津理工大学学报, (3): 9-11.

练章华, 周兆明, 王辉, 等. 2009. 特大井喷 H_2S 扩散的数值模拟分析[J]. 天然气工业, 29(11): 112-115.

刘晖. 2020. 基于时态 GIS 的矿山通风数值计算模型研究与应用[D]. 北京: 北京大学.

刘茜. 2015. 基于 CALPUFF 的天然气运输管道应急响应系统的设计与实现[D]. 北京: 北京大学.

刘艳春. 2007. 一种循环修正的组合评价方法[J]. 数学的实践与认识, 37(4): 88-94.

齐琪. 2014. 煤矿应急管理能力评价及提升研究[D]. 西安: 西安科技大学.

乔美英, 马小平, 兰建义, 等. 2011. 基于加权 LS-SVM 时间序列短期瓦斯预测研究[J]. 采矿与安全工程学报, 28(2): 310-314.

施式亮. 2000. 矿井安全非线性动力学评价模型及应用研究[D]. 长沙: 中南大学.

司连法, 王文静. 2005. 快速 Dijkstra 最短路径优化算法的实现[J]. 测绘通报, (8): 15-18.

唐红梅, 苗梦琦, 周福川. 2023. 基于贡献率和熵值法耦合的崩塌灾害危险性评价-以川东南盆周山地灰岩地区为例[J/OL]. 重庆师范大学学报(自然科学版): 1-16.

陶菊春, 吴建民. 2001. 综合加权评分法的综合权重确定新探[J]. 系统工程理论与实践, (8): 43-48.

汪维清, 汪维华, 张明义. 2007. 基于有序双循环链表的低代价最短路径树快速算法[J]. 计算机应用, (8): 1980-1983.

邬群勇, 黄君毅, 盛玲, 等. 2015. CALPUFF 模型模拟结果的时空多维可视化表达[J]. 地球信息科学学报, 17(2): 206-214.

吴娇娇. 2015. 基于时空神经网络模型的瓦斯浓度预测研究[D]. 北京: 中国矿业大学.

夏陈红, 王威, 马东辉, 等. 2019. 城市综合灾害风险双重组合评价方法[J]. 中国安全科学学报, 29(7): 156-163.

徐劭懿. 2018. 煤矿避灾路线生成算法与疏散模型关键技术研究[D]. 北京: 北京大学.

杨珂. 2006. 带权图最短路径的基于邻接表的快速算法[J]. 计算机与信息技术, (6): 77-78.

杨克, 王壮, 贺雷, 等. 2019. 天然气管道蒸汽云爆炸事故定量计算及风险评估[J]. 工业安全与环保, 45(11): 31-35.

尹洪胜. 2010. 煤矿瓦斯时间序列分析方法与预警应用研究[D]. 徐州: 中国矿业大学.

俞慧丹, 赵凯华. 1999. 模拟可压缩流体的格子 Boltzmann 模型[J]. 物理学报, (8): 1470-1476.

袁梦霞, 乔秀臣. 2018. LBM 和 CFD 数值模拟错流列管流体力学的效率比较[J]. 过程工程学报, 18(1): 35-40.

张晓旭, 范超男, 马国良. 2022. 层次分析法在煤矿安全体系中的应用研究[J]. 能源与环保, 44(12): 307-311.

张晓英, 陈荣顺. 2013. 蒸汽云模型在大型石化罐区评价中的运用[J]. 化工管理, (22): 147.

章昭辉. 2010. 一种基于离散变权网络的动态最短路径快速算法[J]. 计算机科学, 37(4): 238-240.

赵冬, 赵鹏. 2011. 模拟可压缩流体的一维格子 Boltzmann 模型[J]. 煤炭技术, 30(1): 182-184.

赵志凯. 2012. 半监督学习及其在煤矿瓦斯安全信息处理中的应用研究[D]. 徐州: 中国矿业大学.

周玉国, 姚恩营. 2009. 基于小波分析的时间序列建模与预测[J]. 微计算机信息, (34): 29-30, 61.

Booth P, Brown H, Nemcik J, et al. 2017. Spatial context in the calculation of gas emissions for underground coal mines[J]. International Journal of Mining Science and Technology, 27(5): 787-794.

Carrillo M, Que U, González J A. 2016. Estimation of Reynolds number for flows around cylinders with lattice Boltzmann methods and artificial neural networks[J]. Physical Review E, 94(6): 63304.

Chikatamarla S S, Karlin I V. 2013. Entropic lattice Boltzmann method for turbulent flow simulations: Boundary conditions[J]. Physica A: Statistical Mechanics and Its Applications, 392(9): 1925-1930.

Dougherty H N, Karacan C O. 2011. A new methane control and prediction software suite for longwall mines[J]. Computers & Geosciences, 37(9): 1490-1500.

Dubois F, Lallemand P, Tekitek M M. 2019. Generalized bounce back boundary condition for the nine velocities two-dimensional lattice Boltzmann scheme[J]. Computers & Fluids, 193: 103534.

Kawaguchi T, Oguni K. 2016. Automatic conversion of visually consistent digital maps to conforming geometry for computational fluid dynamics[J]. Journal of Computing in Civil Engineering, 30(2): 4015003.

Koulinas G K, Marhavilas P K, Demesouka O E, et al. 2019. Risk analysis and assessment in the worksites using the fuzzy-analytical hierarchy process and a quantitative technique-A case study for the Greek construction sector[J]. Safety Science, 112: 96-104.

Kurnia J C, Sasmito A P, Mujumdar A S. 2014. CFD simulation of methane dispersion and innovative methane management in underground mining faces[J]. Applied Mathematical Modelling, 38(14): 3467-3484.

Liang Y, Zhang J, Ren T, et al. 2018. Application of ventilation simulation to spontaneous combustion control in underground coal mine: a case study from Bulianta colliery[J]. International Journal of Mining Science and Technology, 28(2): 231-242.

Liu H, Mi X, Li Y. 2018. Smart deep learning based wind speed prediction model using wavelet packet decomposition, convolutional neural network and convolutional long short term memory network[J]. Energy Conversion and Management, 166: 120-131.

Lu Q, Wei X. 2009. Simulation Model of Gas Migration and Hindering in Underground Tunnel Based on LBM[C]. IEEE Computer Society.

Mattila K, Hyväluoma J, Timonen J, et al. 2008. Comparison of implementations of the lattice-Boltzmann method[J]. Computers & Mathematics with Applications, 55(7): 1514-1524.

Nyaaba W, Frimpong S, El-Nagdy K A. 2015. Optimisation of mine ventilation networks using the Lagrangian algorithm for equality constraints[J]. International Journal of Mining, Reclamation and Environment, 29(3): 201-212.

Ohwada T, Asinari P, Yabusaki D. 2011. Artificial compressibility method and lattice Boltzmann method: Similarities and differences[J]. Computers & Mathematics with Applications, 61(12): 3461-3474.

Palazzi E, Currò F, Fabiano B. 2013. Accidental continuous releases from coal processing in semi-confined environment[J]. Energies, 6(10): 5003-5022.

Park J, Jo Y, Park G. 2018. Flow characteristics of fresh air discharged from a ventilation duct for mine ventilation[J]. Journal of Mechanical Science and Technology, 32(3): 1187-1194.

Parra M T, Villafruela J M, Castro F, et al. 2006. Numerical and experimental analysis of different ventilation systems in deep mines[J]. Building and Environment, 41(2): 87-93.

Peng S J, Xu J, Yang H W, et al. 2012. Experimental study on the influence mechanism of gas seepage on coal and gas outburst disaster[J]. Safety Science, 50(4): 816-821.

Pratama E, Ismail M S, Ridha S. 2018. Identification of coal seams suitability for carbon dioxide sequestration with enhanced coalbed methane recovery: A case study in South Sumatera Basin, Indonesia[J]. Clean Technologies and Environmental Policy, 20(3): 581-587.

Ren T, Wang Z, Cooper G. 2014. CFD modelling of ventilation and dust flow behaviour above an underground bin and the design of an innovative dust mitigation system[J]. Tunnelling and Underground Space Technology, 41: 241-254.

Sasmito A P, Kurnia J C, Birgersson E, et al. 2015. Computational evaluation of thermal management strategies in an underground mine[J]. Applied Thermal Engineering, 90: 1144-1150.

Shaikh F, Ji Q. 2016. Forecasting natural gas demand in China: Logistic modelling analysis[J]. International Journal of Electrical Power & Energy Systems, 77: 25-32.

Su J, Ouyang J, Lu J. 2018. A lattice boltzmann method and asynchronous model coupling for viscoelastic fluids[J]. Applied Sciences, 8(3): 352.

Tao S, Guo Z. 2015. Boundary condition for lattice Boltzmann modeling of microscale gas flows with curved walls in the slip regime[J]. Physical Review E, 91(4): 43305.

Tao S, Guo Z. 2017. Gas-solid drag coefficient for ordered arrays of monodisperse microspheres in slip flow regime[J]. Chemical Engineering & Technology, 40(10): 1758-1766.

Tong X, Fang W, Yuan S, et al. 2018. Application of Bayesian approach to the assessment of mine gas explosion[J]. Journal of Loss Prevention in the Process Industries, 54: 238-245.

Velivelli A C, Bryden K M. 2015. Domain decomposition based coupling between the lattice Boltzmann method and traditional CFD methods—Part II: Numerical solution to the backward facing step flow[J]. Advances in Engineering Software, 82: 65-74.

Wang X, Liu X, Sun Y, et al. 2009. Construction schedule simulation of a diversion tunnel based on the optimized ventilation time[J]. Journal of Hazardous Materials, 165（1/3）: 933-943.

Wang Z, Jiao F, Cao X, et al. 2020. Mechanisms of vapor cloud explosion and its chain reaction induced by an explosion venting flame[J]. Process Safety and Environmental Protection, 141: 18-27.

Wang Z, Ren T, Cheng Y. 2017. Numerical investigations of methane flow characteristics on a longwall face Part II: Parametric studies[J]. Journal of Natural Gas Science and Engineering, 43: 254-267.

Wu J, Yuan S, Zhang C, et al. 2018. Numerical estimation of gas release and dispersion in coal mine using Ensemble Kalman Filter[J]. Journal of Loss Prevention in the Process Industries, 56: 57-67.

Wu X, Qian J S, Huang C H, et al. 2014. Short-term coalmine gas concentration prediction based on wavelet transform and extreme learning machine[J]. Mathematical Problems in Engineering, 2014: 1-8.

Xiang W, Jian-Sheng Q, Cheng-Hua H, et al. 2014. Short-Term Coalmine Gas Concentration Prediction Based on Wavelet Transform and Extreme Learning Machine[J]. Mathematical Problems in Engineering: 1-8.

Xu G, Luxbacher K D, Ragab S, et al. 2017. Computational fluid dynamics applied to mining engineering: A review[J]. International Journal of Mining, Reclamation and Environment, 31（4）: 251-275.

Yang D, Chen G, Zhang R. 2006. Estimated public health exposure to H_2S emissions from a sour gas well blowout in Kaixian county, China[J]. Aerosol and Air Quality Research, 6（4）: 430-443.

Zhou G, Zhang Q, Bai R, et al. 2017. The diffusion behavior law of respirable dust at fully mechanized caving face in coal mine: CFD numerical simulation and engineering application[J]. Process Safety and Environmental Protection, 106: 117-128.

Zhou L P C Z. 2015. CFD modeling of methane distribution at a continuous miner face with various curtain setback distances[J]. International Journal of Mining Science and Technology, 25（4）: 635-640.

第5章 煤矿重特大事故应急逃生支持系统[*]

5.1 事故应急逃生系统需求分析

5.1.1 概论

2010 年我国出台了《国务院关于进一步加强企业安全生产工作的通知》，提出了坚持"安全第一、预防为主、综合治理"的方针以及包含"尽快建成完善的国家安全生产应急救援体系，在高危行业强制推行一批安全适用的技术装备和防护设施，最大程度减少事故造成的损失"在内的主要任务，同时强调建设并完善能源行业安全避险"六大系统"。其中的人员定位系统和紧急避险系统，是保证煤矿井下安全生产的重要组成部分，最终目标是实现井下作业安全监督和紧急避险（张雷，2019）。

目前井下人员定位系统主要用于监测正常生产情况下的人员位置，对人员超时、违禁区域闯入等情况进行报警。当事故发生时，救援人员可以根据系统所提供的监测数据和相关图形，及时掌握事故地点的人员和设备信息，也可以通过求救人员发出的呼救信号，进一步确定人员位置及数量，及时采取相应的救援措施，提高应急救援工作的效率。在正常生产情况下，井下人员定位原理主要可以分为两类，一类是基于测距方法，一类是基于指纹方法（董建平等，2014；踪华等，2018；蔡敏敏，2015）。测距方法主要是利用射频识别（radio frequency identification，RFID）、超宽带（ultra-wide band，UWB）等设备接入点采集距离和信号强度（Kang and Han, 2015），根据电磁波传播的信号路径损耗模型和阴影衰落模型建立距离和接收信号强度值的关系，然后获取待定位点到多个接入点的距离，最后利用三边或多边定位法求出待定位点的坐标。指纹法定位主要由指纹训练阶段和实时定位阶段组成（Want et al., 1992），在指纹训练阶段主要是建立采样点位置和对应的电磁波信号强度关系的指纹数据库；在实时定位阶段，根据待定位点实时测得的信号强度，采用欧几里得距离或其他距离测量值与指纹库中的信息做比较，利用匹配算法，计算出待定位点的位置。

煤矿事故应急处置与救援难度大，在事故发生后，如何在最短时间内快速、有效地帮助被困人员逃离险境，最大限度地减少人员伤亡，已经成为亟待解决的重大课题。经过大量事故的调查分析，遇险人员多采取无效的逃生方式，这是导致直接伤亡的主要原因。造成错误逃生的原因主要有：①井下环境复杂：煤矿开采深度增大，巷道结构日趋复杂，使得井下一旦发生事故，工作人员安全撤离困难。②紧急情况下，难以获得外界帮助：煤矿正常开采过程中，井下作业人员能够知道所处位置；紧急情况发生时，出于安全需求，矿井往往局部断电甚至全部断电，通信基站无法工作，照明停止。此时遇险

---

[*] 请扫描封底二维码观看本章视频。

人员往往只能根据经验和预定逃生路线开展逃生自救。此外，当灾害发生后，恐惧也会使人很难保持镇静和清醒，逃生过程中无法准确判断自身所处位置(孙延鑫，2021)。

总之，在矿井事故发生后，应急逃生受到突发事件不可预测、逃生条件差、允许逃生时间短、人员行为不一和救援困难等因素的影响，若煤矿管理部门事先有所准备，能够使遇险人员获得外界帮助，在提示下按既定疏散方案有目的地快速撤离，就能获取最大的生存机会。

井下应急智能逃生引导系统至少应包括如下四个方面的功能。

(1)系统需要在已有逃生路径基础上为遇险人员提供导航信息。考虑到煤矿灾后逃生的时效性，需要在提供文字和图像说明的同时，提供实时语音信息，方便遇险者逃生。

(2)系统需要为遇险人员提供实时位置的显示。在通信畅通情况下，系统通过在线井下人员定位系统查询当前人员所处位置。在通信中断情况下，系统通过智能移动设备自带传感器，在无外界信息情况下对人员位置进行推算。

(3)系统需要提供正常的矿井地图浏览功能。在紧急情况下，遇险人员需要基于全矿井地图辅助引导逃生和语音提示。考虑到通信中断的可能，地图浏览需支持离线显示。巷道结构等地物要素应简洁易懂。

(4)系统需要提供监测监控数据的查询功能。风流风向和瓦斯监测数据等对于人员逃生方式和求救方式的选择有很大影响，因而在通信正常情况下，需要提供对上述监测监控信息的查询功能。

此外，根据软件工程要求，井下应急智能逃生引导系统还应具有如下性能：①可靠性：系统应保证引导过程中运行稳定，不因意外事故而崩溃，对于遇险人员的引导正确可靠；②时效性：系统应对于人员位置的变动及时响应，提升逃生效率；③可拓展性：系统应具有功能拓展和可移植性；④易用性：系统应操作简单，界面友好(孙延鑫，2021)。

5.1.2　系统整体架构设计

当前，国内外煤矿井下逃生引导装置多以固定的物理指示牌、逃生绳索为主，多数煤矿已经装有 LED 方向指示牌或语音扩播系统，但上述装置无法为遇险人员提供实时定制化的逃生引导。

根据煤矿实际需求，井下应急逃生引导装置应包括井下人员定位、井下导航电子地图、井下避灾路径生成、井下逃生路径引导等功能模块，其逻辑框架和技术路线分别如图 5.1 和图 5.2 所示。

井下应急逃生智能引导系统分为物理设备层、数据访问层、业务逻辑层和应用层四部分，如图 5.3 所示。

(1)物理设备层。主要包括井下工业环网的各类传感器以及矿用本安型手机。其中，矿用本安型手机负责收集人员的运动状态数据。甲烷、风速风量传感器负责采集井下环境监测监控数据，定位传感器采集人员定位数据。

(2)数据访问层。主要包括数据库和数据访问接口。数据库存储了巷道地图数据、人员运动状态数据、人员位置数据和实时的监测监控数据。

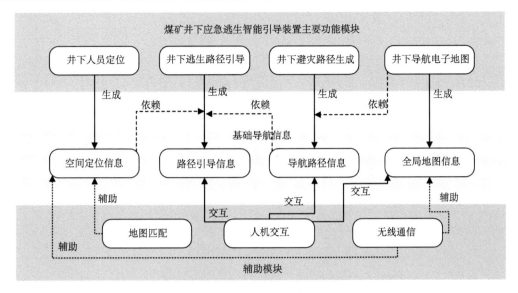

图 5.1　应急逃生智能引导装置信息和功能模块逻辑图

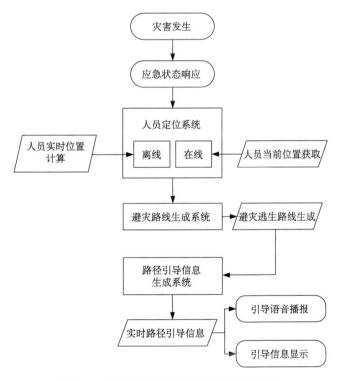

图 5.2　应急逃生智能引导装置技术路线图

(3)业务逻辑层。分为数据管理模块和服务模块。在通信正常状态下，服务模块提供地图渲染、位置估算、逃生路径生成、语音生成四大功能。地图可视化模块将对存储在移动端的离线地图瓦片进行渲染和地图显示。在通信中断状态下，系统进入应急模式，根据位置估算模块，对遇险人员的航向和航距进行推算，辅助路径引导；逃生路径生成模

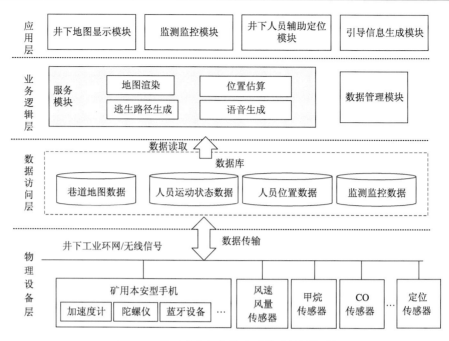

图 5.3　井下应急智能逃生引导系统框架图

块根据通信状态、灾害情况和当前位置，计算遇险人员的航向及速度，生成逃生路线和实时引导信息，显示在地图上；语音生成模块负责将引导信息中的文字转换为语音，矿用本安型手机可为系统语音引导提供硬件支持。

（4）应用层。主要与用户对接，分为四大模块：井下地图显示模块为用户提供基础地图显示；监测监控模块提供实时监测监控信息查询；井下人员辅助定位模块对逃生路径进行图形化显示，并将前进方向和时间信息等突出显示；引导信息生成模块根据遇险人员步行特征和当前位置播放相关引导信息。

5.1.3　系统应用功能模块

根据系统应用层的功能分析，井下应急智能逃生引导系统分为四大子系统，如图 5.4所示，分为井下地图显示子系统、监测监控数据查询子系统、井下人员辅助定位子系统和引导信息生成子系统。

（1）井下地图显示子系统。受到灾后通信条件的影响，该子系统不仅需要提供在线实时的矿井地图显示与浏览功能，还需要在通信中断的情况下，提供离线矿井地图显示功能，方便遇险人员浏览。此外，还需要将人员位置准确显示在地图上。

（2）监测监控数据查询子系统。井下通信状态良好时，通过无线网络连接服务器，该子系统能够对服务器端存储的井下工业环网所收集的传感器数据进行查询，如风流风向、瓦斯以及人员位置等。

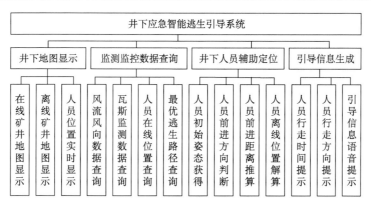

图 5.4　系统应用功能模块设计框图

(3)井下人员辅助定位子系统。在通信中断情况下，为保证逃生引导系统正常运行，需要对井下人员进行可视化辅助定位。该子系统需要在定位初始时刻，对人员初始位置和姿态进行判断，然后推算人员前进距离和方向，为引导信息生成子系统提供人员前进速度、时间、方向变化和人员位置信息。

(4)引导信息生成子系统。该子系统是整个装置的关键模块，需要根据井下人员辅助定位子系统提供的信息进行路径引导，如给出步行者行走时间提示、方向提示、语音提示，以指导遇险人员逃生。

5.2　应急智能引导关键技术

5.2.1　基于矿井火灾的避灾路线生成

1. 数据预处理与巷道网络建模

以某 A 煤矿为例来构建基于矿井火灾的避灾逃生路线。A 煤矿目前有 6 个井口，其中 4 个进风井，分别是主斜井、副立井、中央进风立井、北翼进风立井，2 个回风井，分别是中央回风立井、北翼回风立井。对于火灾而言，主斜井与副立井可以作为人员逃生出口，另有一处设于永久避难硐室。该避难硐室位于副立井不远处，额定防护人数 100 人，额定防护时间 96 小时，可以作为应急逃生的目的地。而中央回风立井、北翼回风立井只能作为水灾逃生出口，不能作为火灾的逃生出口。该矿目前沿南北方向布置矿井开拓大巷，共分为四个盘区：南翼包括中央盘区与南一盘区，北翼包括北一盘区与北二盘区(徐劭懿等，2018)。

首先，读取 A 煤矿的巷道数据，经数据预处理，得到巷道结点与中间点共 1507 个。图 5.5 给出简化后的矿井南翼示意图，也是实验的主要研究区域。

人员在巷道中可供移动的空间宽度称为"巷道实际宽度"，其计算方法如式(5.1)所示(Cho and Park, 2006)：

$$巷道实际宽度 = 设计掘进宽度 - 喷射厚度 \times 2 \qquad (5.1)$$

例如，通过巷道设计图可知，南一盘区辅助运输巷设计掘进宽度为 4.84m，巷道实际宽度为 4.6m。由于巷道实际宽度对人员疏散模拟有影响，因而这里列出主要巷道的实际宽度数据，如表 5.1 所示。

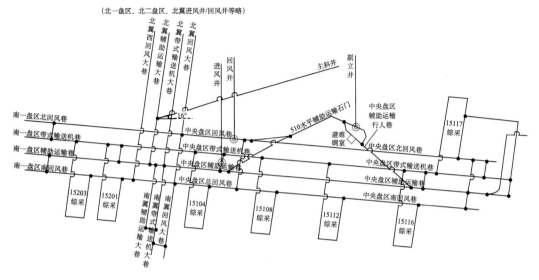

图 5.5　A 煤矿南翼立体示意图

表 5.1　主要巷道实际宽度数据

巷道名称	巷道实际宽度/mm	巷道名称	巷道实际宽度/mm
主斜井	4800	盘区辅助运输巷	4600
辅助运输大巷	4600	盘区带式输送机巷	4600
南翼带式输送机大巷	4600	工作面运输巷	4600
总回风巷、回风大巷	5000	工作面进风行人巷	3500
盘区回风巷	5000	工作面瓦斯高抽巷	3500
工作面回风巷	4400	内错瓦斯尾巷	3500

由于巷道顶至地面的高度普遍在 2m 以上，因而可认为巷道高度不会对井下人员的行走产生影响。

2. 矿井火灾数值模拟

当矿井发生火灾时，理想状况下，一经探明火灾源情况，可立即结合井下各种环境参数迅速对火灾产生的高温烟气时空分布特征进行模拟预测。

在火灾数值模拟领域未能解决全矿井三维空间实时模拟的理论瓶颈前提下，为解决矿井火灾应急响应的滞后性问题，通过有限巷道空间的局部模拟，给出小范围内火灾产物的时空分布，使之能够有效地服务于灾变状况下避灾路线的求解，从而达到对井下人员逃生的科学指导。

本实验采用 Fluent 软件进行矿井火灾的数值模拟(Wu et al., 2018)。Fluent 是目前国际上主流的商用 CFD 软件包，具有物理模型丰富、适用范围广泛、模拟精度高的优点。

　　本次实验模拟火灾发生地点为南一盘区带式输送机巷，模拟胶带运输机的燃烧。由于火灾数值模拟软件运行时间较长，而目前矿井火灾模拟相关研究亦均针对单条巷道或极简单的巷道区域，故本次模拟火灾区域选择了一个"T"形的较简单区域，该区域的巷道中心线结点如图 5.6 所示。其中，横向巷道为南一盘区带式输送机巷，其中将 8 号结点设置为着火点；纵向巷道为 15201 工作面进风巷；输入 Fluent 的巷道坐标参数采用相对坐标，模拟区域范围如图 5.7 所示。

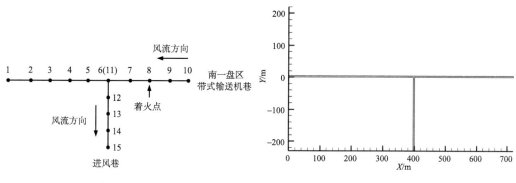

图 5.6　火灾模拟区域示意图　　　　　图 5.7　模拟区域坐标范围

　　其中，横向的南一盘区带式输送机巷长度为 718.824m，与之相连的工作面进风巷长度为 230.366m，所截取区域均为两条巷道的一部分。巷道断面统一设定为 4.4m×4.4m 矩形形态。

　　对于网格划分，在一定范围内，网格的精细程度对模拟细节有较大影响，而对温度传播的整体效果影响不大。网格越精细，计算量越大，计算消耗时间越多。为节省计算时间、提高模拟效率，采用 0.4m×0.4m 正方形进行网格划分，然后将划分结果输出文件(mesh 文件)导入到 Fluent 中。为满足模拟的时效性需求，将三维模型简化成二维模型，从而显著降低了模拟计算量。模拟区域的网格剖分效果如图 5.8 所示。

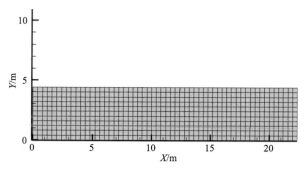

图 5.8　网格剖分示意图

　　火灾数值模拟的其他参数设定如表 5.2 所示。

　　Fluent 输出的巷道内火灾温度以开尔文(K)为单位，CO 浓度以质量分数为单位。火灾发生后 50s 内巷道温度与 CO 浓度分布如图 5.9 与图 5.10 所示。可以看到两者的异常值分布趋于一致，即二者均可作为烟流蔓延范围的表征。随时间推移，温度与 CO 浓度异常值分布仍趋于一致，只通过温度分布来展示火灾的蔓延范围。

表 5.2　Fluent 火灾数值模拟参数设定

参数项	参数设置及说明
求解器	瞬态求解器，为了适应火灾场景下流场中参数随时间与空间快速变化
燃烧物与流场初始化	燃烧材料为聚氯乙烯橡胶，火源热释放速率 112.46kW/m²；氧气消耗速率 0.05kg/(m³·s)；二氧化碳生成速率 0.069 kg/(m³·s)；一氧化碳生成速率 0.044 kg/(m³·s)
边界条件	巷道壁面设为绝热壁面，热流密度为零，温度为 300K，相对粗糙度设为 0.05mm，巷道开口一段设为压力出口 (pressure out)
数学模型	开启能量守恒模型，将湍流模型设为标准 k-ε 模型；开启组分运输模型并选择 mixture-monoxide-air 混合反应气体类型；开启热辐射模型
数值方法	采用有限容积法进行控制方程组的线性化求解；在处理涉及压力场与速度场耦合问题时采用 SIMPLEC 算法；调节各参数的亚松弛因子，以加快运算收敛速度
迭代计算	迭代计算的时间步长采用递增方式，以减少到达模拟所需的步数，从而减少计算时间；时间步长为 1 秒，迭代 600 步，每步最大迭代次数为 20

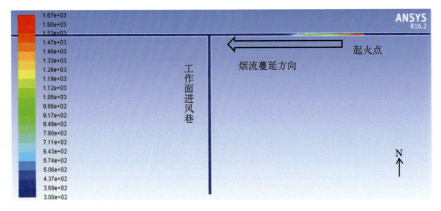

图 5.9　火灾发生 50s 后巷道内温度分布

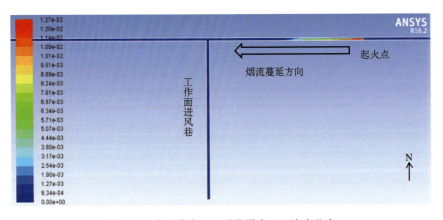

图 5.10　火灾发生 50s 后巷道内 CO 浓度分布

图 5.11～图 5.13 分别展示了火灾发生 110s、150s、300s 后巷道内温度的分布特征。从图中可以看到，火灾发生后 110s 内，火灾烟流已经开始由带式输送机巷进入工作面进风巷，并随时间推移而继续蔓延。火灾源东侧始终几乎未出现烟流蔓延，这说明巷道内的上风方向基本没有烟流滚退现象。

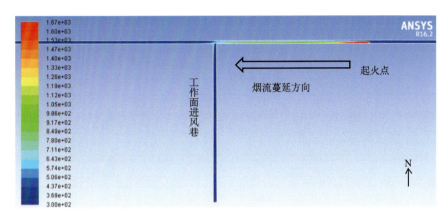

图 5.11 火灾发生 110s 后巷道内温度分布

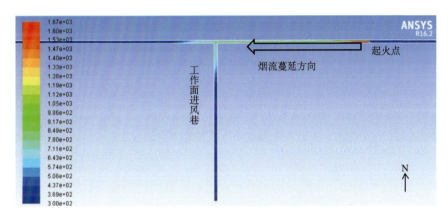

图 5.12 火灾发生 150s 后巷道内温度分布

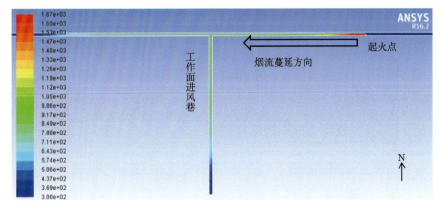

图 5.13 火灾发生 300s 后巷道内温度分布

接下来重点关注火灾蔓延情况下，工作面进风巷内的温度与 CO 浓度的时空分布情况。以火灾发生 400s 后的时间点为例进行结果展示，该时间点上工作面进风巷内温度与 CO 浓度的空间分布分别如图 5.14 与图 5.15 所示。其中横坐标表示的是工作面进风巷内的相对位置：坐标值越大，表示距离交岔点越近，反之则越远。

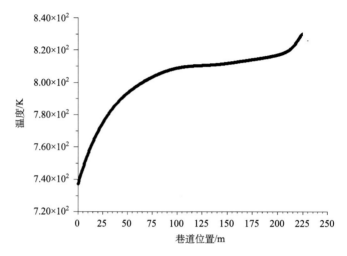

图 5.14　火灾发生 400s 后进风巷内温度分布

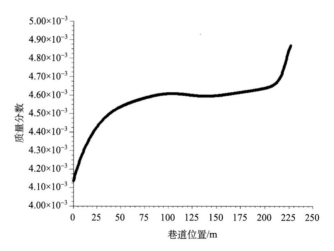

图 5.15　火灾发生 400s 后进风巷内 CO 浓度分布

3. 巷道网络模型当量长度计算

一般地，作为对矿井巷道网络边权重的初始化可以采用巷道的实际长度。然而，不同巷道具有不同的固有和动态属性，这使得井下人员在逃生时面临的困难程度有所差异。对于已经建立的矿井巷道网络而言，应当通过对各巷道进行权重更新来量化这种影响。也有研究通过定义"巷道困难度"这一指标来衡量巷道通行的难易性。

为此，这里采用当量长度来表征这一属性。当量长度是指，人员在逃生时，相对于一般平坦路面，巷道的空间加权长度。当量长度越大，巷道通行的困难度越大。

不考虑灾变环境带来的约束条件时，避灾路线模型则只考虑巷道当量长度，其最短路径计算的目标函数如式(5.2)所示。

$$L(p^*, s, t) = \min \sum_{e_{ij} \in p} w_{ij} \tag{5.2}$$

式中，L 为最短路径的总当量长度；p^* 为最短路径；s 为逃生起点；t 为逃生目的地；w_{ij} 为边 e_{ij} 的当量长度；p 为网络路径。

每段巷道固有属性均可转换为当量长度的一项乘数，将这些乘数相乘，即可得到每段巷道的当量长度，如式(5.3)所示：

$$w_{ij} = l_{ij} \times \prod_k f_k^{ij} \tag{5.3}$$

式中，w_{ij} 为边 e_{ij} 的当量长度；l_{ij} 为边 e_{ij} 的实际长度；f_k^{ij} 为边 e_{ij} 的第 k 项巷道固有属性贡献的乘数值。

在煤矿井下巷道网络中，不同的巷道因其功能、所处环境条件不同，在断面大小、支护方式、巷道起伏等方面均存在很大差异。开拓巷道如运输机巷、辅助运输巷承担全矿井各盘区不同工作面的运输和通风功能，断面积较大、道路平整，人员行进阻力小。而回采巷道如工作面进回巷和回风巷，断面积相对就会小很多，维护难度较大，人员行进阻力大；同时，巷道中的各类设备也会对人员的行进造成不同的阻力，如回采工作面回风巷中铺设的轨道，往往会令人员行走不顺畅。

这里主要考察巷道类型、巷道障碍物、巷道起伏三种属性对当量长度的影响。对于巷道类型 f_1、巷道障碍物 f_2 两项属性，参考已有研究(司连法和王文静，2005)并结合井下实地考察给出乘数系数，如表 5.3 和表 5.4 所示。

表 5.3　巷道类型乘数 f_1

巷道类型	乘数因子
副立井(有提升设备)	0.3
主斜井/输送机巷/辅助运输巷	1.0
(盘区)进风巷/回风巷/配风巷/下料巷	1.1
联巷(考虑风门影响)	1.2
(工作面)进风巷/预抽巷/下料巷/探巷/切巷	1.3
(工作面)回风巷	1.4
回风井/高抽巷/内错瓦斯巷/不可通行巷道	$+\infty$

表 5.4　巷道障碍物乘数 f_2

障碍物类型	乘数因子
轨道/胶带运输机	1.1
矸石	1.2

对于巷道起伏因子，考虑到人在不同坡度的巷道里行走时会产生不同的体能消耗，可以考虑将三维空间距离转换为等体能消耗平面距离来作为乘数计算的依据。为此，这

里采用 Minetti 经实验得到的行走代谢能量消耗(metabolic energy cost of walking) 与坡度之间的关系加以表示，如式(5.4)所示：

$$C_{wi} = 280.5i^5 - 58.7i^4 - 76.8i^3 + 51.9i^2 + 19.6i + 2.5, \quad i \in [-0.45, 0.45] \tag{5.4}$$

式中，C_{wi} 即行走时的代谢能消耗，$J/(kg \cdot m)$；i 为坡度，即坡角的正切值，无量纲。该式的坡度适用范围为$[-0.45, 0.45]$，折合坡角区间$[-24.23°, 24.23°]$，可基本满足煤矿巷道避灾求解的需求，超出此范围则设置为不可通行。

由此，可根据每段巷道的坡度计算出对应的代谢能消耗，并按其实际长度折算为对应坡度为 0(即平地)时同样能耗下的等效长度，将两者之比作为巷道起伏乘数因子 f_3，如式(5.5)所示：

$$f_3 = \frac{C_{w_i}}{C_{w_o}} \tag{5.5}$$

表 5.5 为计算得到的坡度与巷道起伏乘数因子之间的关系。由表 5.5 可以看出，当坡度为正值时(即人员上坡时)，坡度越大，乘数因子越大，即人员行进越困难；而当坡度为负值时(即人员下坡时)，坡度绝对值较低时人员行进更快捷，而当坡度绝对值进一步增大时，人员行进反而变困难。

表 5.5　坡度与巷道起伏乘数因子的关系

坡度	相应坡角/(°)	乘数因子 f_3	坡度	相应坡角/(°)	乘数因子 f_3
0.05	2.86	1.44	−0.05	−2.86	0.66
0.10	5.71	1.96	−0.10	−5.71	0.45
0.15	8.53	2.54	−0.15	−8.53	0.37
0.20	11.31	5.15	−0.20	−11.31	0.43
0.25	14.04	3.80	−0.25	−14.04	0.62
0.30	16.70	4.47	−0.30	−16.70	0.88
0.35	19.29	5.21	−0.35	−19.29	1.17
0.40	21.80	6.04	−0.40	−21.80	1.40
0.45	24.23	7.04	−0.45	−24.23	1.44

图 5.16 展示了不同巷道的坡度特征，主斜井平均坡度大约 16°，人员在其中行进较为困难，巷道起伏乘数因子约为 3.98；作为对比，展示了坡度约为 0 的中央盘区回风巷部分巷道段，其巷道起伏乘数因子约为 1；几乎呈直立状态的进风井与回风井不可供人员通行。

下文对最短避灾路径计算相关的算法进行阐述和展示。

验证巷道当量长度设置的合理性和准确性。暂不考虑火灾动态变化因素，以矿井南一盘区辅助运输巷西侧作为逃生起点，分别将主斜井、永久避难硐室、副立井作为避灾目的地，并各自依当量长度最短原则对避灾路线进行求解，计算结果如表 5.6 所示。第一条路线是最优避灾路线，实验结果完全符合现场情况。

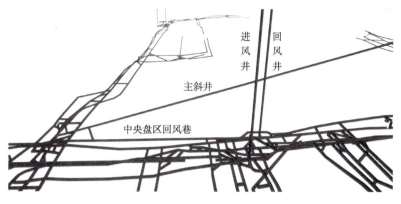

图 5.16　不同巷道的坡度示意图

表 5.6　依当量长度最短原则计算到各个逃生目的地的避灾路线

路线	实际长度/m	当量长度/m
南一盘区辅助运输巷→中央盘区辅助运输巷→510 辅助运输石门→副立井	3653.83	3371.83
南一盘区辅助运输巷→中央盘区辅助运输巷→510 辅助运输石门→中央盘区辅助运输行人巷→永久避难硐室	3330.91	3415.46
南一盘区辅助运输巷→中央盘区辅助运输巷→北翼辅助运输大巷→主斜井	3154.48	6687.20

　　通过表 5.6 的结果可以发现，按当量长度由短至长对逃生的优先顺序进行排序，与按实际长度由短至长的优先顺序不同。主要是因为当量长度的计算考虑了：①副立井罐笼提升设备的影响；②主斜井段 1.4 km 长、16°的大坡度对体能消耗的影响。计算结果与实际情况一致：在供电系统正常的前提下，副立井优先于主斜井作为逃生目的地(便捷且安全)。

　　运用龙软科技研发的三维虚拟矿井平台 LongRuan 3D 对计算得到的避灾路线进行展示，如图 5.17 所示。这里选取了两条线路：其中黄色线路为南一盘区辅助运输巷到主斜井的避灾路线，白色线路为南一盘区辅助运输巷到副立井的避灾路线。

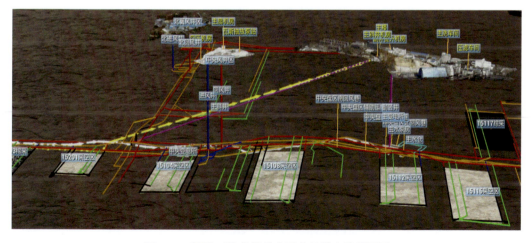

图 5.17　基于三维虚拟矿井平台的避灾路线展示

5.2.2　基于 PDR 的井下应急人员定位算法

1. PDR 算法概述

步行者航迹推算算法(pedestrian dead reckoning, PDR)是一种不依赖于外界信息，不易受环境干扰的惯性导航技术。该技术源自航空航天领域对航行目标的位置估算，发展之初所使用的加速度传感器、磁力计和陀螺仪等设备造价高体积大。后续微电子技术的发展降低了传感器成本，缩小了其体积，使智能移动电子设备能够搭载多种惯性传感器，满足日常生活中导航、娱乐等诸多需求(吴坚和王秀，2017; 苏颖等，2019)。

PDR 算法通过计步器或加速度计分别对步行者的步数和步长进行估计，同时借助陀螺仪和磁力计对其进行航向估计，通过航向和航距数据推算出步行者相对位置。由于传感器精度和运动过程中的扰动使得每步都存在一定的误差，随着时间累积，误差增大无法达到定位要求，因此很多学者围绕其精度提升展开研究。Elwell 等在 PDR 算法提出之初对步行者迈步特征进行分析，将常用于水下航行的零速修正算法(zero velocity updating，ZUPT)用来减少噪声的干扰。Foxlin 在 2005 年通过设计置于足部的单兵惯导系统，验证了 ZUPT 能有效滤除传感器噪声。2009 年，他又设计了 NavShoe，相对误差在实验室环境下控制在 1% 以内。同时，其他学者也对微型惯性测量单元(miniature inertial measurement unit，MIMU)的 PDR 导航方法进行研究。目前主流的步行者自主导航算法通常将 MIMU 安装在足部，采用 PDR、扩展卡尔曼滤波和 ZUPT 算法结合起来进行定位(Kang and Han, 2015)。

基于 PDR 的智能移动设备人员定位技术流程图如图 5.18 所示。

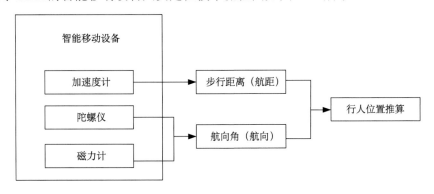

图 5.18　基于 PDR 的智能移动设备人员定位技术流程图

基于步行者行走状态的生理特征，用 PDR 算法利用智能移动设备的加速度传感器、陀螺仪和磁力强度传感器分别探测步行者迈步长度、方向，推算步长和前进方向。PDR 算法的思路是在知晓初始位置后，通过步长和前进方向推算其当前相对位置(Kwakkel et al., 2008)。如图 5.19 中，已知起点坐标为步行者初始位置 (x_0, y_0)，步行者初始方位角为 α_0，t_1 时间内步行者方向不变，t_1 时间内的位移为 S_1，到达新位置的坐标为 (x_1, y_1)；(x_1, y_1) 的方位角为 α_1，t_2 时间内步行者方向不变，t_2 时间内的位移为 S_2，到达新位置的

坐标 (x_2, y_2)。经过时间 t_n 后的坐标 (x_n, y_n) 可以通过公式（5.6）计算得到。

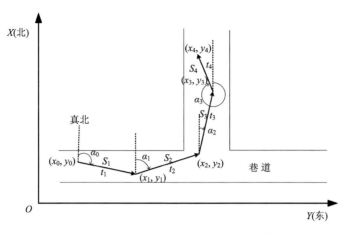

图 5.19　坐标推导示意图

$$\begin{cases} x_n = x_{n-1} + S_n \cos\alpha_n \\ y_n = y_{n-1} + S_n \sin\alpha_n \end{cases} \tag{5.6}$$

2. 基于 RNN 的步行距离预测算法

PDR 算法虽然可以推算人员位置，但智能移动设备所搭载的传感器精度无法得到保障。为了提高预测精度，探索使用神经网络来进行步长推算，该方法与常数模型、线性模型、经验模型等相比，能够有效减少累计误差。

由于步行者行走是一个连续过程，其加速度变化与前后步行距离的相关性较强，因此，这里介绍基于循环神经网络(recurrent neural network，RNN)的步行者航位推算（RNN-based pedestrian dead reckoning，RBPDR）算法。循环神经网络是指一类随着时间的推移，重复发生的网络结构。其在自然语言处理(NLP)、图像音频等多个领域均有非常广泛的应用。RNN 网络和其他网络最大的不同就在于 RNN 能够实现某种"记忆功能"，能够较好地实现时间序列分析和预测，这里主要介绍步距预测的流程。

采用 RNN 模型进行训练和学习是对各层间的权值矩阵依据损失函数不断更新，以使模型达到预期效果。在此之前需要确定输入特征、激活函数、损失函数等。

1)输入特征的确定

采用激光测距仪以固定频率获得步行者行进时的位移和时间。由于步行者在行进过程中并非匀速，无法通过位移获得每一步的步长，只能基于固定时间内的步长加速度开展分析。

综合步行者行进特征和步长推算模型，对影响步行者行走距离的特征进行分析，发现其具有如下四个典型特征。Y 轴加速度的平均值(avgy)代表了步行者在行走时能量的平均水平。Y 轴加速度的方差(stdevy)反映了步行者在行走过程中能量和加速度的差异程度。测距仪时间间隔长度(Dt)是步行者的加速度和能量变化在时间维上的反映。在测距仪对应时间内的平均步频(avgf)反映了能量变化的周期。

通过获取步行者测距的各项加速度变化指标，得到迈步周期的周期长度，求得平均周期、平均步频，作为该时段内的行进特征。在对原始数据进行步频提取后，分别求得上述四项特征数据。如图 5.20 所示为将四项特征值和真实距离所对应的 5516 个数据随时间的变化特征。

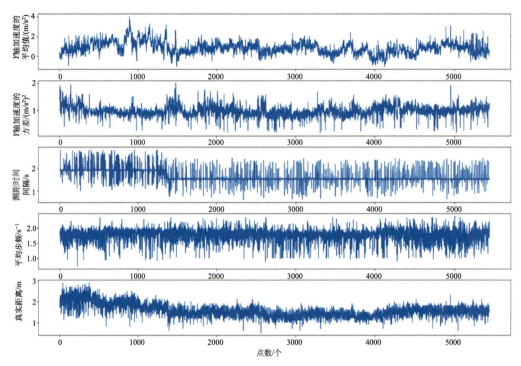

图 5.20　输入特征数据展示

2）激活函数

隐藏层神经元的激活函数需要在模型训练前确定，且在训练过程中不会改变，因而激活函数的选择尤为重要。激活函数的选择有两个要求：①非线性，用以保证构建的多层神经网络能够拟合高维度非线性函数。②可导性，以保证能够通过梯度下降等算法进行模型优化。RNN 常用的激活函数包括 Sigmoid、双曲正切 Tanh 函数等。

Sigmoid 函数较为简单，如式（5.10）所示，单调且连续可导，$f(x) \in (0,1)$。Sigmoid 函数因其梯度饱和容易造成梯度消失，而且输出均大于 0，非零对称的输出会导致偏移现象，因此在构建深层网络时一般不适用。

$$f(x) = \frac{1}{1+\mathrm{e}^{-x}} \tag{5.10}$$

Tanh 函数如式（5.11）所示，单调且连续可导，$f(x) \in (-1,1)$，在 RNN 中应用广泛。

$$f(x) = \frac{1-\mathrm{e}^{-2x}}{1+\mathrm{e}^{-2x}} \tag{5.11}$$

激活函数如图 5.21 所示，可以发现激活函数在图中红色竖线（-1,1）区间以外的斜率变化很小，意味着激活函数的导数在（-1,1）区间外取值会相当小。随着时间的推移，梯度会在时间维度上呈指数级衰减，这会导致当前时刻的反馈信号对相对靠前的时刻影响较小，残差衰减得太小又会导致参数的导数太小，从而使得梯度下降法中前几层的参数只有微乎其微的变化。这使得 RNN 网络结构虽与序列信息密切相连，理论上可以处理任意长度的序列，但实际应用中，RNN 很难处理长度超过 10 个步长的序列。

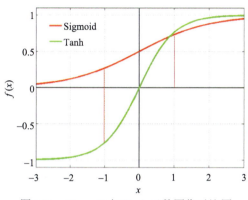

图 5.21　Sigmoid 与 Tanh 函数图像对比图

　　针对上述存在的问题，梯度非饱和函数 Rectified Linear Unit(ReLU)被提出，该函数能够在一定程度上避免梯度消失现象的出现。ReLU 函数其实是分段线性函数，把所有的负值都变为 0，而正值不变，这种操作被称为单侧抑制。据式(5.12)，ReLU 函数将小于 0 的部分输出为 0，将大于 0 的部分原值输出。该特性能够为网络模型隐含层引入稀疏表达特性，有助于提高网络模型的性能。此外，ReLU 求导计算量小，能够加快模型收敛速度，因此，ReLU 可作为隐藏层激活函数。

$$f(x) = \max(0, x) \tag{5.12}$$

　　3)损失函数

　　损失函数是用于衡量模型预测值和给定真值间差异的函数，也称代价函数。损失函数在模型中的作用是表达预测值与真值的拟合程度，以便确定采用何种策略对各层权重值更新，即模型训练是为了调整参数使模型拟合真值，而判断模型对真值的拟合程度就是通过损失函数实现。模型训练的过程就是使得损失函数不断降低。常用的损失函数为均方差(mean square error，MSE)损失函数和平均绝对误差(mean absolute error，MAE)损失函数。

　　均方差损失函数 MSE 为预测值与真值间距离平方和。以求步行距离为例，设 $h(x, \theta)$ 为所需模型，x 为输入，θ 为参数变量，则可以通过式(5.13)来表达 MSE，其中 $L(\theta)$ 为损失函数，$h_\theta(x^i)$ 为预测值，h^i 为该预测值所对应真值。该函数的思想是使各个训练点到最优拟合线的距离最小。

$$L(\theta) = \frac{1}{m} \sum_{i=1}^{m} (h^i - h_\theta(x^i))^2 \tag{5.13}$$

　　平方绝对误差损失函数 MAE 是单个预测值与真值算术平均值的偏差的绝对值的平均。仍然以步行距离为例，可以通过式(5.14)来表达 MAE，该函数不考虑误差的方向，可以避免误差相互抵消的问题，从而准确反映实际预测误差的大小。

$$L(\theta) = \frac{1}{m} \sum_{i=1}^{m} \left| h^i - h_\theta(x^i) \right| \tag{5.14}$$

MSE 对误差取平方，使得大于 1 的误差值增大。若对于某离群点预测值，其与真值间误差很大时，将会使损失函数值极大，此时模型训练对于参数 θ 的调整会使该点损失函数降低，将很大概率损失其他正常点的精度，使模型整体预测效果降低。而 MAE 则会避免该问题。对于步行者行进距离的预测，目的在于使得总累积误差较小。考虑到训练数据中可能存在的离群点，以 MAE 作为损失函数。

3. 模型预测效果

在确定步长预测模型的输入特征、激活函数和损失函数后，将预处理后的数据集随机排序，前 4500 个数据作为训练集，后 1016 个数据作为测试集，将数据归一化后输入已确定好结构的网络中进行训练。经过反复试错试验后，确定最终较为符合步行者步行规律的 RNN 模型。

图 5.22 所示为训练过程中损失函数随着训练次数的增加逐渐下降的过程，蓝色线条为训练集损失函数，橙色线条为测试集损失函数。从图中可以发现，在模型训练初期，损失函数下降较快，在 100 次训练之后趋于平缓，并在 4000 次训练之后逐渐逼近 0.09。

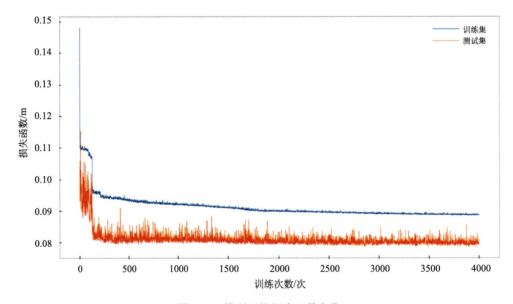

图 5.22　模型训练损失函数变化

对量化指标 MSE 及均方根误差(RMSE)进行计算，进一步衡量模型性能与真值的拟合度，其中 $RMSE = \sqrt{MSE}$。MSE 和 RMSE 都是越接近 0，模型拟合效果越好。在本实验中 MSE 和 RMSE 分别为 0.067 和 0.259。

考虑到 MSE 和 RMSE 对真值取值范围的依赖性过强，因而将测试集中所有预测值与真值的误差之和与真值均值的比作为评价标准。在测试集中步行者前进距离为

1490.21m，总误差为–23.04m，相对误差为 1.55%。一般来说，步行者航距预测相对误差在百米范围内要求小于 2%。实验验证了上述步长预测模型有较高的精确性、实时性与可靠性，能够满足实际应用的需求。

4. 步行者航向角算法

在 PDR 算法的解算过程中，另一个重要过程就是推算步行者前进方向。一般来说，通过惯性测量单元携带的陀螺仪测量角速度信息，便可解算出前进状态中的航向角。但在当前研究领域中，智能移动设备中的 IMU 惯性解算单元造价成本低，精度不高，其携带的传感器即使在静止状态下也具有一定的噪声，同时若在移动端对 IMU 测量信息做实时解算还受到移动端自身算力的制约，因此还需挑选合适的航向角解算方法。采用移动智能设备进行实时航向推算时，通常利用设备中的加速度传感器、陀螺仪和磁力计共同来推断航向角。一般需要先解算出横滚角、俯仰角，最后再解算出航向角。

与地面步行者定向有所不同，煤矿灾后人员定向难度更大。地磁场强度除与纬度呈现强相关性外，还会因局部电子设备信号、铁质品等干扰产生波动。在煤矿巷道内部或多或少存在铁质器件，因而通过地磁场强度和重力加速度方向来获得步行者的航向角会产生较大误差。此外，地面人员行走方向具有较大随意性，井下灾后人员逃生时，受装备和环境限制，需手扶巷道壁行走，在巷道交叉口处转向，因而航向的确定可以借助巷道方向进行相应简化。

为方便人员查看地图状态，假定人员逃生时手持智能移动防爆设备。将井下人员定位系统获得的最后位置作为遇险人员位置推算起点，根据巷道方向，辅以磁力计和重力加速度获得步行者朝向，利用陀螺仪在重力方向的航向角变化监控步行者航向变化。

1) 初始姿态角的确定

假设传感器坐标系以智能移动设备为原点，如图 5.23 (a) 所示。导航坐标系如图 5.23 (b) 所示，以步行者所在位置为原点，与水平面垂直向上为 z 轴，真北方向为 y 轴，天文东为 x 轴。为了获得步行者航向角，需要确定传感器坐标初始姿态角。

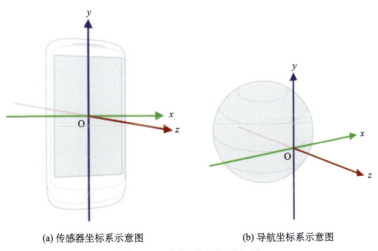

(a) 传感器坐标系示意图　　　　　　(b) 导航坐标系示意图

图 5.23　坐标系定义示意图

假设井下人员将智能移动设备屏幕置于水平面方向，保持传感器方向的 y 轴与前进方向平行。即在传感器坐标系中，z 方向已知，x 与 y 相垂直。因而姿态角确定的关键是步行者的朝向。将井下人员定位系统获得的最后位置作为遇险人员起始位置，如图 5.24 所示。

由于巷道空间限制，在 y 轴方向仅有 a 或 b 两种可能性的情况下，这里采用加速度计和磁力计计算方向角来辅助判别步行者的初始朝向。由于仅作为方向辨别，对其精度要求不高。本方法流程如图 5.25 所示，先通过加速度推算得到俯仰角与横滚角，综合各轴磁力强度推算出航向角。

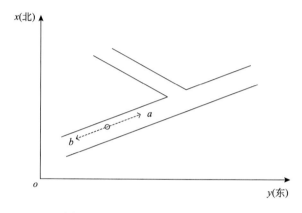

图 5.24　遇险人员初始位置示意图

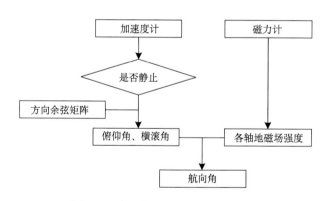

图 5.25　初始航向角确定方法流程图

为了得到初始朝向，需要判断传感器是否处于静止状态，可以通过传感器能量来判断。当加速度计所测数据 $a^b = [a_{x,t}^b, a_{y,t}^b, a_{z,t}^b]^T$ 满足式(5.15)时，表示传感器处于静止状态，其中 g 为当地重力加速度。

$$a_{x,b}^2 + a_{y,b}^2 + a_{z,b}^2 = g^2 \tag{5.15}$$

本实验在煤矿井下进行测试，对静止时的磁力计和加速度传感器进行数据收集。如表 5.7 所示，取北京地区磁偏角为 5°50′，在 10 次不同位置均向西的实验中，根据上述方法所得初始航向角均正确。

表 5.7　航向角确定实验结果

编号	计算所得朝向（与正北夹角）	判断朝向（东/西）	实际朝向
1	64.5467	西	西
2	63.7737	西	西
3	72.02283	西	西
4	10.60862	西	西
5	24.2676	西	西
6	48.0575	西	西
7	62.6538	西	西
8	19.079866	西	西
9	17.491624	西	西
10	12.436176	西	西

2）姿态角的推算

在获得初始姿态角后，可通过陀螺仪获得航向变化。考虑到智能移动设备的续航能力和遇险人员的行走姿态，将步行者在重力方向的角速度简化为各个时刻传感器坐标系下 Z 轴方向的角速度，直接对其积分。计算如式(5.16)所示。

$$h_t^g = \int_{t_{\mathrm{begin}}}^{t_{\mathrm{stop}}} \omega_{z,t}^b \mathrm{d}t \qquad (5.16)$$

其中，ω 为传感器各轴角速度，该变量随时间变化，$\omega_{z,t}^b$ 表示传感器坐标系 b 方向第 t 时刻经误差滤除后的 z 轴角速度。h_t^g 为步行者航向角。

步行者航向角反映了步行者轨迹方向的变化，是重力方向上步行者的旋转角，将传感器角速度转换至重力方向，得到重力方向的角速度 $\omega_{z,t}^n$，对该角速度按时间积分可以得到步行者航向角。$\omega_{z,t}^n$ 可以通过公式(5.17)得到：

$$\omega_{z,t}^n = \frac{\omega_t^T \cdot g_t}{|g_t|} \qquad (5.17)$$

重力分量 g_t 可以由重力传感器获得。对重力方向角速度 $\omega_{z,t}^n$ 积分，即可获得步行者在采样周期内的航向角变化 h_t^g。

本实验模拟井下逃生时的人员沿固定路径行走姿态。实验过程大约持续 9min 30s，初始方向为南，除第 5min、第 6min 向西偏南 50°外均保持方向朝向正南或正西，在转弯过程中记录转弯时间，目的是计算航向角，从而识别转弯和转向角度。对角速度直接积分得到航向角变化。计算结果如图 5.26 所示，第 300s、360s 附近方向角变化为 40°～50°，其他方向角的变化为 80°～100°，符合井下精度要求，转向角度误差在 10°以内。

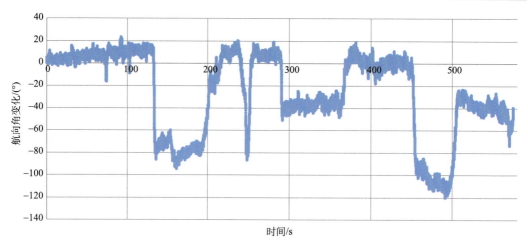

图 5.26　航向角计算结果折线图

5.2.3　基于电子地标的步行者导航

1. 基于地标的空间位置描述

步行者导航离不开空间位置信息。位置的描述是为了更好地回答"在哪里"这个问题。借助地标对空间位置进行描述是目前较为公认的位置描述方法，不仅符合用户一贯寻路的思维，也方便计算机对位置进行描述。地标，顾名思义是一种具有标识性的地理对象，必须是固定而独特，且不会产生二义性的对象或区域（Chen et al., 2015）。在地面上，地标通常要求具有可见性，由此还发展出一系列地标选取和可视关系构建理论。但在井下，由于视野亮度受限，地标通常不可见，只能将巷道名称或巷道交叉口编号作为地标（苏颖等，2019）。

在确定地标后，可以通过坐标系、方向模型和方位词描述"位置"与地标的方位关系。针对不同的方向模型需要选取适用的坐标系。坐标系分为绝对坐标系和相对坐标系，其中，绝对坐标系采用地理坐标，适用于所有环境，相对坐标系是以地标等参照物为原点建立的坐标系。常用的方向模型是八方模糊不均匀划分模型（吴坚和王秀，2017），如表 5.8 所示。在该模型下，对于绝对坐标，当方向落在某弧度范围内时，则使用对应的方位词来描述该方向。例如，夹角 $3\pi/7$ 在绝对坐标系下的方位词为"东"。对于相对坐标，首先需判定地标朝向。当方位角与地标朝向的夹角处于方位角弧度范围内时，则用该词描述此方位。例如，与地标朝向的夹角为 $3\pi/5$ 时，相对坐标系下的方位词为"右"。

在巷道中，以相对坐标系作为参考系。假设有如图 5.27 所示地标 A、B、C、D，将 C 看作沿箭头向前的步行者，A、B、D 三个位置的空间位置关系可以描述为"C 右侧的 A""C 后侧的 B""C 前方的 D"。

表 5.8　八方向模糊区间在不同参考框架下的方位词选取

项目	$\left[-\dfrac{\pi}{6},\dfrac{\pi}{6}\right]$	$\left[\dfrac{\pi}{6},\dfrac{\pi}{3}\right]$	$\left[\dfrac{\pi}{3},\dfrac{2\pi}{3}\right]$	$\left[\dfrac{2\pi}{3},\dfrac{5\pi}{6}\right]$	$\left[\dfrac{5\pi}{6},\dfrac{7\pi}{6}\right]$	$\left[\dfrac{7\pi}{6},\dfrac{4\pi}{3}\right]$	$\left[\dfrac{4\pi}{3},\dfrac{5\pi}{3}\right]$	$\left[\dfrac{5\pi}{3},\dfrac{11\pi}{6}\right]$
绝对坐标	北	东北	东	东南	南	西南	西	西北
相对坐标	前	右前	右	右后	后	左后	左	左前
夹角/(°)	$\dfrac{\pi}{3}$	$\dfrac{\pi}{6}$	$\dfrac{\pi}{3}$	$\dfrac{\pi}{6}$	$\dfrac{\pi}{3}$	$\dfrac{\pi}{6}$	$\dfrac{\pi}{3}$	$\dfrac{\pi}{6}$

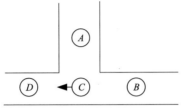

图 5.27　空间位置举例示意图

2. 井下电子地标

在应急情况下，煤矿巷道内视野亮度受限，遇险人员心理压力大，传统地标识别难度增大(张雷，2019)。本实验拟在巷道中、巷道交叉口等处设立带有蓄电池和防爆箱的电子地标，图 5.28 给出了电子地标的工作原理。

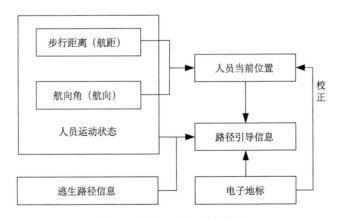

图 5.28　电子地标工作原理

如图 5.29 所示，电子地标 D 位于"运输大巷 001"和"运输上山 002"交叉口处，电子地标 A、B、C 分别位于距离巷道交叉口附近若干米，如 50m，当智能防爆设备靠近电子地标时，电子地标向终端设备发送位置信息，达到"地标"对位置的标识作用。同时，对算法推算位置进行校对，提示遇险者注意转向，避免错过交叉口。另外，如果巷道长度较长，可以在巷道内部每间隔 20 m 设置多组电子地标，用于辅助导航。

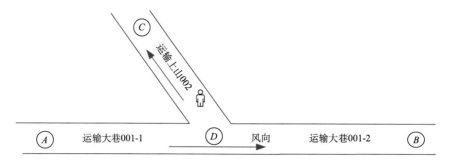

图 5.29　井下电子地标交叉口示意图

3. 井下步行者导航

对于煤矿井下而言，人员只能在巷道内部活动，因而路径引导算法较地表更简单。类似地，井下步行者导航也分为全局路径导航和局部路径导航。对于全局路径导航，井下选取巷道编号作为关键地标进行全局信息描述。对于局部路径导航，人员无法偏离轨道，且地标间隔太远，视域范围不可见，使得在井下为步行者提供实时局部路径导航时无法提供视觉地标指引，只能沿用车载导航中"到-转向-距离"方式。其中"转向"和"距离"皆可通过步行者航向、航速、航距来确定，而"到"则通过电子地标来确定。

对于井下的局部路径导航信息，可以分为以下两种。

(1) 巷道内部导航信息。在巷道内部，遇险人员由于视野限制，在逃生时，通常手扶岩壁直线前行。导航信息仅需根据遇险人员前进速度提醒前进时间。在遇险人员进入巷道或巷道内部电子地标处时，用语音提醒遇险人员前进时间。此外，在陀螺仪监控到遇险人员意图转向时，系统也会及时做出提醒。

(2) 巷道交叉口处导航信息。巷道交叉口处导航信息分为三种(以图 5.29 为例)。

(A) 提醒遇险人员巷道交叉口。灾后井下视野范围小，可见范围在 0.5 米左右，因而需要在巷道交叉口处进行语音提醒。箭头方向为风流方向，遇险人员沿"运输上山002"逆风行走，行走方向为 CD，当其经过 C 时，智能移动设备将提醒遇险人员注意巷道交叉口，根据逃生路径，提示遇险人员在经过巷道交叉口后的前进方向。例如，根据逆风方向，避灾路线为 C—D—A，则遇险人员将在 C 处接到如下提示："预计在1 分钟内到达巷道交叉口，请在巷道交叉口处进入右后方运输大巷 001-1"。

(B) 提醒遇险人员转向。遇险人员将在巷道交叉口 D 处接到提示："到达交叉口，请向右后方转向进入运输大巷 001-1"。

(C) 提醒遇险人员当前位置。根据遇险人员航向变化进行推算，在其进入运输大巷001-1 后，经过地标 A 时将得到如下提示："您已进入运输大巷 001-1，请沿当前巷道前行"。

5.3　系统实现与应用

根据前文系统功能设计，该系统主要包含井下地图显示子系统、监控监测数据查询子系统、井下人员辅助定位及引导信息生成子系统功能(孙延鑫, 2020)。

(1)井下地图显示子系统：如图 5.30 所示，系统支持 Longruan GIS、AutoCAD 等多种格式井下巷道图的交互浏览、查询；系统支持对采掘工程平面图、井上下对照图、运输系统图、排水系统图等不同图层及其属性信息进行显示和隐藏，另外支持放大、缩小、查询等操作。

(a) 矿井地图显示　　　　　　　　　(b) 矿井专题图层选择

图 5.30　矿井地图及图层显示

(2)监控监测数据查询子系统：如图 5.31(a)所示，系统将井下的监测监控信息分为人员定位、工业视频、安全监测、水文监测和应力监测等模块，点击不同模块，系统将会在底部弹框界面显示对应点位信息标签，点击标签，即可查询该点位的详细信息。另外系统也支持通过在 App 界面顶部的搜索框中输入相关信息对监测监控等信息进行查询展示。

(3)井下人员辅助定位：系统启动后，系统将自动根据井下人员定位算法获取人员所在位置信息，并在通信系统良好的情况下自动上传至煤矿私有云中。系统能够通过点击交互界面左下角的位置图标获取当前所在位置坐标，并在交互界面的地图中显示当前所在位置。如图 5.31(b)所示，系统在移动终端的巷道图上展示井下定位分站位置，点击可查看相关人员信息及从下井到当前时间在井下的活动轨迹。

(a) 瓦斯监测查询　　　　　　　　　　　(b) 人员定位分站查询

图 5.31　监控监测数据查询

　　(4)人员应急引导逃生：在紧急情况下，启动人员应急引导逃生功能，进入如图 5.32 所示的界面中，当选择起始点后，系统将通过在移动终端展示的巷道图为基础规划避灾逃生路线。系统共提供三种选择起始点的方式：①在输入框中输入信息，查询并选择地点；②在交互界面的地图上点击选择地点；③在选择栏中选择人员所在位置附近的主要避难点。导航开始后，系统将以模拟人员显示在交互界面中的井下地图中提醒人员所在位置，并在导航过程中为逃生人员进行语音导航引导。系统在应急状态下，仅通过 RBPDR 算法对人员进行逃生引导。因此系统能够根据靠近矿井内布设的电子地标对系统定位算法进行误差修正，以最大限度地减弱定位误差对导航过程的影响。

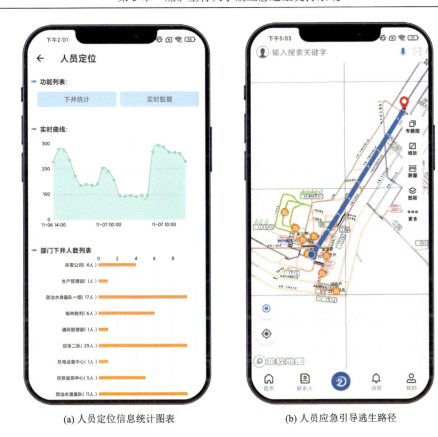

(a) 人员定位信息统计图表　　　　　(b) 人员应急引导逃生路径

图 5.32　人员定位信息(a)以及人员应急引导逃生功能(b)示意图

参 考 文 献

蔡敏敏. 2015. 基于行人航位推算的室内定位技术综述[J]. 微型机与应用, 34(13): 9-11, 16.

董建平, 杨诚, 陆小丽. 2014. 基于 WiFi 的井下指纹模定位算法[J]. 工矿自动化, 40(10): 87-89.

司连法, 王文静. 2005. 快速 Dijkstra 最短路径优化算法的实现[J]. 测绘通报, (8): 15-18.

苏颖. 2019. 煤矿井下应急智能逃生引导装置关键技术研究[D]. 北京: 北京大学.

苏颖, 李梅, 智宁, 等. 2019. 煤矿一张图数据均衡非均匀矢量瓦片构建研究[J]. 煤炭科学技术, 47(10): 147-154.

孙延鑫. 2021.基于多源信息融合的煤矿井下定位导航系统关键技术研究[D]. 北京: 北京大学.

孙延鑫, 毛善君, 苏颖, 等. 2021. 改进的井下人员定位 PDR 算法研究[J]. 工矿自动化, 47(1): 43-48.

吴坚, 王秀. 2017. iBeacon 技术下 PDR 增强的室内定位方法设计[J]. 福州大学学报(自然科学版), 45(5): 646-651.

徐劭懿. 2018. 煤矿避灾路线生成算法与疏散模型关键技术研究[D]. 北京: 北京大学.

徐劭懿, 李梅, 毛善君, 等. 2018. 带约束条件的煤矿火灾避灾路线算法研究[J]. 煤炭科学技术, 46(5): 173-178.

张雷. 2019. 基于 CSI 的煤矿井下定位方法研究[D]. 徐州: 中国矿业大学.

踪华, 刘嬿, 杨业. 2018. 地磁导航技术研究现状综述[J]. 航天控制, 36(3): 93-98.

Chen G, Meng X, Wang Y, et al. 2015. Integrated WiFi/PDR/Smartphone using an unscented kalman filter algorithm for 3D indoor localization[J]. Sensors, 15(9): 24595-24614.

Cho S Y, Park C G. 2006. MEMS based pedestrian navigation system[J]. Journal of Navigation, 59(1): 135-153.

Elwell J. 1999.Inertial navigation for the urban warrior[J]. Proceedings of SPIE-The International Society for Optical Engineering,3709:196-204

Foxlin E. 2005.Pedestrian tracking with shoe-mounted inertial sensors[J]. IEEE Computer Graphics & Applications, 25(6):38-46.

Kang W, Han Y. 2015. SmartPDR: Smartphone-based pedestrian dead reckoning for indoor localization[J]. IEEE Sensors Journal, 15(5): 2906-2916.

Kwakkel S P, Lachapelle G, Cannon M E. 2008. GNSS aided in situ human lower limb kinematics during running[C]. Savannah: Proceedings of ION GNSS 2008.

Wang D, Liu Y, Luo H, et al. 2017. Day-ahead $PM_{2.5}$ concentration forecasting using WT-VMD based decomposition method and back propagation neural network improved by differential evolution[J]. International Journal of Environmental Research and Public Health, 14(7): 764.

Want R, Hopper A, Falcão V, et al. 1992. The active badge location system[J]. ACM Transactions on Information Systems, 10(1): 91-102.

Wu J, Yuan S, Zhang C, et al. 2018. Numerical estimation of gas release and dispersion in coal mine using Ensemble Kalman Filter[J]. Journal of Loss Prevention in the Process Industries, 56: 57-67.

第6章 矿山救援基地应急救援指挥平台[*]

6.1 矿山应急救援指挥平台建设需求分析

6.1.1 概论

我国矿山事故应急救援工作在"安全第一、预防为主、综合治理"的安全生产十二字方针指导下，贯彻统一指挥、分级负责、区域为主、矿山企业自救和社会救援相结合的原则，实行"统一指挥、功能齐全、反应灵敏、协调有序、运转高效"的应急管理机制，形成了以政府为主导的国家(区域)、地方和矿山企业应急救援格局，国家矿山应急救援体系框架初步形成(谷牧, 2014; 侯立, 2017)。其中，矿山应急救援体系建设包括矿山应急救援管理系统、矿山应急救援队伍系统、矿山救援技术支持系统、矿山应急救援装备保障系统、矿山应急救援通信信息系统五部分内容，以下展开详细介绍(邓军等, 2013; 杨玉婷, 2019)。

1)矿山应急救援管理系统

矿山应急救援工作在国家和各级地方政府的领导下，由矿山企业应急救援管理部门或应急指挥机构负责日常工作。矿山企业应急救援管理部门负责建立企业内部应急救援组织、制定应急救援计划、检查应急救援设施、储备和管理应急救援物资、组织应急救援训练。

2)矿山应急救援队伍系统

矿山应急救援队伍由国家(区域)矿山应急救援队、矿山应急救援骨干队伍和基层矿山救护队组成。为提高应对特大矿山事故的综合处置能力，我国建立了7支国家矿山应急救援队和14支区域矿山应急救援队，还成立了相应的23个国家级应急救援基地。

依托主要煤矿企业，建设矿山应急救援骨干队伍，是我国矿山应急救援的主要力量。

其业务上接受省级矿山救援指挥中心的领导，负责本省和相邻省区重特大事故的应急救援。

各采矿市、县和矿山企业建立的矿山救护队是矿山应急救援的基本力量，在事故发生后第一时间赶赴事故现场并实施救援。

3)矿山救援技术支持系统

矿山救援技术支持系统主要包括矿山救援技术专家组、矿山救护专业委员会、国家矿山救援技术研究中心、国家矿山救援技术培训中心，也即"一组、一会、两中心"的模式，主要负责矿山应急救援法规、技术标准的制定，提供应急专家支持，研究重大灾害防治抢救技术，组织矿山救护比武，负责矿山安全知识和救援技术的培训等。

---

[*] 请扫描封底二维码观看本章视频。

4)矿山应急救援装备保障系统

为保障矿山救援抢险工作的安全、及时、有效，中央政府、地方政府需购置先进装备，并为国家级、二级区域矿山救援基地进行配备。各矿山企业要保证对救援队伍资金的投入，同时，救援队负责各类装备的使用、管理和维护。

5)矿山应急救援通信信息系统

确保国家应急救援管理体系各机构之间的通信畅通，逐步建立救灾移动通信和远程视频系统。

党和国家高度重视矿山安全生产和应急救援工作，先后采取了一系列重大举措加强应急救援体系建设。

近年来，各个国家矿山救援基地基础设施和救援装备建设都取得了突飞猛进的发展，相继建设的应急救援指挥中心、训练场地等逐步投入使用，应急救援现场指挥车、大型救援设备的配备使得基地救援能力有了显著提高。但是，大多数救援基地应急救援指挥管理信息化建设还相对滞后，重视设施设备投入，轻视管理信息体系建设。大多救援基地没有实现救援资源管理信息化，没有很好地将应急资源信息与GIS结合起来展现和调度；没有充分利用物联网、大数据等最新的信息技术为救援决策提供更科学的支撑(董自祥，2015；刘涛等，2011)。

总体来说，各救援基地信息化建设现状与国家级矿山救援基地有关要求还有较大差距。因此，将矿山应急救援业务与信息化技术深度融合，统一标准规范，突出实用性和易用性，加快构建国际先进、国内一流的应急救援信息化平台具有显著的现实意义。

6.1.2 总体架构设计

矿山救援基地应急救援指挥平台建设是一项复杂的信息化系统工程。基于龙软科技产品和系统(Long Ruan GIS)，本章构建了矿山应急救援指挥平台并给出了总体架构，如图6.1所示，主要包括应急平台基础设施设备、业务数据层、服务层、应用层、展示层五个层级，以及一套标准规范体系、一套安全及运维体系，即"五层两体系"。

(1)应急平台基础设施设备。包括承载应急救援平台软件系统运行的基础设施设备、大屏幕展示系统、现场应急救援指挥车等。

系统平台部署在应用和数据服务器上。其中，使用两台作为应急平台应用服务器，两台作为数据中心服务器，两台作为视频服务器，两台作为数据交换服务器，同时利用磁盘阵列存储视频流及各类历史数据。系统采用B/S(浏览器/服务器)模式，包括矿山救援基地、各救护中小队、地方安全监管部门、煤矿企业集团公司及下属矿井在内的所有客户端均通过企业专线或互联网VPN组建的网络直接访问服务终端。

(2)业务数据层。由应急救援平台统一的数据中心构成，包括矿井安全生产基础信息库、应急值守信息库、应急资源与资产信息库、应急预案与事故案例信息库、数据交换与共享信息库等。数据来源于救援基地日常业务处理、矿山企业定期报送、矿山井下传感器实时监测、摄像头拍摄的视频等。

(3)服务层。包括业务、数据、技术三大类服务，为平台提供服务封装与编排、数据分析、地理信息服务、智能决策分析、系统权限管理、运行维护记录等支撑。

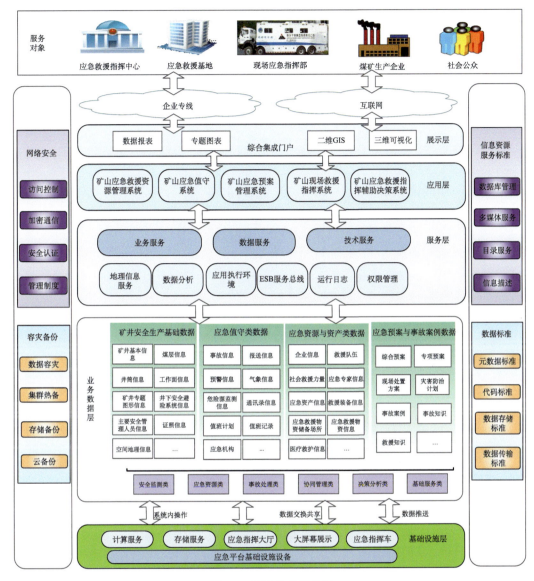

图 6.1　系统总体架构图

（4）应用层。包括矿山应急救援资源管理系统、矿山应急值守系统、矿山应急预案管理系统、矿山现场救援指挥系统、矿山应急救援指挥辅助决策系统等应用，并通过统一的集成门户展示。

（5）展示层。将数据通过数据报表、专题图表、二维 GIS、三维可视化图形等各种方式进行展现。其中，矿井基本参数、应急资源数据采用数据报表形式展示；地理分布图、各类矿图采用二维 GIS 方式展现；基于 3DWebGIS 和虚拟现实技术实现 3D 动态展示效果。

（6）标准规范体系。主要包括信息资源服务标准和数据标准规范体系。根据应急救援平台建设的总体目标和工作任务，规划和编制标准规范体系，指导和推动项目建设，包括数据相关标准规范体系、平台建设技术标准规范体系和应急救援业务规范体系。

（7）安全及运维体系。主要包括网络安全及容灾备份体系。充分利用救援基地已建网络安全及容灾备份系统，实现应急救援平台的访问安全和数据安全。

系统开发采用 SOA 架构模式，主要包括四层结构，分别为表现层、业务逻辑层、服务层和数据存储层，如图 6.2 所示。

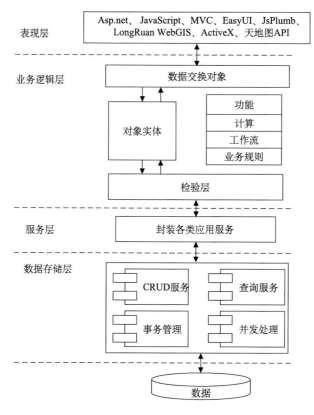

图 6.2　系统开发架构图

（1）表现层：通过可视化的用户界面表示信息和收集数据，是用户使用应用系统的接口。表现层基于 GIS 和 Web 页面开发，采用 Asp.net、JavaScript、MVC、EasyUI、JsPlumb、LongRuan WebGIS、ActiveX、天地图 API 等。

（2）业务逻辑层：该层与表现层和服务层交互，涵盖了系统需要的全部计算过程和功能上的计算方法，采用类库来实现。

（3）服务层：服务层的主要功能是对每个业务目标进行组织，其作用是与业务逻辑层和数据存储层交互，采用 Web Service 实现。

（4）数据存储层：其主要作用是提供访问数据库的数据功能。主要任务包括提供查询服务、事务管理、并发处理和 CRUD 服务。

6.1.3　业务功能

矿山救援基地应急救援指挥平台应用系统包括矿山应急救援资源管理系统、矿山应急值守系统、矿山现场救援指挥系统、矿山应急预案管理系统、矿山应急救援指挥辅助决策系统五个子系统，功能模块设计如图 6.3 所示。

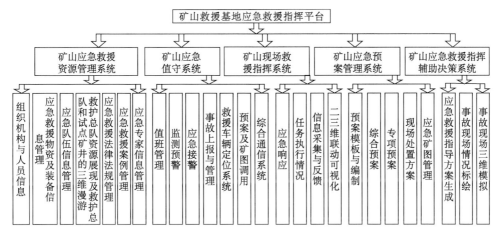

图 6.3　系统模块设计架构图

以下对各个子系统功能和数据库设计进行介绍。

1. 矿山应急救援资源管理系统

该系统主要实现对应急救护队伍及矿山企业应急相关资源的管理。包括应急队伍信息管理、应急救援物资及装备信息管理(实现资源信息与预案关联、资源使用和信息反馈等)、救护总队资源展现及救护总队和试点矿井的三维漫游、应急救援法律法规管理、应急救援案例管理、应急专家信息管理。

2. 矿山应急值守系统

主要实现应急调度人员在日常值守过程中对应急资源信息的监控，了解矿井各种监控信息，实现危险源预警以及在发生事故或者预案演练时能够做出快速响应。主要包括：

1)应急调度值班

值班是应急调度人员日常工作的一部分，在平时，主要实现排班计划、日志记录等功能；在发生事故时，能够一键启动应急接警及事故信息上报模块，快速调用系统资源，为应急指挥资源调度提供全方位的辅助决策支持。

2)矿井事故监测预警

通过集成矿井地测、掘进、采煤、生产调度、安全监测、人员定位、视频监控、已发布的综合自动化等信息，使救援基地人员实时了解矿井的安全生产动态，熟悉井巷工程、生产状态、安全监测信息，查找安全隐患，开展预防检查工作，防止和减少煤矿事故的发生。

3) 矿井地测、生产、安全环境与实时状态可视化

基于矿区地形图直观展现各生产矿井的地理位置及矿井安全等级状态，以便值守人员了解当前最需要关注的矿井。在需要了解某个矿井的安全生产详细情况时，可切换到该生产矿井的安全生产综合信息展现界面，实现对该矿井的安全、生产、地质等多方面信息的查询。

在矿井三维采掘工程图上，由总体到细节、分层次实时展现生产与安全综合动态工况。

4) 应急救援演练和演示

应急救援指挥平台通过融合救援基地资源信息和矿井的实际地测、生产状态及安全监测信息，构成模拟真实场景的应急救援演练系统。能够反映现场地测、安全生产状态等信息的三维数字场景；能够根据演练需要，添加模拟信息点，如危险源或灾害事件：瓦斯报警、火灾事故的场景；能够根据演练需要，配置应急救援预案。

3. 矿山现场救援指挥系统

在矿井发生事故时，值班人员通过应急响应功能接警后，救护队根据应急救援流程迅速组织救援人员、物资和装备奔赴事故现场。系统实现接警、启动预案、人员与装备组织、信息汇总与归类保存的功能。

应急救援预案启动执行后，在救援现场能与救援现场网络和应急通信指挥车无线通信系统实现迅速对接，应急平台的信息与事故现场的信息关联匹配，以二三维可视化等方式展示事故现场信息，迅速指挥开展现场救援工作。矿山救援的核心资料是采掘图、通风系统图等 GIS 专题图形。在救援研判的开始阶段，动态获取企业最新的 GIS 图形数据，确保得到现场"一手资料"；救援过程中，随着对现场情况了解的不断深入，基于"一张图"服务实现图形的动态更新、标绘、空间分析(侯立，2017)。

矿山现场救援指挥系统主要包括救援指挥调度三维可视化、现场救援资源信息管理、现场救援过程信息采集及反馈、救援结束信息管理等功能。其中救援指挥调度三维可视化功能除了提供矿井已有的综合、实时信息外，还能提供以下功能。

(1) 矿井地测、工程、生产、安全监测、人员定位、视频监控、综合自动化等信息的一体化展示。

(2) 由总体(综合)信息到细节(具体)信息分层次查询功能。

(3) 同一页面多系统信息分步显示和隐藏功能,矿井安全避险"六大系统"可在同一页面显示，通过分类显示和隐藏功能，按需显示。

(4) 以矿井地测、工程和生产数据为基础，建立三维矿井数字化立体模型，将矿井复杂的地面建筑、井巷工程、煤层地质条件通过三维立体图形逼真地表现出来。

(5) 在矿井三维数字化立体模型中，立体可视化显示安全监测环境信息、人员分布以及"六大系统"设施，实现对地理信息、工程参数、安全信息的查询，直观展现矿井的安全生产状态。

(6) 在矿井安全生产信息三维可视化的基础上，实现救援资源信息的可视化，即把投入救援的资源(人员、装备和物资)标注到救援指挥可视化图形界面中。

(7)将救援过程中采集到的最新信息及时显示在救援指挥图形界面中,包括每次救援行动反馈的井下重要信息,如被困人员数量、解救地点、已经搜救过的区域、冒顶地点等,使救援指挥人员及时了解最新现场情况,以便采取有效的救援措施。

(8)在矿井事故造成井下通信系统失效时,救援指挥系统能够显示失效前的矿井监测监控状态,包括 CH_4、CO、O_2 等安全监测信息和井下人员分布信息。

4. 矿山应急预案管理系统

(1)提供预案编制工具,按照编制(修改)→审核→发布的过程,可以方便地设计和完善预案。系统能够进行预案的检索和匹配,可以根据突发事件的属性自动匹配预案。

(2)系统具有应急推演功能,满足示范矿井模拟事故现场情况,推演应急救援方案,并根据推演结果进行应急演练。

(3)系统提供灵活、便捷的预案流程执行模式,一方面可以协调各方资源完成预案的各种任务,另一方面可以在执行过程中对预案进行调整,以适应情况的发展变化。

(4)系统具有预案模板制定、预案项目信息编录的功能。

(5)将应急救援必须用到的煤矿企业矿图和应急预案结合起来,方便煤矿企业更新,建立应急救援图形分类管理功能。

5. 矿山应急救援指挥辅助决策系统

(1)在三维采掘图中,综合展现事故现场周围的资源情况和环境情况,使决策人员对现场有全方位的了解,以便对下一步的救援行动做出科学研判。

(2)以可视化方式向救援专家和指挥人员及时提供科学的分析结果,为救援方案制定提供科学依据。

(3)以救援预案为核心,通过借鉴救援事故案例或者收集整理各类救援标准规范及经验建立应急救援指导方案模板,整合平台中救援组织机构、救援队伍、救援专家和救援物资等各类应急资源,快速生成救援指导方案,为救援指挥决策提供参考建议。

6. 数据库设计

根据《国家安全生产应急平台体系建设指导意见》的要求以及实际业务需求,需要建立相关的数据库,数据库内容如下。

(1)应急信息数据库。其存储安全生产事故接报信息、预测预警信息、监测监控信息以及应急指挥过程信息等内容。

(2)应急预案数据库。其存储应急管理各层级、各项目的应急预案。

(3)应急物资数据库。其存储应急资源信息(包括指挥机构及救援队伍的人员、设施、装备、物资以及专家等)、自然资源等内容。

(4)事故救援预案数据库。其存储国内外特别是本地区或本行业有重大影响的、安全生产事故典型案例。

(5)地测信息数据库。其是整个平台的支撑数据来源,它负责煤矿各种矿图、物资分布、人员定位等基础地理位置标识,从而为其他业务提供帮助。

(6)决策支持数据库。管理存储各类事故趋势预测与影响后果分析模型、衍生与次生灾害预警模型和人群疏散避难策略模型等内容。

(7)应急队伍管理数据库。存储各地区各级救援队救援资质和救援能力等方面的信息。

(8)知识管理数据库。存储有关法律法规、各类安全生产事故的专业知识和技术规范以及专家经验等内容。

(9)统计分析数据库等。存储各级各类应急救援数据统计分析信息。

(10)演练方案数据库。存储用户在事故未发生之前进行应急培训及演练的各事项的数据库。

上述逻辑数据库将为应急救援指挥平台业务功能表提供信息，清单见表6.1。

表 6.1 应急救援指挥平台业务功能数据库表清单（部分）

序号	数据表 ID	中文名称
1	EmergencyEquipment	应急装备表
2	Duty	值班表
3	DutyUser	值班人员表
4	ZDDuty	中队值班表
5	ZDDutyUser	中队值班人员表
6	ShiftingDuty	交接班表
7	EnterMineRecord	入井登记表
8	Accident	事故信息表
9	EmergencyResponse	应急响应记录
10	EmergencyResponse_Node	应急响应节点表
11	EmergencyResponse_NodeAttach	应急响应节点附件表
12	ReceiveAndBack	信息采集与反馈表
13	ActionSituation	执行任务情况表
14	RescueExpertInfo	应急专家信息表
15	EmergencyTeam	应急队伍表
16	EmergencyContact	应急通信
17	EmergencyMaterial	应急物资表
18	AssistanceMedicalInfo	应急医疗信息表
19	ComprehensivePlans	综合预案表
20	Specialplan	专项预案表
21	PlansDirectory	预案目录表
22	PlansContent	预案内容表
23	Messages	短信表
24	MockDrillingPlan	应急演练计划
25	MockDrillingScript	应急演练脚本
26	MockDrillingContent	应急演练脚本内容
27	MockDrillingAssess	应急演练脚本评估

关键数据表包括事故信息表、应急处置表、应急响应表、应急流程节点表、救援记录表、行动情况记录表、应急物资表等。表结构设计及表关系如图 6.4 所示。

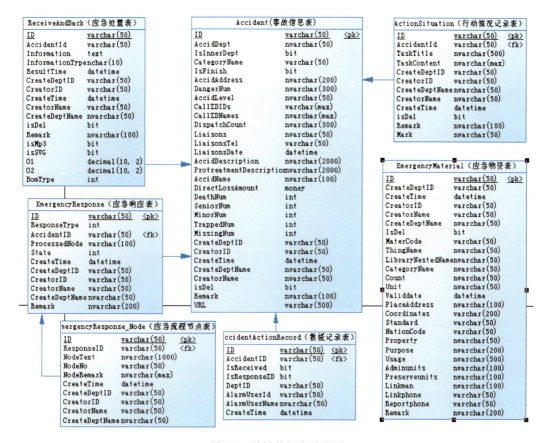

图 6.4　关键数据表结构图

6.2　矿山应急救援指挥平台建设方案

在实现矿业工程、矿山应急救援和信息技术深度融合的过程中，将运用到很多关键技术，如"一张图"、分布式协同 GIS 服务等。部分内容已在第 2 章进行了阐述，下文将重点介绍应急救援"一张图"、应急救援分布式协同 GIS 平台、智能应急救援流程及应急预案技术等内容。

6.2.1　应急救援"一张图"技术

"一张图"概念提出来较早，早期的内涵是在一张地图上由多名参与者进行多种信息的标绘、展示。基于 GIS "一张图"的大规模应用由国土资源"一张图"工程首先提出，是遥感图像、土地利用现状、基本农田、遥感监测、土地变更调查以及基础地理等多源信息的集合。随着 GIS 在各行业的普遍应用，煤矿"一张图"、应急救援"一张图"等行业领域专题应用逐步增多，且各具内涵。

煤矿"一张图"是指以统一的 GIS 平台为基础，为满足煤矿企业实现"采、掘、机、运、通"等各类时空数据的集中规范化管理、多专业综合分析应用，以及政府监管部门实现宏观管理、安全监管、形势分析、辅助决策支持和社会化信息服务等所必要的标准管理、技术、标准、应用和服务的总和。

应急救援"一张图"是利用遥感影像和(煤炭或其他行业)企业"一张图"，迅速对事故地点、危险范围、人员分布、应急救援预案等信息进行空间可视化展示、查询、分析，对周边危险源分布情况、事故灾害时间空间演化发展情况、应急救援物资装备运输路径、人员疏散路径等任务进行综合研判和规划，为事故救援方案的制定提供决策依据，提升应急救援决策的智能化和科学化。

必须利用统一的地理信息系统平台建设，才能将"一张图"各类资源数据整合在一起，避免出现"N 张图"的数据孤岛。

1. "一张图"数据

从数据内容上看，应急救援"一张图"要展现的数据包括：

(1)救护队服务区域基础地理数据，如遥感图像、道路交通、重要设施等。

(2)物资装备存放地点、物资详单等数据。

(3)矿井专题图形(主要包括采掘工程图、通风系统图、避灾路线图、井上下对照图等)。

(4)重点防护目标或重大危险源监测数据，如矿井视频监控数据、人员定位数据、瓦斯监测数据。

(5)应急指挥车、应急后勤车等救援车辆定位轨迹数据。

(6)如果矿山企业具备信息化基础条件，还应包括矿井上下三维模型数据等。

这些数据具有如下特点：第一，多源性，应急业务管理数据涵盖所属矿井、救护总队、集团公司等多个单位；第二，多尺度性，包括各种比例尺的数据，其精度也不尽相同；第三，大数据量，救护总队需要及时更新矿井生产图件，对于应急救援过程中产生的数据要及时存储。

应急救援信息多源融合主要围绕应急救援业务相关的多源数据，实现面向不同专业用户的数据获取、存储、信息共享、分析、处理辅助决策支持，这里采用多源空间数据引擎与数据模型来解决多源融合问题。

2. 多源空间数据引擎与数据模型

针对矿山领域多专业、多部门、业务需求复杂的特征，在数据存储、管理方面，采用支持多源数据集成的龙软科技空间数据引擎(LRSDE)。

多源空间数据引擎是一种泛化的以空间数据库为基础的引擎设计方式。在实现上结合实体模型部分，可以分为三个层次：数据使用引擎、数据代理接口、数据源实现，其中数据使用引擎和数据源实现都是核心组件的一部分。

在数据使用层面设计封装了一系列抽象的空间数据访问接口，基于共同的数据接口向上层的桌面平台、服务平台提供数据访问服务；在数据存储层面，根据具体的物理数据源，实现上层的抽象数据访问接口，将具体数据源的差异封装在数据源内部，从而剥离平台对数据源的具体依赖，提供统一的数据服务支持。

数据使用引擎主要结合实体组织模型中的数据源(data source)来实现，是数据引擎的上层调用者，实际上就是数据连接引擎的接口(IConnection)，各种连接引擎由数据连接管理器(data connection manager)统一负责注册、分配、管理和释放。数据代理接口是连接上层数据使用和底层各种数据源存储的中间层，包括数据读写、查询相关的数据连接接口(IConnection)、查询结果集接口(IQueryResult)、记录接口(IRecord)等。数据操作和数据组织两类中间接口，对于上层使用者来说，屏蔽了底层数据存储介质的差异。通过对不同存储介质的数据构建引擎，就可以以统一的方式访问不同数据源，从而实现多源数据的集成。

数据模型方面，针对矿山行业对复杂空间对象的建模表达需求，研究面向对象的一体化实体数据模型。面向对象的实体数据模型本质上是一种面向对象方法，即从简单的几何实体，到结构复杂的复合实体，数据组织管理相关的数据集、数据集集合、规则集、版本集、对象类集等均作为对象化的类型存在。

3. 空间数据组织

系统中所有的对象均以实体形式存在，对于几何对象类型，在数据结构方面与 OGC、ArcGIS 等类似，包括点、线、多边形等基本几何类型，以及基本类型组合而成的复合几何类型等，其中线类型又细分了 GeoSegment(线段、折线、弧段、曲线等)、GeoPolyline(多线)。

在数据组织方面，基于空间数据引擎的支持，采用空间数据库的统一集中存储方式。针对"一张图"的管理思路，组织模型主要解决如何组织、存储实体对象的问题，主要涉及实体集、实体集集合、实体模板库、地图集、数据源等概念。

实体集是具有共同特征的实体对象的集合，分为三大类，包括普通数据集(genernal entity set)、几何类型数据集(geometry entity set)以及栅格数据集(raster entity set)。

实体集集合(entity sets)是实体集的集合，是所有实体集的管理类，主要负责实体集的初始化、创建、删除、修改等，同时也管理实体数据数据源存储的接口。

地图或专题图是可视化意义上的数据的集合，用于组织显示具有相关意义的实体集。地图对象中的数据只是对实体集集合中实体集的引用，这样同一个实体集可以为多个地图对象公用，在地图中可以设置各自的可视化风格、显示方式等。地图集则是地图对象的集合，用于管理一个数据源中的所有地图，也就是说一个数据源(文件、数据库等)可以有多幅可视化的地图，而不是以往的一对一关系。

数据源代表具有特定主题意义的数据的集合，是数据组织管理的总对象。从物理介质上看，它可以是传统意义上的一个文件、数据库，也可以是提供数据服务的网络服务器等。

数据源管理还提供通向物理介质的数据存储、高级的数据版本管理和历史回溯等功能。数据源除了负责管理、组织所有相关的数据外，还负责数据连接，具体由各自类型的空间数据引擎提供，在数据连接管理器中统一管理。

4. 空间数据查询

空间数据库采用关系模型来组织数据，这决定了空间数据的访问方式。从使用者的角度来看，空间数据库扩展了关系数据库的功能，提供了对空间数据类型的处理。对空间数据库的访问也应当像对关系数据库那样，采用 SQL 语言作为操作的表述。但关系模型的范式约束使得标准化的查询描述功能有限，不支持复杂数据类型查询，不支持空间操作和运算，不宜将它应用于 GIS 等高级应用中。许多学者一直致力于开发出语义丰富、语法简单、功能齐全的空间数据库查询语言。目前，空间查询语言的设计大体有基于扩展的空间查询语言、可视化查询语言和自然查询语言三种方法。

GSQL 语言是基于 SQL 扩展的空间查询语言，包括数据模式定义、数据查询、数据更新等。GSQL 对 SQL 标准语句扩展，从而支持空间数据类型、空间数据运算符、空间关系运算以及空间分析功能。在数据类型上，不但要支持结构化的数据，而且要支持像点、线、面这样的空间数据类型。扩充几何数据类型是使用空间查询语言进行空间查询、空间操作以及判断空间拓扑关系的基础。在空间运算上，针对空间数据类型，扩展相应于操作这些数据类型的空间运算和空间分析功能。通过这样的扩展使空间数据类型完全集成于 SQL 语言，实现了统一的概念模型。

GSQL 语句的扩充包括以下几方面：

(1)扩充空间几何数据类型：一般扩充点、线、面等几种几何数据类型，它们分别代表节点、弧段、多边形等几何实体。

(2)建立拓扑关系运算：根据九交模型对 SQL 语言进行扩充，拓扑关系运算的结果作为空间关系谓词，协助 GSQL 语句的 WHERE 子句做条件查询。

(3)增加空间分析功能：空间分析包括地形分析(距离、面积等)、缓冲区分析、网络分析(最优路径分析等)、叠置分析。

(4)增加索引功能：将空间索引能力引进到数据库引擎中是空间数据库的主要特征。像其他索引一样，空间索引提供了在空间标准表格中的搜索机制。一般分为定长索引、变长索引和混合索引等形式。

一般意义上的 GSQL 实现需要一个 SQL 语句解释器，对查询字符串进行语法和语义解析，生成语法分析树，然后查询优化，最后执行查询等步骤。但是在引擎下用户很少以输入 SQL 语句进行操作，完全可以通过用户界面的操作由协议缓冲生成结构化 GSQL 表达，通过可视化查询语言完成。

5. 空间索引技术

煤矿空间信息数据量大(包括地测、通风、设计等大量的专题地图)，如果仅仅通过遍历记录来进行查询，效率很难满足需要。面向空间数据的查询需要利用空间数据的索引来减少查询时间。空间数据索引作为一种辅助性的空间数据结构，介于空间操作算法和矿山对象之间，它通过筛选，排除大量与特定空间操作无关的对象，从而缩小了空间数据的操作范围，提高了空间操作的速度和效率。

空间索引是依据对象的位置、形状或者对象之间的某种空间关系，按照一定的顺序排列的一种数据结构，其中包含空间对象的概要信息，如对象的标识、外接矩形以及指向空间对象实体的指针。

空间索引的类型主要有格网型、BSP 树、KDB 树、R 树、R+树、CELL 树以及四叉树索引等。格网索引是将研究区域用横竖线条划分为大小相等和不等的格网，记录每一个格网所包含的空间实体。当用户进行空间查询时，首先算出用户查询对象所在的格网，然后再在该格网中快速查询所选中空间实体，从而加速空间对象的查询。R 树和 R+树是根据地物的最小外包矩形建立的，区别在于 R 树结点对应的空间区域可重叠，而 R+树则不重叠。R 树空间搜索效率低，但便于插入和删除对象，而 R+树则相反。CELL 树继承了两者的优点，采用凸多边形作为划分的基本单位，子空间不相互覆盖，磁盘访问的次数也少。

由于空间数据的不规则分布，许多单元可能是空的(未开采区)，许多单元可能过度饱和(工业广场)，这是格网索引模型的缺陷。尽管如此，其模型简单，使用方便，通过格网索引来提高检索效率足以满足应用的要求。每个要素在一个或者多个格网中，每个格网可以包含多个要素，应用中会按照需求对格网进行分级，存储不同数据规模下的格网索引(邹宏，2011；李滨，2003)。图 6.5 将矩形区域建立了两个级别的索引，分别为 Index Grid1 和 Index Grid2，其中粗线格网为 Index Grid1，加密格网为 Index Grid2，可以获得 Feature 1，Feature 2，Feature 3 三个要素在不同格网下的索引信息(吴道政，2008)。

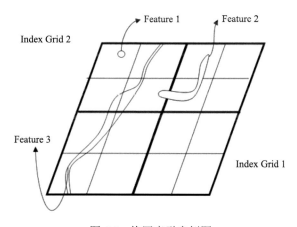

图 6.5　格网索引实例图

应急救援过程中，需要在矿井专题图形(如采掘工程平面图)上进行作业标绘，实时记录各小队下井救援路线、救援过程中气体(包括瓦斯、一氧化碳、氧气、二氧化碳含量和温度五项)、井下灾情(水、火、塌陷及其他)、小队任务(灭火、打风闭、打墙闭、开关通风机、支护及其他)等情况，这些信息对于指挥部决策指挥起着非常重要的作用。因此需要在应急救援信息"一张图"的基础上实现联动标绘的功能(图 6.6)。

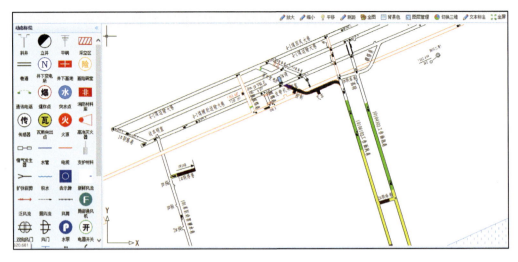

图 6.6　煤矿"一张图"联动标绘功能

6.2.2　应急救援分布式协同 GIS 平台

各类生产矿图是指导煤矿应急救援工作的基础技术资料。为了解决煤矿事故救援时，缺图、错图、矿图更新不及时等问题，应急救援平台采用了分布式协同 GIS 平台，构建各矿井与集团公司、救护总队之间实时同步的基础地理信息系统，为地测、通风、机电、安全等专业提供协同作业、实时更新的 GIS 环境。

日常工作中，各矿井、各部门在统一的协同 GIS 平台上工作，各自完成专业内的制图、数据处理等工作，提交到协同系统后，平台自动完成各专业数据的统一合并和更新。在矿井内部各部门之间，可以自动获取本矿范围内最新生产技术相关空间数据；同时，在集团公司和救护总队层面，也可以实时动态获取辖区所有矿井的最新空间数据。随着采矿工作的不断深入以及井下地质数据的不断增加，系统能够实时处理动态更新的数据，修改错误数据。发生事故时，通过应急平台迅速调取事发矿井各类应急相关图件，随着救援工作的不断推进，又可将现场侦查的最新进展标绘、保存、共享到协同 GIS 平台，为所有参与应急救援指挥的领导、专家、救援队伍提供决策支持。

1) 图形版本管理设计

图形版本管理与控制的目的在于解决系统在多方协同工作情况下，可能存在的数据冲突、不一致问题。与传统的锁方式相比，采用版本方案让用户编辑更加自由(被称为乐观锁，传统锁方式一般称作悲观锁)。

版本管理方案涉及如下概念。

A. 版本号

每一张地图都有自身的版本管理系统，在一个版本管理系统中存储了一棵版本树，一个版本可以有 0 个或者多个子版本，而有且仅有一个父版本。原始版本即根版本。获取时从子版本回溯得到版本列表，如 1→2→4→7，说明 7 为需要获取的版本，其父版本为 4，依此类推。初始状态下，地图的版本号设置为 1，当前版本亦为 1。

B. 生成版本号

这个版本号是新数据进入数据库时的版本号，由服务端生成，其获取方式为当前版本号+1。LRSDE 保证当多个用户同时提交时不出现相同版本号。

C. 冲突

服务器中定义了广义冲突和狭义冲突，当前的冲突仅仅是"操作"上的，如删除、修改。在应用中，冲突应为可供用户扩展的，如"两个面实体不可重叠"这样的冲突。

2)版本管理的实现

为了简化说明，只列出和版本管理直接关联的字段。原始版本为 1，用户为 A、B。在实体表中有一个 FeatureID 为 1 的记录。初始状态下实体增表、实体删表、版本标记表中均无数据，版本状态表如表 6.2 所示。

表 6.2　版本状态表

VersionID	MaxEditNo	Author
1	0	Creator

A、B 同时获得原始数据进行编辑，A 对该记录做了更新动作之后提交，生成新版本 2，实体增删表(表 6.3 和表 6.4)将会存在如下状态。

表 6.3　实体删表(版本 2)

VersionID	FeatureID	GrowID	NewGID
2	1	1	12

表 6.4　实体增表(版本 2)

VersionID	FeatureID	GrowID	Geometry
2	1	12	二进制数据

版本编辑表(表 6.5)和版本状态表(表 6.6)的数据也发生了变化。

表 6.5　版本编辑表(版本 2)

BaseVer	ChVer	EditNo
1	2	1

表 6.6　版本状态表(版本 2)

VersionID	MaxEditNo	Author
1	1	A
2	0	A

　　然后用户 B 更新同一个实体，生成版本 3。通过版本状态表检测到编辑号 (MaxEditNo)发生了变化(0→1)，说明有兄弟版本在此之前进行了操作且提交通过。由版本编辑表可知造成编辑号变化的版本为 2，然后便可在实体删表中检查到冲突。如果选择覆盖解决方案，版本 3 将会以版本 2 为父版本，同时将 GrowID 修改为冲突时得到的 NewGID，由此版本 3 使得版本 2 的更新操作被"丢弃"。操作提交完成后，各个表格数据更新见表 6.7～表 6.10。

表 6.7　实体删表(版本 3)

VersionID	FeatureID	GrowID	NewGID
2	1	1	12
3	1	12	13

表 6.8　实体增表(版本 3)

VersionID	FeatureID	GrowID	Geometry
2	1	12	二进制数据
3	1	13	二进制数据

表 6.9　版本编辑表(版本 3)

BaseVer	ChVer	EditNo
1	2	1
1	3	2

表 6.10　版本状态表(版本 3)

VersionID	MaxEditNo	Author
1	2	B
2	0	A
3	0	B

　　可见，所有兄弟版本在完成提交后将变成"流线形"，按照提交的先后顺序排列。版本管理除了使多个用户可以同时在线协同工作外，还具有如下特点。

　　(1)用户可以选择任意的版本作为编辑的对象，会形成如图 6.7 所示的版本树。当前版本默认为是最后的版本(图中 V5)。

　　(2)用户不必存在这样的担心："突然发现整个上午已提交的编辑工作都是错误的从而导致数据无法恢复"。由于保存了每次编辑的动作，用户可以得到从基版本数据到任何时候的数据。

　　(3)辅助用户决策：通过将历史各阶段数据进行比较，并在客户端显示数据变化来为用户的分析提供帮助。例如，定时获得下一个版本数据并显示，可以在客户端查看某一矿区数据的变化过程。

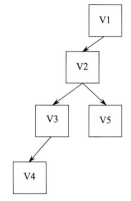

图 6.7　一棵可能的版本树

6.2.3　智能应急救援流程技术

由于应急救援日常管理以及事故发生之后的应急救援过程中必然涉及较多的业务流程(business processes)，因此引入工作流技术对业务流程进行优化和整合。采用工作流技术，除了可以将矿山物资装备生命周期内各环节的数据连通起来从而实现从采购、使用到报废整个过程的闭环管理之外，也可以将应急救援指挥过程各个环节的信息流进行连通，实现整个响应流程的有效管理。实现技术需结合具体的工作流，为了方便阐述，这里以应急指挥子系统中的内部相应流程为例，描述工作流引擎在应急响应过程中的实现。

1) JsPlumb 工作流引擎

工作流引擎又被称为 WorkFlow，是将一组任务组织起来以完成某个经营过程。许多公司推出了各自的工作流产品，其中大部分都是一些做行业应用软件的集成商为了自用而开发的。例如 jBPM、Activity、Snaker、jBPM Designer、Spring Workflow、StarFlow、Fireflow、Bonita、Orchestra Designer、Oozie 等。

工作流引擎实际上是一个图形模板，包括流程的节点管理、流向管理、流程样例管理等功能。这里采用 JsPlumb 工作流技术来实现具体应用。JsPlumb 是 jQuery 的一个插件，是一个强大的 JavaScript 连线库，它对 HTML 中的元素提供了箭头、曲线、直线等连接线，适用于开发流程模板、Web 上的图表、建模工具等，是一个比较强大的绘图组件。

JsPlumb 主要包括如下几类。

(1) 锚(anchor)：放置端点的地方。

(2) 端点(endpoint)：连接的一端。

(3) 连接器(connector)：连接两个元素的线，JsPlumb 有三种默认类型:Bezier 曲线、直线和流程图连接器。

(4) 覆盖物(overlay)：一个 UI 组件，用来增加连接器上的标签、箭头等。

可以分别对锚、端点、连接器、覆盖物的样式和属性进行设置。

业务过程模板的建立过程主要包括绘制流程节点、绘制节点间连线、业务对象组建模(包括业务对象组的增、删、改操作)、各种流程节点属性设置、路由节点设定，以及对建立好的流程模板进行保存和发布等。以上功能只用到 JsPlumb 少量 API，实现起来都比较简单。完成流程建模后，就可以根据使用者需要进行节点、连线拖拽操作，绘制符合要求的流程图。

2) 应急救援工作流设计

应急响应和救援是一个复杂的过程。这里梳理了救护队应急响应流程。矿井发生事故后，从事故矿井向集团生产指挥中心报警，救护总队接警并出动，救护总队在事故地点搭建临时指挥中心，总指挥下达救援命令，救护小队执行救援任务，到救援结束、总结分析、资料存档等一系列活动，涉及矿井值班室、集团指挥中心、救护总队值班室、总队长、中队及小队长等一系列指挥员和战斗员，将流程简化如图 6.8 所示。

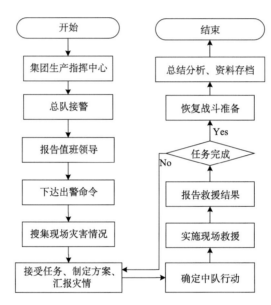

图 6.8 基于工作流技术的"应急救援流程"

具体流程为：救护总队的业务开始于"总队接警"节点。接到报警电话后，值班人员开始填写报警单，同时在救护总队拉起警报。当值班人员确认事故信息后，工作流引擎开始执行，通过工作流引擎调取内部相应流程，并以图像的形式予以展示。值班领导在接到报警之后，向救护大队下达出动命令。到达现场之后，中队接受命令搜集现场灾害信息并反馈给现场总指挥，总指挥在反馈信息的基础上确定中队行动、实施现场救援。考虑总指挥下达命令和中队接受并执行命令都不仅只有一次，而是一个交互的过程，因此在工作流中增加反馈机制。在每个节点中，由相应的人员(总队值班人员、总指挥、中队长等)确认流程结束，进而执行下一个流程，直至响应流程结束，系统按照各流程开始、结束时间及相关信息的反馈自动生成报表存档。

3) 应急救援工作流的实现

基于 jsPlumb 和网页开发技术，通过拖拽和自定义，实现自定义的应急救援工作流程。

A. jsPlumb 的加载

jsPlumb 加载完毕之后，开始使用相关功能对页面进行操作。

默认情况下，jsPlumb 在浏览器的窗口中注册，为整个页面提供一个静态实例，所以也可以把它看成一个类，来实例化 jsPlumb：

var firstInstance = jsPlumb.getInstance();

B. jsPlumb 节点定位和拖动

jsPlumb 会为每个节点设置端点，用于定位端点。

jsPlumb 也提供了拖动方法：

var secondInstance = jsPlumb.getInstance();

secondInstance.draggable("some element");

C. jsPlumb 节点重绘

重绘，每次使用连线时，都会导致相关联的元素重绘，但当加载大量数据时，可以使用：

jsPlumb.setSuspendDrawing(true);

D. 拖放连接

一开始先要创建一个端点来作为源点

var endpoint = jsPlumb.addEndpoint('elementId',{isSource:true})

这样就可以从该端点拉线出去。如果给另一个创建的点加入 isTarget:true，则就可以用上面的点连入这个点。使用 makeSource 或者 makeTarget 来实现：

jsPlumb.makeSource("ele1",{

　　anchor:"Continuous",

　　maxConnections:1

　　…

})

响应流程由多个节点组成。系统设计了固定节点，如事故启动、矿井报警、生产指挥中、总队接警、救护总队值班室、下达援助命令、收集现场灾情信息等。在节点报告矿山救护总队总值班室后，救援行动分成了两个并列工作。每个节点规定救援单位及人员分工，只有完成当前节点，才能执行后续节点内容。选中节点可以填报节点应急处置完成情况或现场收集到的信息。将相应流程与图形化展示技术结合，形成直观的、可配置的图形化救援流程，实现效果如图 6.9 所示。

图 6.9　内部响应流程图形化实现

6.2.4　智能化应急预案技术

智能化应急预案主要解决当前数字化应急预案中存在的两个问题，一是应急预案与突发事件匹配精度不高的问题；二是即使得到正确匹配的应急预案，却不能根据事态发展，进行高效的智能化、动态重构问题。随着人工智能和信息技术的发展，越来越多的应急信息化开始朝着智能化的方向发展。关于应急预案智能搜索的算法有很多，如案例检索方法、相似度计算方法、关键字模糊检索等(牛润，2018；侯立，2017)。

根据提取出的应急事件属性，对事件的预警级别、功能类别、行政管理权限、事件类型、事件应急阶段进行指定，针对多层次的属性项，如事件类型，进行逐层选择，不断缩小查找范围。对于不能确信的属性信息可以不指定。指定的属性类别越多，层次越深，最后得到的应急预案实例与应急事件本身匹配的精度就越高(陈宁，2019)。

1. 基于数据库的应急预案全文索引技术

为了解决数据库模糊查询方案存在的问题，设计实现了基于 MSSQL Server2005/2008 的全文搜索服务方案。

根据煤矿应急响应预案存储的数据库进行全文检索。建立全文索引有两项非常重要的内容，一是如何对文本进行分词，二是建立索引的数据结构。分词的方法基本上是二元分词法、最大匹配法和统计方法。索引的数据结构基本上采用倒排索引的结构。

具体步骤为：启动 SQL Server 的全文搜索服务，打开数据库，打开全文索引支持，为要全文索引的表建立全文索引数据元，建立全文索引，填充全文索引目录，执行全文检索查询。

2. 应急指导方案生成技术

应急救援指挥平台根据事发事故类型和现场事故实时信息采集情况，计算分析出优先调用的应急资源，决策者根据系统提供的应急预案和资源清单(指挥部机构信息、领导小组信息、调用队伍信息、专家信息、物资装备信息)，通过 FreeMarker 模板引擎技术，预加载调用各种事故类型模板的 FTL 文件，通过数据库处理、数据包装整合、在线格式转换、输出流的填充等步骤，生成以事故信息、救援指导方针、指挥机构信息、应急处置方案信息、应急救援资源信息、企业救援参数信息、领导重要批示信息为主体的指导方案文件，并提供在线预览、下载打印功能，为复杂条件下决策者的指挥提供了双重的决策保障。

6.3　系统功能实现及应用

系统以某救护总队为研究示范基地。某救护总队负责救护的煤矿类型多、灾害重、分布广，有现代化的大型矿井，也有小型矿井。开采条件恶劣，瓦斯突出、煤层自燃、老空积水和岩溶水等威胁长期存在，易发生水、火、瓦斯、顶板等灾害事故，是国内火灾事故的重灾区。某救护总队应急救援指挥平台建设目标是实现应急救援资源管理系统、应急值守系统、应急预案管理系统、现场救援指挥系统、救援指挥辅助决策系统、应急考核系统、救援车辆定位系统、战备训练视频监视系统、综合通信系统、矿山虚拟培训演练系统的开发和集成。

基于该平台，已完成了应急物资与装备、应急资源、应急救援案例、应急预案、应急图件、救护总队视频监控、车辆定位等数据库的建立，入库装备 571 条、应急资源 376 条、救援案例 22 个、集团及救护总队预案 49 个、应急图件 486 张、人员信息 278 条、车辆定位信息 40 条；组织机构、通讯录及人员权限初始化；录入总队、中队值班计划；法律、法规、技术标准 34 项；录入应急考核题库 1109 题；完成集团公司、救护总队、宁东大队、双马矿四个点及各点之间的街景拍摄、建模；接入了集团公司安全监测、人员定位、视频监控实时数据。以下对该平台的主要应急管理功能进行介绍。

6.3.1　矿山应急救援资源管理系统

由于应急业务管理数据涵盖下属矿井、救护总队、集团公司等多个单位，系统提出在应急救援"一张图"上充分展示应急资源、救援物资及装备、救援专家、救护队位置、瓦斯监测等救援信息，并流畅地切换地形地图和井下采掘工程平台图。与 Long Ruan GIS 平台相结合，实现了重要工作地点的可视化监测监控，可视化展现应急资源分布，可视化演示人员避灾逃生路线、救灾路线，实现救援指挥的数字化、自动化和可视化。

系统将分布在矿井以及各个救护队的应急救援物资、装备及其存放地点、数量、单位、保管人、联系方式等属性记录在案；同时实现物资、装备等按一定条件在线报警，如超过规定的维修期限、库存不足等；实现物资在地图上的在线查询、应急物资区域联动等。主要包括以下功能：

(1) 数量报警。当装备材料实际数量低于规程规定和要求时，对应台账条目黄色预警提示。

(2) 设备完好状况预警。对当前救护装备和材料的完好状况进行管理，对装备的库存、使用和待修状态预警管理。

(3) 设备检修周期预警。根据救护规程和质量标准化标准设定物资装备检修周期，在检修周期到来前一定时间内发出检修预警。

(4) 应急物资区域联动。基于 GIS 可以进行救护队物资装备仓储分布情况、种类、存量和联系人等信息的联动显示。

应急装备台账管理如图 6.10 所示。

可以通过 GIS 地图显示分布在各地区的应急物资装备情况，如图 6.11 所示。

系统也可以按照应急救援专家所擅长的救援事故类型进行分类，详细记录专家的姓名、性别、地址、联系电话等，便于第一时间快速准确联系。系统按照救护队隶属关系、擅长救援事故类型等对救援队伍进行分类管理，方便随时掌握应急救援队伍详细情况，提高调用效率。

图 6.10　应急装备台账管理

图 6.11　应急物资装备地理分布

6.3.2　矿山应急值守管理系统

主要实现应急值班调度日常值守功能，监控应急资源信息，查看矿井各种安全监控信息，实现危险源预警，如图 6.12 所示为应急值守当班值班人员一览表。

当接到集团总部救援指令或矿井求援信息后，可立即启动接警流程，如图 6.13 所示。

系统接警时，可提前打响中队警报铃声，填报接警单完成后，会立即在中队接警计算机上打印。事故管理功能可以通过列表显示事故报警信息，在事故管理范围内，可以对事故进行查看、编辑、添加、搜索等操作，还可以对列表进行导出、打印等操作，如图 6.14 所示。

图 6.12　应急值守值班人员一览表

图 6.13　接警单填报

图 6.14　事故管理列表

6.3.3　矿山应急救援指挥系统

矿山救护队原有接警抢险流程分为内部接警流程和外部接警流程，采用牌板展示流程，流程节点多，分工职责模糊，在实际救援过程中无法做到按流程指挥救援行动，实际作用不大。本系统采用基于工作流的应急救援流程，通过电脑操作明确了每个节点参与部门、职能分工，增强了可操作性。通过指挥响应程序，能够准确记录救援过程行动轨迹及信息反馈，为后期救援抢险总结积累了完整数据。

当矿井发生灾害事故，向某救护总队报警请求救援时，总队救援调度指挥中心值班调度快速、准确记录报警信息，并将信息汇报给值班领导和总队领导，总队领导根据灾情信息启动相应预案，迅速组织救援力量赶赴事故现场。应急响应流程如图 6.15 所示。

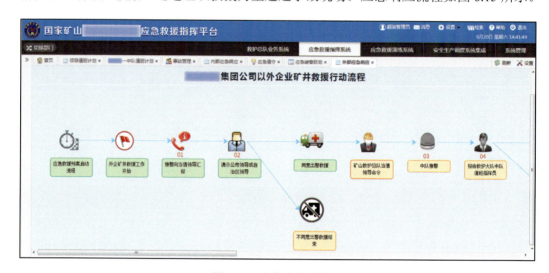

图 6.15　应急响应流程图

系统可以根据接警信息，通过应急救援"一张图"快速定位事发矿井位置，查询矿井基本情况。如图 6.16 所示为某矿区分布图，可查询某对煤矿的基础信息及安全生产动态。

救护总队启动事故应急救援预案后，救援指挥平台能在现场与救援现场网络和应急通信指挥车无线通信系统实现迅速对接，将应急平台的信息与事故现场的信息关联匹配，展示事故有关详细信息，迅速开展现场救援工作。根据事故发生地点及其他信息，在二维矿图系统(图 6.17)中自动跳转到事故地点，查看相关事故信息。通过信息采集与反馈界面实现救援指挥中心与应急救援指挥车或现场救援指挥部的信息交流、资源共享。

6.3.4　矿山应急救援管理系统

传统的应急预案都为固定的文档，预案内容比较粗略，实际灾害情况与预案匹配度不高。针对这些问题提出了智能化预案检索功能，采用 SQL 的全文检索功能实现了相似预案的检索，为应急处置提供了最合理的材料。

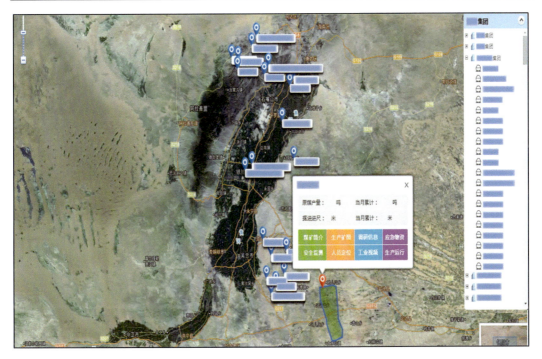

图 6.16　某矿区分布图

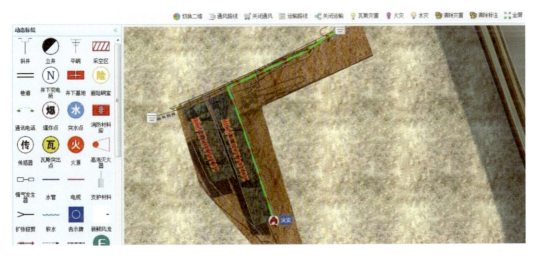

图 6.17　二维矿图联动标绘功能

　　通过空间数据交互式可视化与态势标绘功能，实现了实时动态标绘救援信息，从而达到救援指挥人员准确、迅速获取相关信息，及时掌握应急救援最新动态的目的，提高了矿山救护总队信息获取能力、快速反应能力和组织协调能力。

　　本研究成果形成了一套应急救援指挥平台，目前已投入使用，某救护总队利用该平台进行了多次应急演练和煤矿事故处置，用实践证明了该系统的实用性和可靠性。

参 考 文 献

陈宁. 2019. 煤矿瓦斯预测预警与应急决策支持系统关键技术研究及实现[D]. 北京：北京大学.

邓军, 李贝, 李海涛, 等. 2013. 中国矿山应急救援体系建设现状及发展刍议[J]. 煤矿开采, （6）：11-15, 72.

董自祥. 2015. 中铝能源安全生产信息调度系统研究[J]. 煤矿安全, 46（8）：246-248.

谷牧. 2014. 基于 WebGIS 的应急救援指挥管理系统的设计与实现[D]. 哈尔滨: 黑龙江科技大学.

侯立. 2017. 矿山救援基地应急救援指挥平台关键技术研究[D]. 北京: 中国矿业大学.

李滨. 2003. 地理数据库引擎的设计与实现[D]. 郑州: 中国人民解放军信息工程大学.

刘涛, 彭清山, 张淼. 2011. 基于 GIS 的城市规划管理信息系统的研究[J]. 测绘通报, （6）：57-59.

牛润. 2018. 基于知识推理的煤矿应急预案生成技术的研究与应用[D]. 北京: 中国矿业大学.

吴道政, 毛善君, 李鑫超. 2009. 基于龙软 GIS3.0 的煤矿空间数据库架构设计 [J].煤炭科学技术,37(04):94-97.

杨玉婷. 2019. 应急救援指挥平台的设计与实现[D]. 西安: 西安科技大学.

邹宏. 2011. 煤矿空间数据引擎的设计与实现[D]. 长沙: 中南大学.

第7章　虚拟仿真培训演练系统[*]

7.1　虚拟仿真培训演练系统框架设计

7.1.1　概论

能源行业生产过程中部分岗位具有危险性高、环境复杂、专业性强以及对实际操作能力要求高等特点(钱鸣高等,2008),安全管理和安全培训工作是摆在企业面前非常重要的命题。传统培训工作因手段技术的限制,存在行业极限环境无法实现、灾害模拟难度大、培训成本高等问题,多数仍停留在理论教学、简单的实物展示层面,在实物操作培训和生产现场培训方面存在一些困难(李航,2013;陈靖怡,2019)。

虚拟现实(virtual reality, VR)技术从产生之初就受到许多行业的高度关注,特别是需要消耗大量人、财、物以及具有危险性的应用领域(邹湘军等,2004;王嗣源,2005)。随着计算机仿真技术和虚拟现实技术的快速发展,基于虚拟现实技术的三维培训为高危行业的安全培训提供了一个先进、直观的新途径,并已成为许多高危行业安全培训的重要手段(张瑞新和任延祥,1999;吴立新等,2002;毛善君等,2005)。通过搭建虚拟仿真培训演练系统,形成虚拟的企业生产场景,让学员在虚拟环境中学习、操作,全面锻炼学员的理论和实操能力(李梅等,2017);同时,可以在系统内模拟事故发生,考察学员的应急处置能力(宁丙文,2012;孙振明等,2020)。

针对能源行业特点,结合虚拟仿真技术,本章以研发煤矿虚拟仿真培训演练系统为例,从培训演练系统框架设计、平台功能设计与实现、专业培训演练功能设计与实现等方面,对如何搭建面向能源行业安全生产的虚拟仿真演练系统进行了阐述。系统的建设将为企业安全生产和培训提供全新手段,大大促进企业安全生产管理信息化的水平(刘增宝等,2016;李梅等,2017;蒋旭刚等,2015)。具体来说,将传统的被动式教学培训转变为主动学习体验,提高参与者的积极性;降低现场实习费用,缩短教学时间,可以重复操作,增加和修改学习内容;避开了高危和极端环境;为参与者提供了可靠、安全的软件操作平台,同时也满足了国家对能源行业安全管理的重大需求。

系统以"严肃游戏"(serious game)为设计模式,采用新一代游戏引擎,以实际工作场景为依托,构建虚拟企业工作环境,搭建实际操作培训体系,具体培训内容可根据需要设计,如采煤工艺、掘进工艺、瓦斯抽放工艺、应急救援、事故推演、应急救援预案推演和人员疏散等内容。

与其他单人单机的培训演练相比,本系统将最新的软硬件技术、三维引擎、分布式网络技术、行业专业知识等结合起来,不仅能够实现单员工在系统内的学习,而且能够

* 请扫描封底二维码观看本章视频。

实现多员工同时在线，完成多人在线协同式的仿真培训演练内容，为企业相关人员进行低成本、桌面式、游戏化实战训练提供了便利条件。

7.1.2　系统框架总体设计

虚拟仿真培训演练系统的总体设计坚持数据、管理、服务和应用相分离的架构思想，在保持灵活性和扩展性的前提下，以第 2 章龙软科技 Longruan 3D 平台为基础，综合应用物联网、云计算、三维仿真、RFID、嵌入式、数据库、网络及多媒体等技术，以计算机网络和硬件平台为依托，以国家政策、法规和相关行业标准为导向，进行功能模块的研发。

系统总体框架整体结构如图 7.1 所示。主要包括平台功能和专业功能两大部分，其中平台功能包括基础可视化、动态虚拟环境构建、仿真分析、多人协同等内容；专业功能包括生产作业培训（综采、综掘、供电等）、应急虚拟仿真演练、特种作业人员培训等内容。系统中的基础可视化、动态虚拟环境构建、专业培训演练功能是其核心内容。

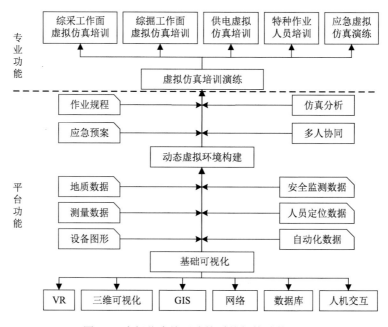

图 7.1　虚拟仿真培训演练系统架构总体设计

7.2　培训演练平台功能设计与实现

7.2.1　基础可视化功能

依据培训演练需求，基础可视化功能采用了统一的地理空间数据库设计，将确保从数据处理、数据更新、可视化、空间分析、业务定制等方面实现一体化。同时，基础可视化功能不仅支持分布式海量空间数据存储，即利用三维空间数据的分布式存储引擎高效地对图形图像数据进行存储、管理和查询,而且包含多纹理渲染、纹理烘焙、光影动态展示、复杂物理模型计算、超大密度模型同屏高速渲染等内容。培训演练功能采用组件式开发,开放有标准组件接口,提供网络支持。

具体功能包括:

(1)三维模型可视化。可以实现工业广场主要建筑物、道路、绿地、树木、煤仓、井口等的建模与可视化。实现井口、井下主要巷道、采煤设备、运输设备的建模和可视化。将工业广场可视化与巷道三维可视化、各个煤层三维可视化等进行叠加,即可形成一种新型的井上下对照图,即三维井上下对照图。

(2)多类型模型导入。实现了地表工厂、建筑、树木和三维地质建模数据的导入。

(3)三维模型数据库管理。系统提供三维模型数据库管理,实现虚拟场景的构建。用户对模型进行交互式操作,可以快速搭建三维虚拟场景。

(4)场景个性化设置。系统提供各种三维场景属性的配置,包括图层设置、指南针设置、背景颜色设置、显示方式设置、图片导出、地理网格、天空盒等功能。用户能够依据喜好进行系统的个性化设置。

(5)场景匹配功能。通过交互编辑、平移、旋转等,将 3DMax 模型、自动生成的地质模型、天空球、地层轮廓等匹配到一起。

(6)图层控制功能。场景中的各类型数据以图层形式进行组织,分层管理,可以对图层可见性、图层颜色材质、图层是否碰撞检测、图层渲染序号等内容修改或设置。

(7)视图控制功能。具有方便的三维场景视图控制功能,包括视图平移、视图旋转、视图缩放、顶视图、底视图、前视图、后视图、左视图、右视图等内容。

(8)对象编辑功能。用户可以对三维实体进行鼠标选择、框选、移动、旋转、缩放、模型拉伸、实体剖切等操作。

(9)属性信息查询。查询二维实体的相关图片、参数等属性信息。可以弹出对话框,也可以进行超链接等。

基础可视化功能展示如图 7.2~图 7.5 所示。

图 7.2　三维地质模型可视化

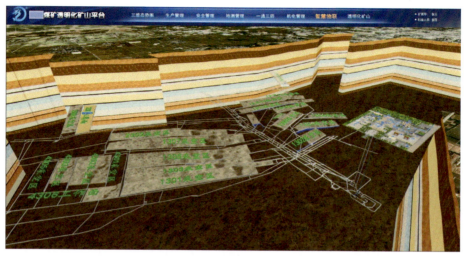

图 7.3 矿井工程模型可视化

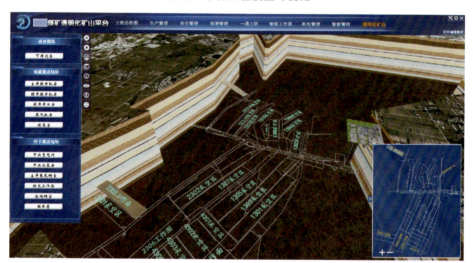

图 7.4 交互操作功能界面

图 7.5 设备模型可视化

7.2.2　动态虚拟环境构建

系统提供专业算法，能够利用地质数据、测量数据自动生成地测模型，并与依据设备图形建立的设备模型融合，在此基础上，接入安全监测、人员定位、自动化数据等内容，构建与真实生产场景参数一致的动态虚拟环境。同时，系统提供三维巡查、信息查询等功能，为用户了解系统内容提供便利。具体实现的功能包括：

(1)三维巡查。三维巡查是虚拟仿真培训系统的主要功能，包括自动巡查和手动巡查两种浏览方式。自动巡查是指用户可以通过自定义视点位置、视线方向、视点高度、俯仰角大小以及巡查速度任意进行三维场景自动浏览。手动巡查是指系统提供鼠标、键盘或游戏杆控制功能，实现对三维场景的任意浏览。

(2)设备信息管理。在三维环境下，可以通过点击鼠标查询各种设备的基本参数(如设备编号、型号、规格、生产厂家、购买日期、单价、使用年限、安装地点、责任人等)和工作状态(如电流、电压等)。查询结果可以通过对话框、语音提示、动画模拟等方式展示。

(3)工业视频数据接入与实时显示。系统可以将在地面、井下等重要场所采集的工业视频信号集成并在三维环境中实时展示。

(4)人员定位数据接入与实时显示。在矿井实时动态工况图中实时显示全矿井井下人员总数、井下不同区域的人员分布。同时，能够查询井下相关人员的活动轨迹等信息。

动态虚拟环境构建后的效果如图 7.6～图 7.9 所示。

图 7.6　设备自动化数据展示

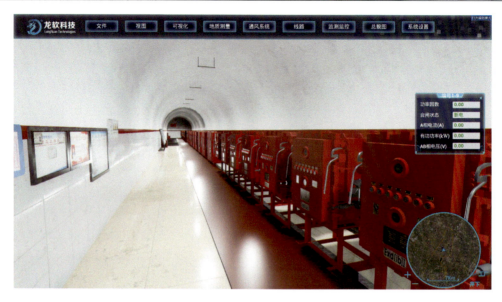

图 7.7　井下变电所信息查询

图 7.8　井下水泵房信息查询

7.2.3　虚拟仿真分析

　　虚拟仿真分析是系统模拟企业生产运转的基础，保证了虚拟环境系统动态变化过程的合理性。本系统主要采用了灾害仿真技术、空间分析技术、路径分析技术等，实现了危险源分析、典型灾害仿真、线路规划等功能。

图 7.9　监控视频一体化展示

（1）危险源分析。利用空间分析技术，如缓冲区分析技术，可以实现对危险源的分析及预警功能。缓冲区是指围绕地理对象一定宽度的区域。缓冲区查询常用来分析地理对象的影响范围或服务范围，如断层、采空区或积水区影响的范围等。本系统特指查询某一感兴趣实体周边信息的功能。缓冲区分为矩形缓冲区、球形缓冲区、投影地表缓冲区三种类型。结合企业运行状态，动态计算用户工作区域与危险源的距离，依据规定的安全距离要求，可以实现动态的危险源预警。

（2）典型灾害仿真。包括火灾、水灾等典型灾害的仿真，结合有限元分析软件与粒子系统展示方式，将分析结果直观地表现出来，实现对典型灾害的仿真，效果逼真，使用户具有身临其境的感觉，真正体验灾害的危险性与紧迫性。

（3）线路规划功能。在灾害发生后，系统利用空间拓扑分析，自动计算最佳避灾线路、救灾线路，为现场指挥提供决策支持。

（4）矿井三维通风仿真。包括通风网络三维可视化、风机三维可视化、巷道信息可视化、节点编号可视化、解算结果可视化、风流及风机动态模拟等模块。

仿真分析功能如图 7.10 和图 7.11 所示。

7.2.4　多人协同培训功能

培训系统通常将采矿专业知识通过关卡设计、数值设计和剧情设计等进行知识表达，而传统的孤立的工作方式已无法满足人们的需求，多人协同培训成为培训演练系统的迫切需求。现有多人协同系统多采用简单的客户端/服务器模式，这一模式的缺点是网络负载较重、服务器容易成为瓶颈。在多人协同工作中，客户端和服务器端的各个设备运行参数要时刻保持一致。假设在没有网络延迟的情况下，任何一个客户端的状态均能够通过网络上传到服务器，由服务器同步到其他客户端上。然而由于网络带宽、速度和网络拥堵等情况，在实际中实现这种状态同步会存在一定的困难，大量的数据交换使得服务器在协同工作时会产生结果和意图不一致的情况。

图 7.10　火灾场景仿真

图 7.11　通风线路界面

随着网络技术的进步，一种广义客户端和服务器联网的模式(generalized client-server model，GCSM)被提出来了。在该模式中，服务器控制着当前工作流程，服务器状态才是当前真实的状态。客户端在接收服务器指令的间隙，预判服务器的行为，以达到对服务器状态的模拟，在收到指令后依据服务器数据同步。客户端重要的决策都由服务器来处理，如物体的创建与销毁、设备的开启和停止。对培训过程无影响的操作，如人员和设备动画效果、灾害事故的模拟等，都是在每台客户机上独立完成的，不会产生任何网络流量，但是这样做可能会导致客户端和服务器端有微小的差异。此外，这种模式下任意一台客户端都可以充当服务器，也可以运行客户端的三维程序，而其他用户直接通过服务端进入三维场景中。对于服务器端，则采用广播传输数据的方式，一旦发生状态变化，会将数据以广播的形式发送给所有客户端。

这里提出的多人协同培训采用了 GCSM 技术，以综采工作面协同生产为例，构建了多人协同工作时客户端和服务器状态同步系统架构，如图 7.12 所示。

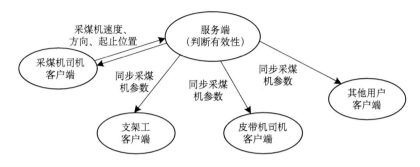

图 7.12　多人协同工作时客户端和服务器状态同步系统架构

下文以开启采煤机的左牵引为例，介绍综采工作面采煤时服务器端和客户端进行状态同步的具体步骤。

(1)第一个用户以服务器模式登录，该用户既是服务器也是一个客户端，其他用户加入到该服务器，都是客户端。

(2)假设客户端 1 为采煤机司机，在场景中操作采煤机左牵引。客户端 1 将自己的角色信息及采煤机左牵引相关的参数(牵引速度、左牵引的目标点)发送到服务端。

(3)服务端接收到采煤机左牵引请求后，依据采煤业务规则形成的协同行为决策模型，判断该角色是否有权限进行该项操作。如无权限进行该项操作，则返回给客户端 1，请求失败，无权限进行该项操作。当有权限进行该项操作，服务端将客户端 1 的采煤机左牵引请求确认完毕后，判断服务器上采煤机的当前位置是否与左牵引目标点相同，如相同则返回给客户端 1，请求完成，左牵引目标点与当前位置相同；如不同，则将采煤机左牵引命令发送到所有的客户端，包括客户端 1，命令参数包括牵引速度、牵引目标点等参数。

(4)各个客户端接收到服务端发送的采煤机左牵引命令后，开始解析命令参数并利用本地的仿真算法对采煤机进行左牵引的模拟。

(5)由于各客户端配置不同，仿真算法计算的快慢及渲染效率等不同，所以在采煤机左牵引的过程中，各客户端采煤机位置是有差异的。

(6)所有客户端在命令执行完毕后，采煤机状态是一致的。

在数据传输所使用的网络协议方面，常见的局域网协议有 MicroSoft 的 NetBEUI、Novell 的 IPX/SPX 和跨平台的 TCP/IP。本系统选择了 TCP/IP 协议中的 TCP(transmission control protocol，传输控制协议)和 UDP(user datagram protocol，用户数据包协议)作为网络通信的协议。UDP 是一个简单的面向数据包的传输层协议，优点就是适合传输较短的文件，适用于高时效性数据交互，如用户所处场景位置、采煤机运行过程状态等。因此，服务器端利用 UDP 机制与客户端连接，监听和响应客户请求；对于大数据传输则选择了TCP 协议，如软件版本的更新、启动场景的下载等。

7.3　专业培训演练功能设计与实现

系统主要实现了生产作业虚拟仿真培训(综采工作面虚拟仿真培训、综掘工作面虚拟仿真培训、供电系统仿真培训)、特种作业人员虚拟仿真培训和应急虚拟仿真演练等应用。

7.3.1　生产作业虚拟仿真培训

生产作业虚拟仿真培训包括综采工作面、综掘工作面、供电系统 3 个方面。培训采用了流程展示、违章知识讲解及事故案例演示以及设备的安装和拆解 3 种培训方式，详细介绍如下。

1)流程展示

流程展示主要对容易造成违章的工序进行讲解，对生产作业流程进行全面、详细的认知，主要依据煤矿作业的工艺流程，采取三维动画加字幕和音频的方式进行讲解。

(1)综采工作面虚拟仿真培训展示。内容包括综采系统设备开机流程、采煤机斜切进刀与推溜移架、超前支护的操作流程及综采设备关机流程展示。具体内容如表 7.1 所示。

(2)综掘工作面虚拟仿真培训展示。内容包括综掘系统设备开机流程、综掘系统掘进流程、综掘系统支护流程及综掘系统设备关机流程。具体内容如表 7.2 所示。

表 7.1　综采工作面流程展示内容

流程	具体内容
系统设备开机流程	综采设备供电开关开启
	皮带机的开启流程
	破碎机的开启流程
	转载机的开启流程
	刮板机的开启流程
	采煤机的开启流程
采煤机斜切进刀与推溜移架	采煤机的斜切进刀流程
	液压支架收回、展开护帮板流程
	液压支架推溜流程
	采煤机右牵引割煤流程
	液压支架收回、展开护帮板流程
	采煤机再次左牵引割煤流程
	液压支架收回护帮板流程
	液压支架移架流程
超前支护的操作流程	单体柱支护操作流程
	单体柱回撤操作流程
	端头架操作流程
	迈步式支架操作流程

续表

流程	具体内容
综采设备关机流程	采煤机的关机流程
	刮板机的关机流程
	转载机的关机流程
	破碎机的关机流程
	皮带机的关机流程

表 7.2　综掘工作面流程展示内容

流程	具体内容
综掘系统设备开机流程	综掘设备供电开关开启
	皮带机的开启流程
	转载机的开启流程
	刮板机的开启流程
	掘进机的开启流程
综掘系统掘进流程	综掘机掘进操作流程
	综掘机扒煤操作流程
	综掘机挖柱窝操作流程
	综掘机挖后退断电操作流程
综掘系统支护流程	铺设顶网流程
	打钻眼操作流程
	安装锚杆操作流程
综掘系统设备关机流程	掘进机的关机流程
	刮板机的关机流程
	转载机的关机流程
	皮带机的关机流程

(3)供电系统仿真培训展示。供电设备采用设备机械图形进行 1：1 建模，不仅包括设备外形，同时也把设备内部的主要结构进行了三维建模。系统可对设备及内部的部件进行透明化显示，并且展示设备在通电合闸后设备内部运行方式及对应的供电原理。

2)违章知识讲解及事故案例演示

违章知识讲解及事故案例演示对工作环境内的典型事故案例进行剖析，让工人了解事故发生的全部过程，对实际生产工作起到指导和警示作用。主要是对煤矿在回采工作面、掘进工作面、供电系统的生产作业中容易发生违章的地方及过往发生过的事故进行讲解，如图 7.13 和图 7.14 所示。讲解采用三维动画加字幕和音频的方式。事故案例讲解依据事故发生的经过尽可能地采用第一人称的方式来展示，使培训人员能直观、真实地感受到灾害事故现场，提高安全生产的警惕性。另外，系统还提供供电系统应急处置流程，如在发生电器火灾、停电、上级变电所停电后如何处置。

图 7.13　员工操作讲解界面

图 7.14　掘进面事故案例讲解

3) 设备的安装和拆解

设备的安装和拆解在虚拟环境中让设备维修人员了解设备的结构和工作原理，能大幅度提高设备维修人员的培训效率。设备的安装和拆解分为设备学习和设备操作两部分。依据机械图形建立高精度的设备模型，如果有必要则将设备的内部结构进行建模。

(1)设备学习。通过视频、图片、文字说明、三维模型部件放大或特写等方式对设备的基本情况、常见状态、常见问题、运行状态是否正常的检测方法、各种问题的维护和检修方法进行演示讲解。

(2)设备操作。提供两种方式的交互操作，一种是通过操作面板对设备进行各种操作，设备模型要根据操作面板的指令模拟操作后的状态反应，另外一种为使用虚拟现实设备的交互工具，直接在虚拟环境中进行设备的交互拆解与安装，如图 7.15～图 7.17 所示。

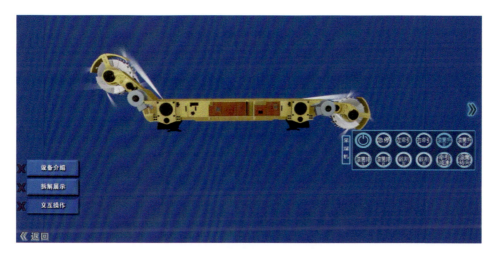

图 7.15　采煤机设备学习展示

图 7.16　采煤机设备通过 UI 界面交互操作

在设备的安装和拆解培训中，根据培训内容的不同，系统提供不同类型的设备。综采工作面所提供安装和拆解的设备包括综合采煤机、液压支架、破碎机、转载机、运输机、泵站设备等。综掘工作面可安装和拆解的设备包括综合掘进机、转载机、运输机、锚杆钻机等。供电系统仿真培训所提供安装和拆解的设备包括隔爆型控制按钮、矿用隔爆型接线盒、母线盒、矿用灯具、矿用高防开关、照明综保、矿用隔爆型通风机、发爆器等。

图 7.17　通过虚拟现实设备交互操作

7.3.2　应急虚拟仿真演练

应急虚拟仿真演练系统主要模拟煤矿瓦斯、火、水、冲击地压等灾害形成的多种临界条件以及产生危害后波及的范围，对井下巷道、设施所造成的破坏，使员工从理论上、实践上对煤矿灾害事故有所了解并知道如何预防与防护。

1. 矿井煤与瓦斯灾害防治虚拟仿真系统

通过该系统，员工可了解瓦斯、煤尘爆炸产生的一些条件，通过虚拟仿真技术，模拟煤与瓦斯突出时及突出后的场景，使员工从视觉、听觉等全方位感知该灾害，了解突出风流和粉尘混合流的运动破坏过程。具体而言，内容包含如下两点。

1) 煤与瓦斯突出场景模拟

系统采用三维场景动画、声音及字幕的方式模拟煤与瓦斯突出前、突出过程及突出后的场景，并采用粒子、动态材质、灯光阴影等最大限度地仿真井下灾害场景，使学员能切身感受到灾害现场的氛围，了解煤与瓦斯突出的巨大危害，对整体的灾害有更直观的认识。

2) 钻机交互操作

煤矿瓦斯抽采就是向煤层和瓦斯集聚区域打孔，将钻孔连接在专用的管路上，用抽采设备将煤层和采空区中的瓦斯抽至地面，这是预防瓦斯爆炸最基本的手段。钻机的操作是瓦斯抽采的重要步骤，因此系统将钻机进行 1∶1 建模，提供仿真操作钻机的功能，如图 7.18 所示。

图 7.18　钻机交互操作仿真

2. 矿井火灾防治虚拟仿真系统

员工可通过该系统了解导致矿井火灾形成的主要因素，如以明火、爆破、电流短路等为主的外因火灾，以及煤或其他易燃物质自身氧化积热发生燃烧而引起的内因火灾，对各种火灾形成的条件进行仿真重现，了解灾害事故的严重性，掌握预防火灾的办法。系统可以模拟对火灾事故进行治理的方法，包括密闭注浆法、注氮法。

1）火灾场景模拟

系统采用三维场景动画、声音及字幕的方式讲解火灾形成的原因，火灾蔓延的过程，并利用粒了、材质和光影等来模拟火灾的整个场景，使学员对火灾有全面的了解，如图 7.19 所示。

图 7.19　火灾场景模拟

2) 密闭注浆法灭火讲解

系统以声音、字幕和动画的方式讲解以下内容。

注浆就是把黏土、粉碎的页岩、电厂飞灰等固体材料和水混合物，搅拌、配置成一定浓度的浆液，借助输浆管道注入或喷洒在采空区里，达到灭火的目的。

注浆灭火的方法因火源的位置而异。常用的方法有井下巷道打钻注浆、在火区密闭墙上插管注浆和地面钻孔注浆三种。注入火区的浆液可以淹没部分空间，既可以冷却降温，又可以增加空间的密闭性，实现隔绝冷却联合灭火。

3) 注氮法灭火讲解

系统同样以声音、字幕和动画的方式讲解以下内容。

氮气是一种无毒的不可燃气体，氮气可以迅速、有效地扑灭明火，又可以防止开采区内遗煤自燃。使用注氮法灭火的火区具有恢复工作量小、不损坏设备等优点。因此注氮法灭火技术在国内外煤矿中得到了普遍的应用。

向采空区注入氮气要根据具体的条件确定注氮方式。注氮方法取决于注氮目的和注氮方式，一般分为两种。一种是压管注氮，即注氮管口由顺风槽压埋在采空区里，借助漏风将注入的氮气散布在采空区内，这种方法的优点是注氮工艺简单，适用于连续注氮。另一种是在采空区附近的巷道内向采空区打钻，通过钻孔注入氮气。氮气释放口的位置选择合适与否对灭火效果影响较大，一般氮气释放口位于进风侧的采空区内，释放口不得向上。

3. 矿井突水灾害虚拟仿真系统

员工可通过该系统了解矿井水灾形成的主要因素，如地面倒灌、老空突水等。通过对各种水灾形成的条件进行仿真重现，模拟突水过程、突水致灾原因、突水的各种影响因素，使员工了解灾害事故的严重性，掌握预防水灾的办法，如图 7.20 所示。

图 7.20　水灾场景

7.3.3　特种作业人员虚拟仿真培训

煤矿工作属于高危行业，在煤矿中从事特种作业的人员称为特种作业人员，习惯上称为特殊工种。按照国家现行有关规定，煤矿特种作业范围包括井下电气作业、井下爆破作业、安全监测监控作业、瓦斯检查作业、安全检查作业、提升机操作作业、采煤机(掘进机)操作作业、瓦斯抽采作业、防突作业、探放水作业10个类别。

特种作业容易发生事故，对操作者本人、他人及周围设施的安全可能造成重大危害。因此，煤矿特种作业人员安全技术的提高在煤矿安全生产管理中显得尤为重要。随着科学技术的不断发展，设备的不断更新，煤矿特种操作人员的安全技术素质应不断提高以适应新时期、新形势、新任务的需要。要提高煤矿特种作业人员的安全技术素质，就要做好煤矿特种作业人员的安全技术培训。

基于虚拟仿真技术的特种作业人员培训系统主要包括培训考核基础支撑平台和虚拟实操培训考核系统两部分。培训考核基础支撑平台是虚拟实操培训考核系统的基础，包括三维环境模型系统和评分系统两个部分；虚拟实操培训考核系统中基础功能模块主要包括与考试培训管理系统对接、考核系统基础功能和系统设置三个部分。与考试培训管理系统对接包括系统登录人员身份信息认证、登录人员考试信息认证及考核完成后成绩的推送等。考核系统基础功能包括角色控制、载具控制、角色动画、设备操作、任务提示、地图导航等，部分功能与操作方法阐述如下。

1) 系统登录

考生在登录界面输入自己的身份证号，登录到系统中。考生可以选择模拟考试或者正式考试，模拟考试是指考生登录后可选择工种并对该工种的所有题目进行练习；正式考试指依据管理系统的考试安排直接进行正式考试，考试过程及考试结果会返回给管理系统，以便教师查询对应的信息。

2) 工种选择

输入身份证并选择模拟考试则进入工种选择界面。界面中间列出了系统的十大特殊作业工种，用户可通过点击界面左右键进行工种的切换，如切换到对应的工种则单击鼠标选定。界面上列出了所选择工种所有的考试项目，如图7.21和图7.22所示，选择了采煤机操作作业人员，则以上列出了所采煤机作业前安全检查及采煤机安全操作两个考核选项。该选择可用鼠标点击进行选择或取消。选择完毕后则点击右下角的确定进入工种模拟练习场景。

3) 模拟考试

选择完工种则进入模拟考试场景。模拟考试旨在让考生进行反复练习，以熟练掌握各自工种需要的实操经验。模拟考试的场景可以分为以下四个步骤。

(1) 模拟考试界面。图7.23为模拟考试界面，屏幕上方中间位置显示整体流程，包括班前会、下井接班、开机、采煤、关机和交班。左上角可查看自学习文本、交接班动画和升井动画。左下角为聊天对话框，可与同时参加培训的其它工种对话，协同完成整个作业流程。右下角为当前操作设备采煤机的控制面板，点击功能按钮，采煤机执行对应的操作，如点击"左牵引"按钮则场景中采煤机执行向左牵引动作。

图 7.21　虚拟矿井的培训演练系统工种选择界面

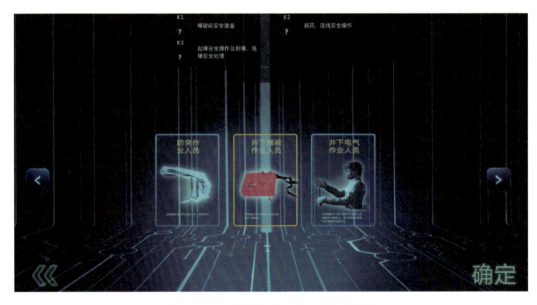

图 7.22　井下爆破作业人员工种选择界面

(2)模拟考试操作。考试操作中，系统会在需要操作的设备上方用发光的图形提示，点击需要操作的对象，如不具备操作权限则系统自动提示，如图 7.24 所示。点击正确的操作对象，则弹出该对象可进行操作的类型，点击操作类型按钮，则弹出具体操作指令，点击操作指令按钮，则进行对应操作动作，如图 7.25 所示。

图 7.23　模拟考试界面

图 7.24　模拟考试操作 1

　　(3)模拟考试结果。图 7.26 为模拟考试结果,在考生模拟考试完毕后,会弹出该对话框,显示当前考试的工种和得分。

图 7.25　模拟考试操作 2

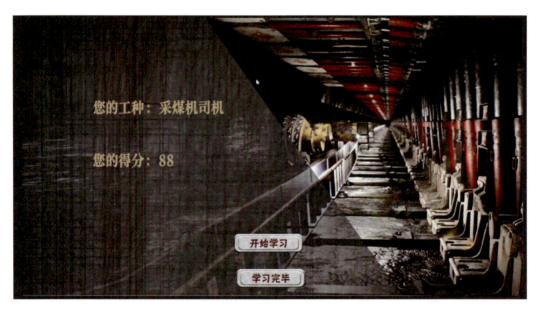

图 7.26　模拟考试结果

（4）正式考试。在登录界面输入身份证号，选择进入考试则进入正式考试。正式考试界面及操作和模拟考试基本一样，唯一的区别是正式考试没有任何提示信息。如图 7.27所示。

图 7.27　正式考试界面

参 考 文 献

陈靖怡. 2019. 煤矿 VR 安全培训系统平台研发及应用[D]. 阜新: 辽宁工程技术大学.

蒋旭刚, 杨俊燕, 李杜风. 2015. 我国煤矿安全培训体系构建及发展趋势探讨[J]. 矿业安全与环保,
　　42(1): 116-119.

李航. 2013. 鑫源煤矿综合管理信息系统建设问题研究[D]. 合肥: 安徽大学.

李梅, 杨帅伟, 孙振明, 等. 2017. 智慧矿山框架与发展前景研究[J]. 煤炭科学技术, 45(1): 121-128, 134.

刘增宝, 边红星, 孟德茂, 等. 2016. 煤矿综合信息网络三维管理系统的设计与应用[J]. 煤矿现代化,
　　(3): 90-92, 94.

毛善君, 熊伟. 2005. 煤矿虚拟环境系统的总体设计及初步实现[J]. 煤炭学报, 30(5): 571-575.

宁丙文. 2012. 澳大利亚矿山救援培训新技术[J]. 劳动保护, (2): 30-32.

钱鸣高, 缪协兴, 许家林, 等. 2008. 论科学采矿[J]. 采矿与安全工程学报, (1): 1-10.

孙振明, 侯运炳, 王雷. 2020. 云渲染技术在虚拟仿真教学系统中的应用[J]. 实验技术与管理, 37(7):
　　136-139.

王嗣源. 2005. 虚拟实验室建设的初步探讨[J]. 西安邮电学院学报, (2): 141-143.

吴立新, 张瑞新, 戚宜欣, 等. 2002. 三维地学模拟与虚拟矿山系统[J]. 测绘学报, 31(1): 28-33.

张瑞新, 任延祥. 1999. 虚拟现实技术在矿山安全工程中的研究进展[J]. 煤炭学报, 24: (1): 70-73.

邹湘军, 孙健, 何汉武, 等. 2004. 虚拟现实技术的演变发展与展望[J]. 系统仿真学报, (9): 1905-1909.

第8章　天然气管道运输应急管理信息系统[*]

8.1　应急响应系统建设需求分析与设计

8.1.1　概述

天然气作为一种使用便利的清洁能源，在人民生活质量的提高中发挥着不可替代的作用。随着我国工业化、城市化进程不断加快，对天然气的需求持续上涨，然而，天然气开采给环境造成的污染也越来越严重(郭屹桐等, 2017; 朱向丽, 2014)。

我国川东北地区作为天然气主要产区，普遍存在高压、高含硫、气层埋藏深等特点，且地势崎岖、山坡起伏，基础设施差，靠近高密度人口区域，因此，川东北含硫天然气的生产风险很大。主要危险和有害物质是硫化氢(H_2S)、二氧化碳(CO_2)、二氧化硫(SO_2)等。在天然气开采和运输途中，天然气在管道内不断冲刷，而且温度、压力、振动、季节和地质环境变化以及人为因素，使天然气输送管道不可避免地发生密封失效的问题，如不及时处理，密封失效的程度将会扩大，导致天然气大量泄漏，造成能源物料流失，不仅污染环境，而且会引起火灾、爆炸、中毒、伤亡等恶性事故，严重威胁天然气输送管道的正常运行。此外，从近几年国内外发生的几起重大气体泄漏事故的情况来看，由于缺乏对有害气体迁移和输运规律的把握，频频发生人员疏散延误和盲目疏散等现象。这些事故灾害的发生，在政府和公众中引发强烈关注，企业如何安全、高效开发油气田这一问题受到前所未有的重视(毕静等, 2012; 王鹏, 2010; 刘小军, 2013)。为了减少这种事故所造成的危害和损失，有必要对有毒气体的迁移和运输规律进行研究，计算气体扩散的影响范围，并建立完善的应急系统，以便迅速、及时、有效地应对可能发生的事故，切实保护人员、财产和环境安全。

针对川东北油气田的高含硫特性及潜在危险性，龙软科技、北京大学和相关油气开发企业一起研发了一套天然气运输管道应急响应管理信息系统(应急响应系统)。该系统是一套将企业运行状况、周边地形、地貌及人居分布等诸要素统筹管理的基于多维 GIS 的一体化管理信息系统，能够实现管辖区域内重大人员伤亡、财产损失、生态环境破坏或其他社会影响的重大事故的应急管理、应急响应、应急救援与指挥管理。针对内部集输系统和天然气处理厂，建立多维应急区域管理信息系统，通过卫星遥感技术整合气田的环境信息，建立地理、地质、社会、经济、应急等基础数据库，并根据生产、经营和管理逐步完善(刘茜, 2015; 杨冬偶, 2021; 李梅等, 2020)，为紧急情况下提供必要的决策信息。

系统基本要求是能够对天然气管道破裂后泄漏的有毒气体(尤其是硫化氢气体)的扩

---

[*] 请扫描封底二维码观看本章视频。

散过程进行准确的模拟，以便为应急响应和指挥救援提供参考和决策支持。项目中的天然气运输管道硫化氢含量高、压力大，安全生产风险大，集输系统点多、线长，事故地点的随机性较强，泄漏监测与安全控制的要求高，气体扩散模拟的难度大。此外，川东北油气田所在区域的复杂地形、建筑物等环境条件均加大了气体扩散的模拟难度。因此，川东北项目应急响应系统要求满足以下几点要求。

(1) 考虑复杂地形。川东北地区属于典型的山地丘陵地形，沟壑众多，相对高差变化较大，地形复杂，地形起伏对泄漏气体的扩散起到关键性作用。

(2) 快速计算。气体扩散模拟预测是为应急指挥救援提供参考，要求能在最多 2~3 分钟内给出预测结果，以及时确定救援的大致范围，指导救援工作。

(3) 实时数据输入。影响气体扩散的关键因素除了地形外，还有风速、风向等气象参数，以及泄漏速率等排放参数，为了准确计算气体的泄漏强度、扩散方向、泄漏持续时间等，要求获取实时的气象数据和泄漏排放数据作为模型输入参数。因此，气体扩散模型是系统的核心模块。

8.1.2　系统需求与危险源分析

应急响应系统建设需求主要围绕气田地理位置与地形的特殊性、主要有毒物料及重大危险源的识别与分析而展开，项目开发方案如图 8.1 所示。

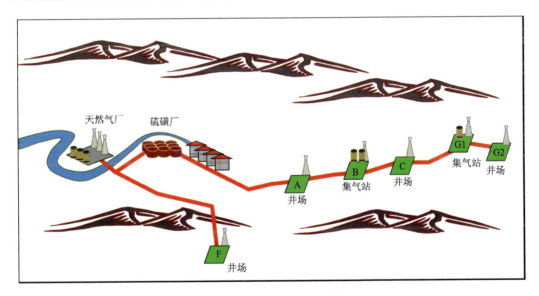

图 8.1　项目开发方案示意图

1. 高含硫气田地理位置的特殊性

川东北气田硫化氢含量高、压力大、集输系统点多、线长，泄漏监测与安全控制要求高。同时由于地形复杂，有些地方人口密集，有些地方人口相对分散，交通和通信都极为不便，应急处置和应急疏散难度大。这些特殊性对应急响应提出了更高的要求，原因如下。

(1)高酸性天然气毒性强，如发生气体泄漏可能给环境带来严重的影响，还可能引发人员伤亡。

(2)净化厂内安装了大量的设备和设施，一旦发生重大危害，非常可能导致次生和衍生灾害。

(3)井场、集气站、阀室和集气管线分布疏散，任何地点都可能发生泄漏，可能会给大面积的区域带来影响，还可能引发进一步的伤亡和社会影响。

(4)地处四川东北部山区，地形复杂，基础设施差，人口分散，有效和高效的通知、疏散特别重要。

项目已完成了大量的应急准备工作，包括设立应急组织机构，编制应急预案，建设区域应急救援中心，配备合格的人员和设备，完成一系列风险预评估，此外还安装了多套实时/报警系统。项目面临很多挑战，统一的应急响应平台非常必要，能够为开展有效和高效的应急救援提供强大的支持。

2. 主要有毒物料

项目主要危险、有害物质包括天然气[主要成分甲烷(CH_4)]、硫化氢、二氧化碳、二氧化硫、硫磺及硫磺粉尘(S)、硫化铁(FeS)、甲基二乙醇胺(MDEA)、三甘醇(TEG)、甲醇、水处理药剂等，项目主要涉及硫化氢气体泄漏事故。

H_2S 为强烈的神经性毒物，对黏膜有强烈的刺激作用。此外，H_2S 还为爆炸性气体，其爆炸极限范围为 4.0%～46%(体积比)。本项目原料天然气中 H_2S 含量为 7.28%～14.25%，若泄漏或释放于作业环境达到一定浓度时容易引起作业人员中毒，严重时甚至致死。H_2S 对人体的影响及危害程度见表 8.1(谭清磊，2013；朱渊，2010)。系统气体扩散模块计算的 H_2S 浓度时空分布结果按此划分级别进行显示。

表 8.1　H_2S 对人体的影响及危害

名称	浓度/ppm	浓度/(mg/m³)	特征	说明
致死浓度	700	1008.55	意识快速丧失，如不迅速营救，呼吸就会停止并导致死亡。必须立即采取人工呼吸和(或)心肺复苏技术	几秒钟致死
半致死浓度	500	720.49	短期暴露后(30min)就会不省人事，不迅速处理就会停止呼吸，头晕、失去理智和平衡感。患者需要迅速进行人工呼吸和(或)心肺复苏技术	根据 LC50 大鼠吸入实验，1h 结果为 618mg/m³ (429ppm)
立即危害浓度	300	432.40	明显的结膜炎和呼吸道刺激。考虑此浓度定为立即危害生命或健康临界浓度	立即危害到生命健康，参见美国国家职业安全和健康学会 DHHSNo85-114《化学危险袖珍指南》
伤害浓度	100	150.00	3～15min 就会出现咳嗽、眼睛受刺激和失去嗅觉；5～20min 过后，呼吸就会变样、眼睛就会疼痛和昏昏欲睡；1h 后就会刺激喉道。延长暴露时间将逐渐加重这些症状	危险临界浓度，对工作人员的生命健康产生不可逆转的或延迟性的影响，4h 致死

续表

名称	浓度/ppm	浓度/(mg/m³)	特征	说明
影响浓度	20	30.00	暴露 1h 或更长时间后，眼睛有烧灼感，呼吸道受到刺激，此为美国国家职业安全和健康学会的可接受上限值。工作人员露天安全工作 8h 可接受的硫化氢最高浓度	安全临界浓度
阈限值	10	15.00	有令人讨厌的气味，眼睛可能受刺激。①美国政府工业卫生专家协会推荐的阈限值(8h 加权平均值)。②我国规定几乎所有工作人员长期暴露都不会产生不利影响的最大硫化氢浓度	

注：1ppm=10⁻⁶。

3. 重大危险源识别

根据《危险化学品重大危险源辨识》(GB 18218—2009)和《关于开展重大危险源监督管理工作的指导意见》(安监管协调字〔2004〕56 号)的规定进行重大危险源辨识，项目可能存在的重大危险源涉及生产场所、压力管道、压力容器和锅炉 4 个类别分别为：天然气处理厂为生产场所类危险化学品重大危险源；集气干线、采气管道和燃料气管道为压力管道类重大危险源；井场、集气站、集气末站及天然气处理厂为包含压力容器(群)类的重大危险源；天然气处理厂的两台过热蒸汽锅炉为锅炉类重大危险源。

根据《中华人民共和国安全生产法》对重大危险源的管理要求，生产单位应对工程的重大危险源登记建档，进行定期检测、评估和监控，并制定应急预案，告知从业人员和相关人员在紧急情况下采取的应急措施。

8.1.3　气体泄漏事故的应急响应业务流程

为了预防气体泄漏等重大事故的发生，项目开展了大量的应急准备工作：设立应急组织机构，编制应急预案，建设区域应急救援中心，配备合格的人员和设备，完成了一系列风险预评估，安装了多套实时/报警系统。当气田区域内发生有毒气体泄漏事故时，应急指挥部门能够快速确定其危害程度及范围用以制定应急决策。应急响应系统可以利用事故源、气象、地形等相关信息，通过气体扩散模型计算模拟气体扩散范围，预估事故的潜在影响区域，为制定相应的应急方案提供重要依据。气体泄漏事故的应急响应流程如图 8.2 所示。

根据气体泄漏事故的应急响应流程，系统需要满足如下应急响应要求。

(1)迅速获取并提供各类应急信息，包括：

(A)已知静态信息，如事故地点周围的地形和地势、生产设施和消防设施的布局、应急人员和设备、人口分布、道路和交通、预先编制的应急预案、社区疏散路径和社区避难点。

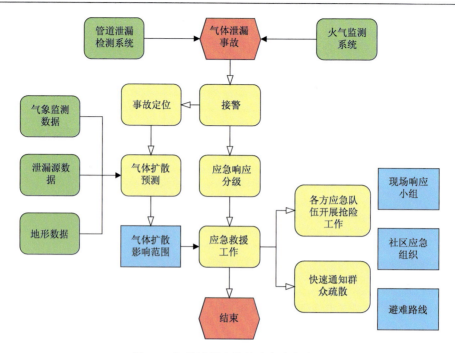

图 8.2 气体泄漏事故的应急响应流程

(B)实时动态信息，如压力、泄漏点温度、风速、风向。

(2)快速计算气体扩散过程。这一过程必须能够对泄漏点影响趋势和范围进行快速和动态模拟，结合实时生产数据和气象数据，还能够根据实时数据进行灵活的调整，从而确定是否有必要疏散更多人口或设置临时的疏散路径和集合点。

(3)高效实现信息获取、决策制定和应急处理之间的协同。重大事故应急通常涉及多方参与。利用统一的应急管理平台整合零散的信息，有效实现各个来源信息输入的同步化，保持各方步调一致，同时发出统一、清晰的指挥调度，在重大应急事件出现时，准确评估应急事件的预警信息和判断应急响应级别，准确及时通知和协同各方应急队伍开展抢险工作，利用有效的通信手段，快速通知群众疏散，建立起快速的应急响应机制，从而实现迅速反应和紧密合作，最终将应急响应时间缩到最短。

8.2 应急响应管理信息系统建设

8.2.1 系统功能设计

应急响应管理信息系统的总体设计坚持数据、管理、服务、应用相分离的架构思想，在保持灵活性和扩展性的前提下，采用 B/S 模式，在 Windows 操作系统环境下，基于 GIS 平台二次开发组件选用 C#编程语言在.NET 平台上进行开发。整个系统采用 Longruan GIS 平台作为总体框架，应用物联网、气体扩散模型、数据库及网络等技术，进行系统的建设，实现应急资源管理、气体泄漏事故模拟、应急响应、应急指挥等专业应用。

　　系统的总体平台架构如图 8.3 所示。地理信息标准规范体系、安全与标准体系是应急响应系统的平台支撑体系,确保系统在统一管理、标准规范、安全保密的前提下进行建设;应用系统按照面向服务的体系架构(SOA)设计思想,采用多层的分布式体系结构来构建。应用系统分为三个层次。

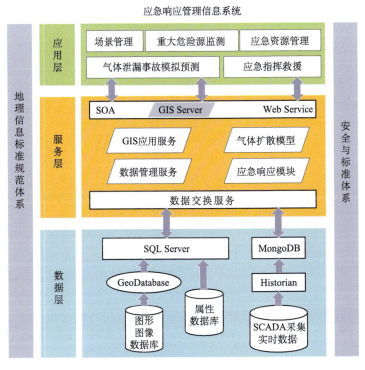

图 8.3　应急响应系统总休平台架构

1. 数据层

由基础数据及数据库管理引擎构成。数据可分为以下三类。

　　(1)基础地理数据。包括影像栅格数据、数字高程模型、地形要素矢量数据、社会要素数据。

　　(2)资源数据。包括厂区装置、安全监测设备、应急资源、应急预案等。

　　(3)实时监测数据。安全监测设备的实时监测数据。相应地,数据库也分为三类:①图形图像数据库,主要存储基础地理数据和资源数据的空间特征数据;②属性数据库,主要存储资源数据的属性数据;③实时监测数据库,存储现场监测系统的实时监测数据。不同类型的数据采用不同的数据库管理引擎进行管理,其中属性数据库采用 SQL Server 关系型数据库进行存储管理;图形数据存储在 Geodatabase 中,通过空间数据引擎 SDE 导入到 SQL Server 中;通过工业实时数据库 Proficy Historian(简称 Historian)提供的 SCADA 采集器,把实时数据按设定的时间间隔采集到数据库中。系统通过 Web Service 调用 Historian 的数据接口,获取历史/实时数据,写入 NoSQL 文档型数据库 MongoDB 中。

2. 服务层

向数据层提供数据交换服务，实现与数据库服务器之间的各种交互，包括地理数据、应急资源、Historian 实时监测数据的调用、加载及反馈。向应用层以 Web Service 的方式提供功能应用模块的服务接口：①GIS 应用服务，提供了地理信息浏览、坐标显示与距离测量、定位搜索、路径规划等多种应用服务接口，实现了网络地理信息服务的发布、聚合及应用；②气体扩散模型，即将 CALPUFF 模型打包成服务接口嵌入到系统中，实现气体扩散过程的实时动态模拟；③数据管理服务，提供了多源数据的分层分类组织与管理接口，可供其他服务模块调用，以获取所需数据；应急响应模块，提供了应急短信发送、应急指挥框图等功能服务接口。

3. 应用层

针对应急响应系统的需求，组织调用服务层的服务接口，设计了场景管理、应急资源管理、重大危险源监测、气体泄漏事故模拟预测以及应急指挥救援五大功能模块，其中每个模块又包含了若干小模块，如图 8.4 所示。

图 8.4　系统功能设计

1）场景管理

应急响应系统的场景管理以 GIS 为基础软件平台，能够提供地理数据图层管理、空间查询、空间分析及地图操作工具等基础应用。

2）应急资源管理

在 GIS 平台上展示应急资源的布局、人员配备情况、现有应急装备等信息，实现圆形、矩形、多边形空间查询及信息统计操作，以及属性信息的查看、修改、增加、删除操作；应急预案和应急专家库文件管理，提供文件查询、文件目录查看和文件入库功能。

3）重大危险源监测

针对本工程的重大危险源，项目厂区安装了多套实时/报警系统，对工艺生产过程中的温度、压力、液位、流量、组分等信息进行不间断采集和实时监测，对生产场所周边环境的气象数据、有毒气体浓度等信息进行不间断采集和实时监测，并具备信息远传、连续记录、事故报警等功能。

重大危险源监测模块通过应急响应管理信息系统 GIS 平台实现重大危险源的可视化

管理。一方面，获取监测设备的空间位置及其相关属性，在 GIS 平台上进行位置标绘，分类显示监测系统的布局，并提供监测设备信息查询与更新操作。另一方面，采集监测设备的实时监测数据，对探测器的属性、报警状态等进行监测管理。当监测设备报警时，系统也发出报警，并根据报警信息确定事故点位置，进而做出响应。

4) 气体泄漏事故模拟预测

针对天然气运输管道泄漏事故建立预测预警模型，快速计算气体扩散模型，对泄漏点影响趋势和范围进行快速和动态模拟，并规划避灾路线。

5) 应急指挥救援

结合模拟结果，通过应急响应模块，能够实现救援指挥流程化，有效地指挥救援队伍展开救援工作、疏散群众、进行灾后处理等。危险源周围有密集的人口、重要的基础设施以及其他重要社区等，通过 GIS 平台观察、分析，就能更好地理解应急救援中的安全漏洞。通过对危险源的分析，可以评估出应急撤离的优先位置，对应急救援预案进行修订，并及时通知人员撤离。

8.2.2　系统数据库建设

应急响应数据库是应急响应系统的基础和前提。除了实时数据库，系统 GIS 平台决定了底层数据库应包含图形图像数据库和属性数据库两类。此外，针对事故报警的需求，还需要数据库存储危险源监测的实时数据。图 8.5 是系统数据库的架构设计。

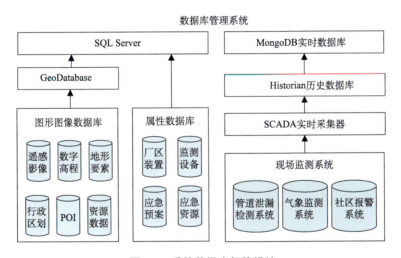

图 8.5　系统数据库架构设计

1. 属性数据库设计

属性数据库又分为应急资源数据库和应急预案数据库。

1) 应急资源数据库的设计

应急资源数据库中数据表的设计如图 8.6 所示。其中组织机构为其他应急资源的连接点，组织结构中有多个救援队伍、救援物资；每个机构人员属于某一个组织机构，具有联系方式属性；应急专家属于机构人员。

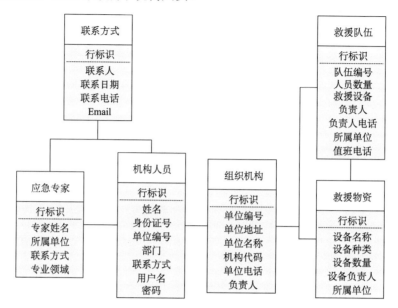

图 8.6　应急资源数据库中数据表设计图

2)应急预案数据库的设计

应急预案是文件资料，分为综合预案、专项预案和现场处置方案三种，根据突发事件的类型进行分类，按照突发事件的性质、严重程度等分级，以树状目录导航。在数据库中存储预案的相关属性及附件的路径。应急预案表的设计如表 8.2 所示。

表 8.2　应急预案表的字段

中文名称	英文名称	数据类型及长度	备注
行标识	Flag	Int(4)	Primary Key
预案名称	Plan_cn_name	String(38)	
预案 ID	Plan_ID	String(38)	
预案父节点 ID	Plan_parent_ID	String(38)	
预案等级	PlanLevel	Varchar(50)	
分类类型	ClassType	Int(4)	
子类型	SubType	Int(4)	1.历史；2.现状；3.预案
附件类型	Type	Varchar(50)	
附件名称	Name	Varchar(200)	
附件路径	Route	Varchar(200)	

2. 空间数据库设计

空间数据库包含图像数据、数字高程模型、地形要素矢量数据、社会要素矢量数据、应急资源数据等，进行分层管理。数据分层如表 8.3 所示。

表 8.3　空间矢量数据分层

数据类型	图层名	数据类型	字段/备注
地形地貌	厂区图像	Raster	航拍、遥感影像
	DEM	Raster	厂区地形、研究区 DEM
地形要素	河流	Polyline	名称、长度
	道路	Polyline	名称、长度
	湖泊	Polygon	名称、面积
行政区划	县	Polygon	名称、面积
	乡	Polygon	名称、面积
	村	Polygon	名称、面积
POI	居民点	Point	户主、人数、所属社区
	学校	Point	名称、人数
	医院	Point	名称、等级、人数
厂区装置	运输管道	Polyline	编号、长度
	管道阀室	Point	编号
	集气站	Point	编号
应急资源	救援队伍	Point	编号、人数、负责人
	救援物资	Point	设备名称、类型、数量
	避难点	Point	所属区域、容纳人数、负责人
	组织机构	Point	单位名称、负责人
事故模拟	污染源	Point	海拔、排放类型、排放源高度、压力、温度等
	浓度结果	Raster	二/三维栅格图像

3. 实时数据库设计

实时监测数据的存储管理采用开源 NoSQL 文档型数据库 MongoDB。实时数据库中设计了监测设备集合、监测点集合、监测数据集合，分别存储监测设备的静态属性、监测点的相关数据、各监测设备的动态监测数据。考虑到动态监测数据量会随着时间不断增长，为了解决单个集合数据量过大的问题，将监测数据集合拆分为多个子集合，设置每个子集合的数据量阈值，当某个子集合的数据量达到阈值时，则自动生成一个新的子集合。因此需要添加一个分区集合存储子集合的元数据。数据集合的设计如图 8.7 所示。

设备类型不同，监测量也不同，如表 8.4 所示，但都能以 BSON 文档的格式统一存储在同一个集合中，不同的监测量对应不同的键值对。

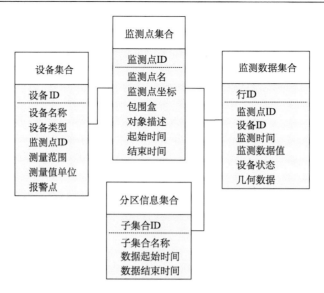

图 8.7　实时数据库中集合的设计

表 8.4　不同设备的监测量

监测设备	监测量
气象监测系统	风速、风向、气压、温度、湿度、降雨量
管线泄漏探测系统	泄漏面积，管道压力、温度、应力等，阀室开断状态
社区报警系统	管线状态，作业区硫化氢浓度

8.2.3　气体扩散模型与应急响应系统的集成

CALPUFF 模型是一种非稳态气相和空气质量建模软件，广泛应用于环境评价、大气环境质量评价领域。但在数据接入与管理、可视化、空间分析、自动计算上处于劣势。应急响应系统基于 GIS 平台设计开发，GIS 的优势在于其强大的数据管理和空间分析功能，恰好能弥补 CALPUFF 的缺点，因此需要将 CALPUFF 模型与应急响应 GIS 平台结合，以便能接入实时监测数据和自动计算，将结果与厂区专题地图进行叠加显示，并进行空间分析。根据环境风险评估与应急响应的不同点，CALPUFF 与 GIS 集成主要考虑以下几个问题。

(1) 数据接入。事故点附近不一定存在气象站，即使存在，也难以快速获取标准气象资料；污染源排放数据随时间任意变化，需要复杂的专业泄漏模型进行计算，耗时较长。

(2) 模拟区域的分辨率。精细的网格能提高计算精度，网格分辨率应当尽量大。然而，CALPUFF 对模拟区域的网格数目有限制，并且网格数量越多，计算时间越长，需要寻找网格数目与计算速度的平衡。

(3) CALPUFF 模型数据与 GIS 数据的交互，如地形高程数据、土地利用数据和实时监测数据等。

(4) CALPUFF 模块的动态调用。CALPUFF 气体扩散模拟需要依次调用多个模型模块进行计算。

(5)结果的动态可视化。按照 H_2S 气体对人体的危害程度对气体扩散区域进行分区，对不同区域采取不同的应急响应措施。

(6)计算速度，影响计算速度的主要因素有模拟时段长短、气象数据量、网格数目。

1. 集成方式

GIS 与应用模型的集成可分为三个层次。

(1)松散结合。是指 GIS 与应用模型分别属于两个独立的系统，拥有独立的用户界面和数据库，系统之间有数据交换。

(2)紧密结合。表现为分属于两个系统，拥有独立的数据库，通过公共界面来管理两个系统的公共数据。

(3)无缝集成。以 GIS 与应用模型共享用户界面及数据库为特征，工作量大、开发周期长、专业性强。GIS 与应用模型的集成按照集成环境又可分为 GIS 环境内部集成与 GIS 环境外部集成。

(A)GIS 环境内部集成是将应用模型作为 GIS 系统的组成模块，通过模块的调用完成问题的计算，在 GIS 环境内进行开发集成。

(B)GIS 环境外部集成是指应用系统完成主要计算及问题的解决，在应用系统中嵌入 GIS 的功能来实现二者的集成。

应急响应管理信息系统是针对特定区域、特定事故建立的地理信息应用系统，CALPUFF 气体扩散模型作为应急响应 GIS 平台的一个关键功能模块，共享 GIS 中的地形数据、实时监测数据等，其输出结果更是 GIS 空间分析的数据基础，二者需要共享用户界面和部分数据。为提高研发和应用效率，并实现"事故确认—数据自动获取—模拟计算—结果分析"的一体化自动计算流程，项目提出了以 GIS 为主体，在 GIS 环境内部采用紧密结合方式进行 CALPUFF 模型与 GIS 应急响应系统的集成开发思路。

图 8.8 为 CALPUFF 模型库(DLL)的基本结构。GIS 与 CALPUFF 集成的技术路线为：将 CALPUFF 系统封装成动态链接库 DLL，主要包括三个部分。

(1)数据交换接口。实现模型与 GIS 之间的数据传输，包括投影转换、数据检查、单位转换等。

(2)数据预处理模块。将原始气象、污染源排放数据处理成 CALPUFF 要求的格式，将研究区域、时间跨度等数据处理成贯穿 CALPUFF 各子程序模块的数据链。

(3)程序链调用。将 CALPUFF 各独立子程序模块按 CALPUFF 处理流程连接成程序链，为每个程序进行必要的参数配置，并提供程序链的入口。GIS 系统通过数据交换接口输入输出相关数据，只要调用模型库的函数启动程序链入口，即可完成所有模块的计算。

2. 类与接口的设计

CALPUFF 模型库中类与接口的设计如图 8.9 所示。

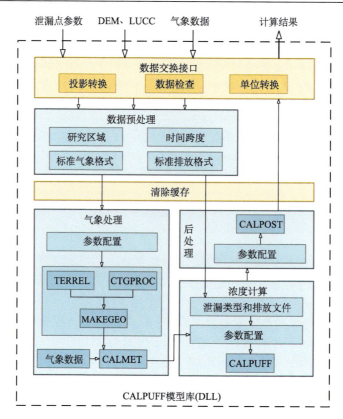

图8.8 CALPUFF 模型库（DLL）的基本结构

1）InitParameter

提供数据获取及预处理的接口方法，包括获取泄漏点参数，确定时间跨度，从动态数据库 MongoDB 中获取实时的气象监测数据和管道工艺数据，获取数字高程模型 DEM、土地利用/覆盖（land use/cover change, LUCC）文件的路径，检查实时监测数据是否完整、是否在正常值范围内，检查并确定地形数据的类型及分辨率等，对地理参数进行投影转换。

2）UTMCoordConvert

应急响应平台的专题地图采用带坐标偏移的 Web 墨卡托投影（WGS-84 大地基准），而 CALPUFF 采用 UTM 6 度带高斯投影坐标系（WGS-84 大地基准），二者通过高斯正反算进行坐标变换。

3）CreateUPDATA

生成 CALMET 必要输入文件 UP.DAT，包括从数据库中获取往年气象观测值并匹配，以及从实时数据中提取低层的风速、风向数据。

4）CreateSURFDATA

从实时数据中提取风速、风向、温度、湿度、气压、相对湿度六个监测量，以及根据往年观测值确定云量和云高度的值，生成 CALMET 必要输入文件 SURF.DAT。

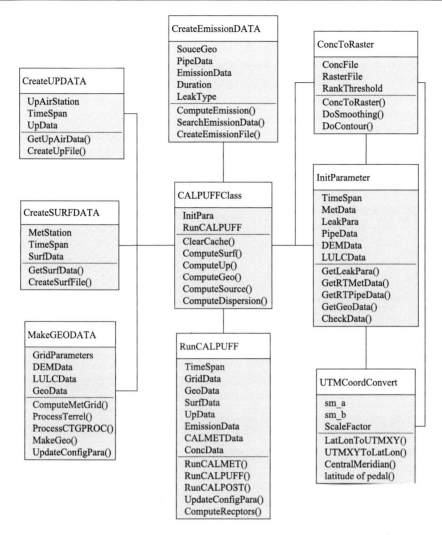

图 8.9　CALPUFF 模型库类与接口的设计

5）MakeGEODATA

根据泄漏点位置确定研究区域范围及网格设置，配置投影、网格分辨率、土地利用代码等参数，依次调用 TERREL、CTGPROC、MAKEGEO 三个模块生成 GEO.DAT。

6）CreateEmissionDATA

根据泄漏类型（主要处理点、面源泄漏）计算不同的泄漏排放数据，生成 CALPUFF 必要的输入文件。

7）RunCALPUFF

配置参数，计算受体网格、离散受体，依次调用 CALMET、CALPUFF、CALPOST 三个模块计算。

8）CALPUFFClass

模型库的入口与各接口的连接点，首先调用 InitParameter 接口获取静态和动态数据，进行预处理，然后调用四个文件创建类生成 CALPUFF 需要的数据文件及数据链（Grid、TimeSpan），最后调用 RunCALPUFF 接口计算结果，并调用 ConcToRaster 类进行结果转换。

9）ConcToRaster

读取 CALPOST 的处理结果，生成 GIS 栅格图像，提供数据平滑处理，根据污染物危险浓度阈值标记三级危险区域。

3. 集成的步骤流程

图 8.10 为 GIS 与 CALPUFF 模型集成的调用流程，可分为以下五个步骤。

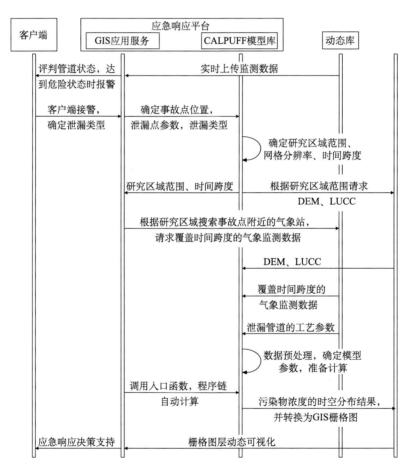

图 8.10　GIS 与 CALPUFF 模型集成的调用流程

（1）根据事故监测系统的警报进行事故定位，确定泄漏类型与泄漏点参数，模型库确定事故过程尺度，包括研究区域的空间范围、分辨率、时间跨度。

（2）确定输入数据，从静态数据库中选择 DEM、LUCC，搜索研究区域内事故点附近的气象监测系统，从动态数据库中获取实时气象监测和管道工艺数据。

（3）数据预处理，计算排放数据，将各类数据处理成标准格式、确定模型技术参数、污染物种类及属性、地图投影、化学转换参数等，准备计算。

（4）通过模型库的程序链入口进行自动计算，结果存入静态数据库中。

（5）从静态数据库中读取 CALPUFF 计算结果，转化为 GIS 栅格图，根据有毒气体的危害等级配置三级分层设色，动态播放每一帧的浓度时空分布，进行数据分析，为应急响应提供决策支持。

8.2.4　气体扩散模型数据处理

1. 实时气象数据接入

CALMET 计算风场时需要从常规气象站获取标准格式的气象资料，然而研究区域内只存在极少数的气象站，远不能满足要求。即使有满足要求的气象站，也不能在事故报警时及时获取实时的气象资料。此外，标准格式的地面数据一般以小时为单位进行观测，高空观测则以一天两次的频率进行，数据频率也不能满足要求。由于 CALMET 的直接输入文件 SURF.DAT 和 UP.DAT 是可编辑文本文件，在没有标准格式的数据源时，可以直接手动编辑输入数据。

1）地面气象数据 SURF.DAT

SURF.DAT 文件包含每个观测时刻的风速、风向、云层高度、云量、温度、相对湿度、大气压、降水类型，除了云量和云底高度（取经验值），其余量都可由现场的气象监测系统得到。采用两种方案给出相应时间段的气象监测数据。

（1）假设未来一小时内地面气象值保持不变，直接获取实时气象监测值。MongoDB 获取实时监测数据的实现方法如图 8.11 所示，首先获取指定气象监测站的所有监测值数据集，设置监测值数据集的时空索引，以当前时刻作为时间戳 timep 构建查询条件，直接查询距离该时刻最近的数据值。

```
//get monitoring point set object
STObjectSet& objset = m_DB ->GetObjectSet();
//get all the observations of one specific monitoring point
STObject& obj = (STObject&)objset.GetSTObject(objectid);
//set spatial temporal index
obj.EnsureSTIndex();
// timep is the current time
mongo::BSONObj json = obj.ST_Query_Near(timep);
```

图 8.11　MongoDB 获取实时监测数据的实现代码

（2）获取当前时刻前一小时的气象监测时间序列值，采用回归分析法预测未来一小时的气象值。MongoDB 获取某时间段时间序列监测数据的实现方法如图 8.12 所示，利用 MongoDB 中的时空条件筛选器 BSONObjBuilder 构建时间检索条件，从监测值数据集中检索该时间段内的所有观测值。

```
//build a spatio-temporal query condition with a time period
BSONObj timeObj = BSONObjBuilder().
appendTimeT("start_time",timeStart).appendTimeT("end_time",timeEnd).obj();
STObject& obj = (STObject&)objset.GetSTObject(objectID);
//get all the observations in the time period
vector<BSONObj> bsonSet_tset = obj.GetObjectState(timeObj);
```

图 8.12　MongoDB 获取时间序列监测数据的实现代码

2) 高空气象数据 UP.DAT

UP.DAT 文件包含每个观测时刻每个探空层的气压、位势高度、温度、风速和风向。现场没有高空气象监测设备，只能获取研究区域往年的高空气象资料，处理成标准格式后，存入数据库，计算时匹配相应日期的数据。

由于高空气象资料的准确性较低，CALMET 风场计算时降低高空站的影响半径，RMAX2=0.1km；为了突出复杂地形的影响，降低地表影响半径，RMAX1=0.6km，增大地形影响半径，TERRAD=20km。其中，RMAX1 为陆上地表层的最大气象站影响半径，RMAX2 为陆上高空层最大气象站影响半径，TERRAD 为地形特征影响半径。如图 8.13 所示，在其他条件相同的情况下(风场、泄漏源、地形相同，风向为 330°，风速为 5m/s)，设置不同的影响半径，模拟出的不同效果：图 8.13(a)烟团沿风向直线传输，越过了较高地势；而图 8.13(b)以风向为主方向，绕过了较高的地势，沿较低的山谷传输扩散。很明显，降低气象站影响半径 RMAX1 和 RMAX2、增大地形影响半径 TERRAD，能使模拟更接近真实情况。

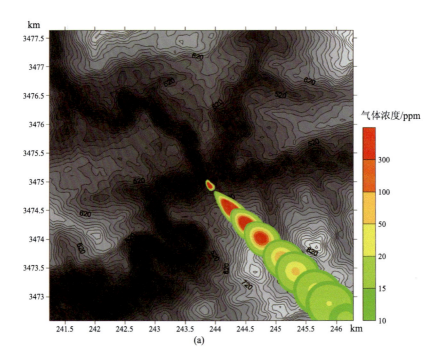

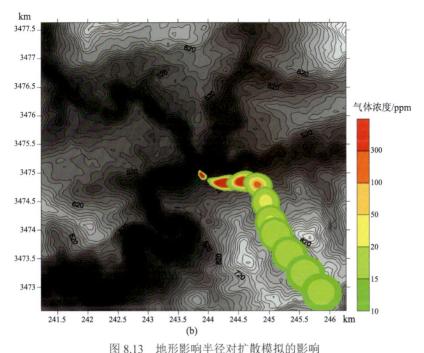

图 8.13　地形影响半径对扩散模拟的影响

(a) RMAX1=10 km，RMAX2=10 km，TERRAD=0.1 km；(b) RMAX1=0.6 km，RMAX2=0.1 km，
TERRAD=20 km

2. 泄漏模型与污染源排放数据

管道泄漏主要分为三类：小孔泄漏，指泄漏孔径小于 20mm 的泄漏；大孔泄漏，指孔径为 20～80mm 的泄漏；管道泄漏，指管道在某因素诱发下发生横截面完全断裂的泄漏。根据项目要求，本实验主要关注 10mm 小孔径泄漏、50mm 大孔径泄漏、全断裂管道泄漏，其中前两者作为点源污染源处理，管道全断裂泄漏作为面源污染源处理。针对不同的泄漏，要创建不同的污染源排放文件，表 8.5、表 8.6 依次是点源和面源排放文件所需的参数。

表 8.5　点污染源排放数据文件的参数清单

CALPUFF 中参数名称	单位	泄漏模型中的参数	备注
点源坐标 (x, y)	km	事故点坐标 (x, y)	不随时间变化
点源的基准海拔	m	事故点的基准海拔	
烟囱高度	m	泄漏点距离地表的高度	
烟囱直径	m	泄漏孔径（10 mm 或 50 mm）	
初始水平扩散系数 σ_y	m	表示点源的初始系数	随时间变化
初始垂直扩散系数 σ_z	m		
出口速度	m/s	泄漏点气体流速	随时间变化，由泄漏模型计算得出
出口温度	K	泄漏点气体温度	
污染物排放速率	g/s	泄漏点气体排放速率	

表 8.6　面污染源排放数据文件的参数清单

CALPUFF 中参数名称	单位	备注
面源每个顶点的坐标	km	将断裂圆面当作矩形处理，四个顶点坐标
面源的基准海拔	m	事故点的基准海拔
面源的有效高度	m	泄漏面距离地表的高度
温度	K	泄漏面气体温度
有效抬升速度	m/s	默认值为 0.0
抬升计算的有效半径	m	默认值为 0.0
初始垂直扩散系数 σ_z	m	由大气湍流等参数计算得出
污染物排放速率	g/s	由泄漏模型计算得出

1）扩散系数

扩散系数的大小与大气湍流结构、离地面高度、地面粗糙度、泄漏持续时间、抽样时间间隔、风速以及离开泄漏源的距离等因素有关。CALPUFF 提供了 5 种方法来计算水平扩散系数 σ_y 与垂直扩散系数 σ_z：①从湍流测量值中直接得到；②基于相似理论估算 σ_y 和 σ_z；③乡村地区采用 PG（Pasquill-Gifford）扩散系数估算；④城市地区采用 MP（McElroy-Pooler）扩散系数；⑤中性稳定条件下采用 CTDM 扩散系数。

初始的水平扩散系数 σ_y 与垂直扩散系数 σ_z，对于点源和面源的意义不同：σ_y 和 σ_z 表示建筑物下洗效应下点源排放物的扩散系数，具有和体源类似的分布特征；面源排放属于无组织排放，σ_z 表示面源的烟羽抬升高度。

项目风险评估报告中通过平衡球扩散实验，采用 PG 扩散系数方法，得出了不同稳定度下扩散参数随下风距离 x 变化的回归方程，如表 8.7 所示。

表 8.7　扩散参数实验结果

稳定度	$\sigma_y(x)=a_1x^{b_1}$		$\sigma_z(x)=a_2x^{b_2}$	
	b_1	a_1	b_2	a_2
不稳定	0.8652	0.3654	0.8544	0.3184
中性	0.8487	0.2374	0.7545	0.2812
稳定	0.8405	0.1582	0.6624	0.2511

2）泄露模型

利用泄漏模型计算污染物在泄漏口处的排放速率，根据泄漏孔径的不同可以将模型分为两种：泄漏孔径远小于管道直径的叫作"小孔模型"（hole models），管道全断裂泄漏叫作"管道模型"（pipe models）。Woodward（1995）建立的小孔泄漏模型考虑了管道压强在泄漏过程中随时间的逐渐降低，但是不适用于大孔径泄漏情况。Crowl（2002）建立的泄漏模型假设管道压强是恒定的，且气体等熵膨胀，由于没有考虑管压和气体出口速度的变化，该模型只适用于小孔泄漏；对于全断裂情况，又建立了一个模型，假设气体的泄漏是绝热且等熵的，并考虑了管压的骤降。PHAST 软件是计算管道泄漏源强的常用软件，由于计算较慢，因此不便将 PHAST 嵌入到应急响应 GIS 平台中。管道内的压力、温度、硫化氢含量的取值范围确定，且浮动不大，实验证明，如果压力、温度、硫化氢含量参数值变化很小，泄漏模型的计算结果不会相差太大，因此可将这三个参数值进行等级量化，结合三种泄漏类型进行排列组合，针对每一种组合用 PHAST 软件计算泄漏速率，存入数据库，当事故发生时，根据实际的参数值调用相应的方案结果。预存的方案包括：三种泄漏类型，管道压力依次为 5MPa、7MPa、8MPa、9MPa（默认）、10MPa、11MPa、12MPa、15MPa，温度依次为 5℃、10℃、20℃（默认）、30℃、40℃、50℃、60℃，硫化氢含量依次为 5%、8%、10%、12%、14.5%（默认）、15%，其中默认值表示正常情况下管道的压力、温度、硫化氢含量。图 8.14～图 8.16 是依次用 PHAST 软件计算的三种泄漏类型的排放曲线。

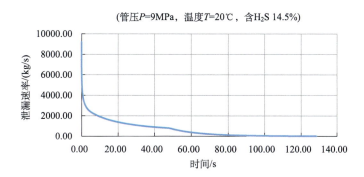

图 8.14　全断裂泄漏的排放曲线

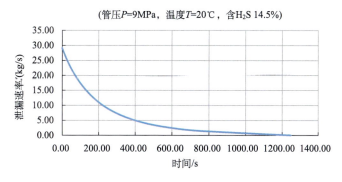

图 8.15　50mm 大孔泄漏的排放曲线

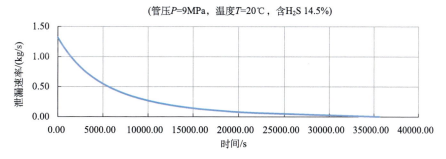

图 8.16　10mm 小孔泄漏的排放曲线

3. 地理数据与网格系统

1）地理数据

采用 ASTER GDEM V2 作为 DEM 数据源。ASTER GDEM（先进星载热发射和反射辐仪全球数字高程模型）覆盖了 83°N~83°S 的所有陆地区域，水平空间分辨率约为 30 m，垂直精度为 20 m。下载覆盖川东北地区 ASTER GDEM 数据，再用 Global Mapper 将其转换为 SRTM1 格式的 DEM。采用 GLCC（global land cover characterization）亚洲地区数据，分辨率为 30s（～1km）。土地利用类型可固化地表参数和人类活动热通量。

2）网格系统

CALPUFF 常用于模拟大于 50km 尺度的污染物传输过程，与普通应用案例不同，天然气泄漏事故应急响应考虑的影响区域较小（通常为管道周边 2.5km 缓冲区），因此，研究区域覆盖 5km×5km 的矩形区域，事故点位于矩形区域中心，再在这个矩形上划分网格。

CALPUFF 中一共包含三种网格：①气象网格，NX×NY×NZ 的三维网格，用于计算气象场，即计算每个网格的风速风向等参数；②计算网格，用于计算污染物的传输与扩散，即计算每个网格中心点的浓度，可以与气象网格一样，也可以是气象网格的子网格，分辨率与气象网格一致；③受体网格，是由计算网格中每个网格中心点连接而成的网格或其子网格，输出受体网格点的浓度值。

一般而言，需要根据对分辨率的实际需求，基于细分因子 mesh 参数对受体网格进行加密，得到加密后的受体网格。如果 n 为加密前受体网格每行的点数（即计算网格的行或列数），则加密后受体网格每行的点数 N 为

$$N = (n-1) \times \text{mesh} + 1 \tag{8.1}$$

三种网格的关系如图 8.17 所示，最外层的细实线网格为水平气象网格和计算网格，分辨率为 r_2，粗实线为受体网格，粗虚线为 mesh = 3 时的加密受体网格，分辨率为 r_1。

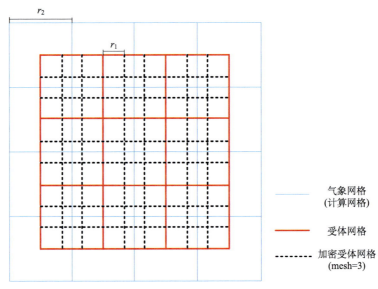

图 8.17　CALPUFF 三种网格

CALPUFF 规定受体网格点数的上限是 265×265，若要覆盖 5km×5km 范围，需使得 $r_1 \times 265 \geqslant 5000$，则 $r_1 \geqslant 18.9$ m，为了便于计算，设 $r_1 = 20$ m。

一般来说，气象网格的分辨率 r_2 应该小于 DEM 的分辨率（30m），即 $r_2 = \text{mesh} \times r_1 = \text{mesh} \times 20 \geqslant 30$，得到 $\text{mesh} \geqslant 1.5$，考虑到气象网格数量对计算速度的影响较大，这里取 $\text{mesh} = 3$，即 $r_2 = 60$ m。若要覆盖 5km×5km 范围，则有 $60 \times n \geqslant 5000$，则 $n \geqslant 84$；而 $N \leqslant 265$，根据式(8.1)有 $n \leqslant 89$，综上，气象网格的行或列数 n 应满足 $84 \leqslant n \leqslant 89$。

为了便于计算，取 $n = 85$，研究区域范围为 5.1km×5.1km。将泄漏点坐标输入模型库，配置 85×85、网格间隔为 $r_2 = 60$ m、范围为 5.1km×5.1km 的水平网格，输入到 TERREL、CTGPROC、MAKEGEO、CALMET 计算模块。

为了验证该网格配置的适用性，本实验做了一个简单的测试。设计了两种配置的网格：①气象网格数为 85×85=7225，分辨率为 $r_2 = 60$ m，受体网格细分因子 mesh = 3，分辨率为 $r_1 = 20$ m，受体网格数为 253×253=64009；②气象网格数为 50×50=2500，分辨率为 $r_2 = 100$ m，受体网格细分因子 mesh = 2，分辨率为 $r_1 = 50$ m，受体网格数为 99×99=9801。假设了四种气象条件和三种泄漏类型，分别用这两种网格进行计算，测试其计算时间，结果如表 8.8 所示，可知，50×50 网格的计算速度很快，但受体网格分辨率较小，浓度分布结果不够精密；85×85 网格接近受体网格的最大分辨率，可视化效果较好，且计算速度可以满足应急响应的计算要求。二者的可视化效果如图 8.18 所示。

表 8.8 两种网格的计算时间对比

风速/(m/s)	泄漏类型	计算时间/s		风速/(m/s)	泄漏类型	计算时间/s	
		85×85	50×50			85×85	50×50
4	10mm 孔径	79	13.1	0.5	10mm 孔径	36.3	10.5
	50mm 孔径	44.2	10.2		50mm 孔径	33.6	9.6
	全断裂	42.1	10.1		全断裂	104.1	19.4
1.5	10mm 孔径	43.4	12.2	0	10mm 孔径	213.8	37.1
	50mm 孔径	36.3	9.7		50mm 孔径	110.9	22.3
	全断裂	32.3	10.5		全断裂	249.8	42.6

4. 多事故并发计算

系统实际运行时，可能会出现管线多处断裂导致多个事故同时发生的问题。CALPUFF 支持多个泄漏源同时计算，但前提是在同一个研究区域中。如果不同的源之间相距很远，要保证都在同一个网格系统内，就必须扩大研究区域范围，减小网格分辨率，如此，会造成每次计算结果的精度不一致。因此遵循的原则是不改变研究区域大小和网格分辨率，当多个源同时或先后排放时，就同时或先后进行独立的计算。

CALPUFF 模块的每次计算需要分别指定模型可执行文件、控制文件、输入数据的路径，其中控制文件的内容较多，通常是预先准备模板，再根据实际项目参数修改控制文件的相关内容。

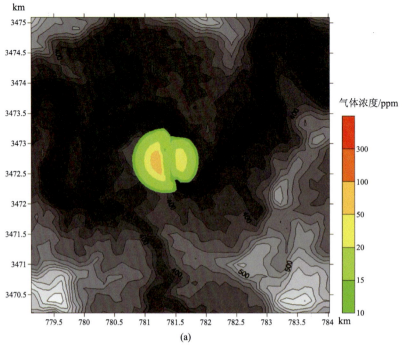

(a)

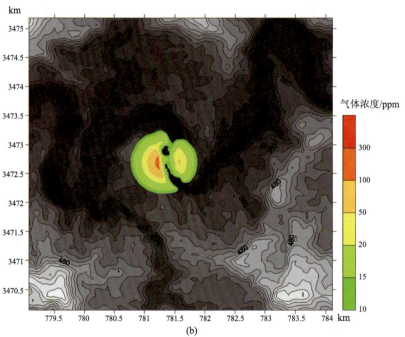

(b)

图 8.18 不同网格分辨率效果对比

(a) 85×85 网格；(b) 50×50 网格

多事故并发计算的解决方案如图 8.19 所示。在不变的公共目录下有多个模型的可执行文件、控制文件模板、DEM、GLCC 土地利用数据，每当有事故发生时，就根据事故

ID 新建事故目录，建立网格系统，从公共目录中选择相应的 DEM 数据、土地利用数据，在事故目录下创建该事故特定的气象输入数据、污染源排放数据等实时数据文件，将公共目录的控制文件模板依次拷贝到事故目录下，并重新标定模型参数，调用公共目录的模型可执行文件进行计算，计算结果输出到事故目录下，最后将各事故目录下的结果数据进行统一转换，叠加显示在 GIS 平台上。

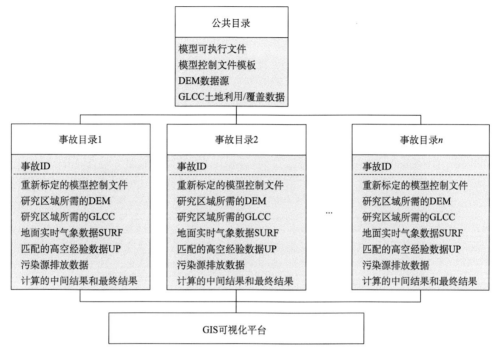

图 8.19 多事故并发计算的解决方案

8.3 应急响应管理信息系统的实现及应用

根据系统设计思路，应用 CALPUFF 模型与 GIS 系统集成的相关方法和技术，开发实现了 B/S 架构的应急响应管理信息系统。系统以 GIS 系统为基础，不仅管理川东北地区天然气管道沿线的地形地貌、人居分布等要素，而且对管道运行状态、周边气象状况进行实时监测，在事故发生时自动检测并报警，调用事故模拟模块对事故影响区域进行预测，统计受影响区域的居民及附近避难点，规划撤离路线，发送避难通知，同时启动应急预案和应急指挥流程框图，指挥各方救援力量，按救援流程一步步完成救援，最后评估事故后果并总结经验，生成事故报告(刘茜，2015)。

8.3.1 资源管理功能的应用与实现

资源管理主要包括数据管理、地图操作、空间查询与分析、实时数据监测。

1. 数据管理

将地表影像、行政区划、管线周边 POI、管线和厂区装置、应急资源等空间数据进行分层管理，图 8.20 所示是管线和厂区装置的地理位置分布，图 8.21 所示是紧急集合点的空间分布和管理区域划分。

图 8.20　管线和厂区装置(管道、阀室和气象监测站)的地理位置分布

图 8.21　紧急集合点的空间分布和管理区域划分

数据管理还包括应急预案文件管理。应急预案管理模块能够动态地配置应急流程，为应急工作提供准确而有效的指导。系统对应急预案的管理主要表现在以下几个方面。

(1)应急预案网络化管理：在客户端页面中，依据应急预案体系的分类和分级，录入或上传应急预案电子文档，如图 8.22 所示。

图 8.22　应急预案网格化管理

(2) 预案后评估与网络更新：预案后评估内容有人力消耗、资源消耗、响应时间及其计算方法；在客户端页面中，可以实现应急预案的更新；当应急预案所涉及的机构发生重大改变、管道工艺进行重大调整或发生其他重大变更时，由应急办公室负责组织修改，报相关部门审查、备案和发布；预案更新模块记录组织的修改、审查、备案和发布流程。

2. 地图操作

实现了 GIS 图层的基本操作。

(1) 地图基本操作：地图的放大、缩小、平移、打印等。

(2) 地图标绘：在地图中标绘点、线、面要素，添加自定义标签，用文字、图片等方式标注。

(3) 地图要素拾取与查询：为地图要素添加事件，在鼠标点击拾取要素后，在浮动框中显示要素的详细信息。

(4) 测量工具：距离测量，计算多线段的距离；面积测量，计算多边形的面积。

(5) 定位导航：在页面左侧形成关键位置导航树，实现关键位置的导航与快速定位，通过关键字搜索将当前的焦点定位到搜索位置。

3. 空间查询与分析

包括图形查询及缓冲区查询两类。

(1) 图形查询：地图提供了圆形、矩形和多边形的绘制工具，通过绘制圆形、矩形或任意多边形，查询该区域内指定要素的详细信息。图 8.23 所示为查询感兴趣区域内的房屋信息。

图 8.23　查询圆形内的房屋信息

(2)缓冲区查询：查询沿任一段天然气运输管道的任意缓冲区内(研究区域内)的指定要素的详细信息。图 8.24 为查询管线 300 m 缓冲区内的房屋信息。

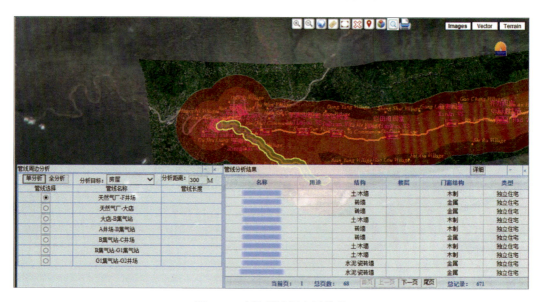

图 8.24　查询缓冲区房屋信息

4. 实时数据监测

系统每 30 s 刷新一次各类监测系统数据，包括管道压力、温度、声波、气象监测站的六个监测量、气阀的开闭状态等。当监测数据达到报警值时，监测系统出现报警状态，并被系统读取，系统也发出报警。

8.3.2　事故动态模拟的实现与应用

通过模拟管道泄漏监测系统的 SCADA 数据，假设某段管道发生了泄漏，达到了系统的报警点，此时，系统收到报警，发出警报鸣响，并弹出报警窗口，如图 8.25 所示。

图 8.25　事故报警

点击"处理"（图 8.25），系统自动进行事故定位。系统根据阀室将管道分成多段，管道泄漏探测系统检测每一段管道的状态，探测到管道泄漏后，能测出泄漏点与管道起点阀室的距离，结合该阀室的位置坐标，系统就可计算出泄漏点的坐标，进而通过地图导航到事故位置，同时系统自动打开气体扩散模拟的对话窗口，如图 8.26 所示，进入事故模拟环节。

气体扩散模拟对话窗口列出了计算所需输入的三个参数：①气象数据。生成地面文件的六个监测量，可直接取气象监测系统的实时监测值，也可由用户输入。②工艺参数。指管道的压力、温度、硫化氢含量，用于泄漏模型的计算，生成排放数据文件。③泄漏参数。泄漏源排放高度，泄漏类型，计算时间段，泄漏源的位置坐标由事故定位得到，并从 DEM 读取泄漏点海拔高度数据。

点击"计算"（图 8.26），系统开始调用 CALPUFF 模型库进行计算。计算成功后对浓度的时空分布进行动态可视化展示，根据硫化氢气体对人体的伤害程度，采用三色显示气体泄漏的影响范围：红色、黄色和绿色分别代表危害生命区、重度伤害区、健康影响区。图 8.27 所示为泄漏发生后第 10 min、15 min、25 min 的浓度分布状况。气体扩散模拟对话框中有可拖动的播放进度条，以及可选的播放时间，系统可以通过选择不同的播放时间对扩散结果进行动态播放。

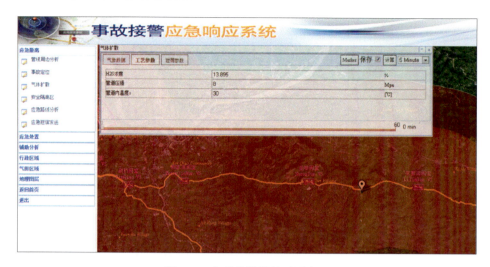

图 8.26　气体扩散模拟对话窗口

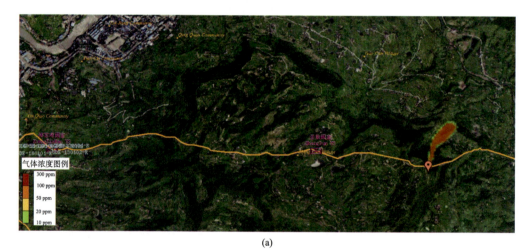

(a)

(b)

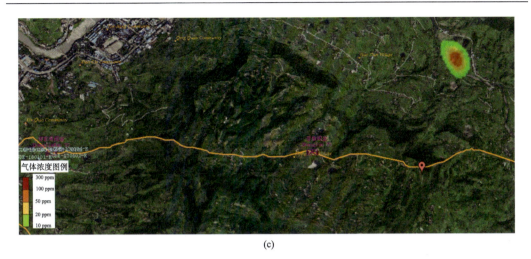

(c)

图 8.27　气体扩散动态模拟示意图

(a) 第 10 min 的快照；(b) 第 15 min 的快照；(c) 第 25 min 的快照

　　根据气体泄漏的影响范围，调用多边形空间查询工具，采用多边形查询方式查询影响范围内的敏感目标、社区住户等数据；查询受灾区域所属的管理区域及紧急避难点；查询覆盖受灾区域的道路交通数据，计算各受灾点到相应避难点的最短逃生路线，如图 8.28 所示。

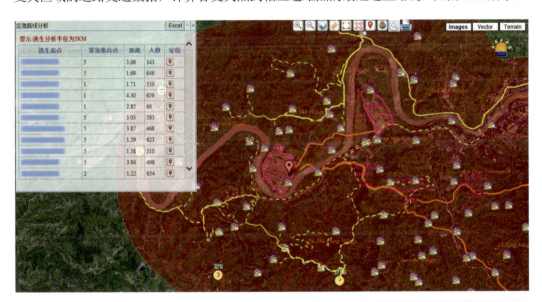

图 8.28　避灾路线规划

8.3.3　指挥应急响应的实现与应用

　　应急指挥救援模块的核心是应急指挥流程框图，辅以事故报告、周边信息统计、资源调度、应急响应信息发布等功能，为应急决策和应急救援提供支持和帮助。依据应急响应程序模型展示应急指挥流程框图，如图 8.29 所示，按流程框图下达应急抢险指令，可以加快调度速度，避免遗漏应急响应环节，避免抢险过程中出现主次颠倒的情况。事故应急救援系统的应急响应程序按过程可分为接警、预警分级、启动预案、应急处置、救援行动和应急结束六个过程。下文对主要过程进行阐述。

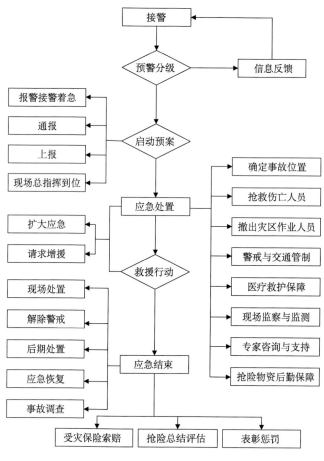

图 8.29　应急指挥流程框图

1）应急接警

接警人员需要详细了解事故相关信息，包括事故类型、强度、位置、初步原因等，填写相关表格。根据事故发生位置查询数据库中的各种信息，包括管道属性信息、管道运行参数等，并收集最新的气象资料，供事故预测分析。

2）分级响应和启动应急预案

初步确定事故级别，调用应急组织机构数据表，确定有关人员，按应急通讯录通知相关负责人，组织成立事故应急指挥部，启动应急预案，通知公安、消防、安全、环保等政府职能部门，如图 8.30 所示。

3）应急救援展开

在二维地图上，快速调度相关页面，展示应急资源分布，查询应急资源(政府应急部门、公安、消防、医疗等)、相关预案及案例信息。利用超链接标签的方式实现救援地点、应急处置地点的快速定位和地图联动，在用户交互的基础上让各应急小组明确应急救援地点。在救援行动展开的同时，填报事故发展状态、救援行动进度、救援结果及事后评估等信息，形成事故报告。记录各应急小组的作业状态(待命、作业中、作业成功、作业失败)、联系方式、救援专业，在用户交互的基础上让决策者及时了解、明确现有可调度应急救援人员。

图 8.30　启动应急

在地图上定位事故位置，并显示周边信息和局部统计信息。从系统的应急资源库中查找可供使用的资源，包括事发地周边的内外部应急维修队伍和应急器材物资，供事故应急指挥部随时调用，必要时通过系统的专家库查找并联系相关专家。从系统的管道属性数据库中调出事故管道周边的地形、交通、居民地分布等数据，供应急指挥部分析使用；在需要疏散群众时，绘制疏散路线图。

协同政府和相关机构，发出人群疏散通知和对外发布信息。可通过社区报警系统进行社区广播，还可给相关人员发送应急短信，如图 8.31 所示。

4)应急恢复与结束

当事故事件满足应急状态终止的条件后，展开事后恢复工作，终止应急状态。应急行动结束后，总结事故原因，评估审计应急救援行动，填写事故报告。

8.3.4　三维可视化应急响应的实现与应用

三维可视化应急响应模块将地理信息与实时数据监测、气体泄漏计算等进行了可视化集成。包括如下几个功能。

(1)关键点定位功能。指在三维场景中，视点由当前位置跳转到指定的关键点处。"关键点"菜单下包括观察川东北地区全貌及 22 个厂区或生活区的三维视点。三维场景涵盖卫星影像图、三维地形、1.5km(黄色)和 2.5km(绿色)缓冲区边界线、七个区段的管线、隧道(蓝色半透明)。生产生活区用不同颜色标签表示，厂区为粉红色、集气站为黄色、井场为橙色、阀室为蓝色、生活区为绿色、隧道为绿色，如图 8.32 所示。

图 8.31　应急短信发送

图 8.32　天然气厂三维定位

(2)浏览模式功能，包括"虚拟现实行走"和"鹰眼"两种模式。"虚拟现实行走"以地面行走的形式在三维场景中漫游；"鹰眼"模拟在空中操作可视化地图。图 8.33 显示点击"虚拟现实行走"菜单命令，视点会从当前空中位置下落至地面硫磺厂厂区内部。通过键盘上的 "上下左右"四个箭头控制视点的前进、后退、左转、右转四种运动方式，实现在三维场景中的第一视角行走。

图 8.33　硫磺厂第一人称视角漫游

（3）空间测量功能，可以测量三维场景中的距离、高度或面积。

（4）火气探测系统集成功能，显示多个场景的火气探测系统重点数据点分布（除室内探头以及图形范围外），包括两个厂，两个集气站，四个井场，十一个阀室。如图 8.34 所示，火气探测的重点数据点，会在场景中显示火气探头杆模型及实时数据。

图 8.34　天然气厂火气探测系统（移动光标至探头模型，将会显示实时数据的效果）

（5）气象系统集成功能。显示 19 个场景的气象站分布，对于每个气象站都可以读取 6 项参数（包括气温、相对湿度、气压、降雨、风向、风速）的实时数据。

（6）消防演练功能。用户可以在天然气厂或硫磺厂的三维场景的设备上点火，模拟火灾。通过设置消防设备的覆盖半径，用户可以分析消防资源并操作它们，如图 8.35 所示。

图 8.35　硫磺厂液硫罐区模拟点火

（7）气体扩散功能。集成了 GIS 程序中的气体扩散模型模块，在三维场景中显示气体的扩散过程和影响范围，如图 8.36 所示。

图 8.36　气体扩散结果

参 考 文 献

毕静, 何利民, 张默. 2012. 天然气管道泄漏模型研究现状分析[J]. 神州, (30): 34-37.

郭屹桐, 王亮, 张志华. 2017. 高硫气田应急疏散 GIS 系统设计与实现[J]. 科技与创新, (23): 33-35.

李梅, 杨冬偶, 何望君. 2020. 大气扩散模型 AERMOD 与 CALPUFF 对比研究及展望[J]. 武汉大学学报
　　(信息科学版), 45(8): 1245-1254.

刘茜. 2015. 基于 CALPUFF 的天然气运输管道应急响应系统的设计与实现[D]. 北京: 北京大学.

刘小军. 2013. 延长气田天然气液化厂建设项目安全风险管理问题研究[D]. 西安: 西安石油大学.

罗钦, 赵煜晖, 廖柯熹, 等. 2015. SLAB View 软件在含硫天然气井井喷泄漏扩散模拟中的应用[J]. 石油
　　与天然气化工, 44(3): 129-132.

谭清磊. 2013. 高含硫气田集输系统完整性技术研究[D]. 青岛: 中国石油大学(华东).

王鹏. 2010. 天然气田大气污染预警系统软件的设计与实现[D]. 成都: 西南交通大学.

杨冬偶. 2021. 面向应急的大气扩散模型并行计算技术研究与系统实现[D]. 北京: 北京大学.

朱向丽. 2014. 普光气田安全管理研究[D]. 青岛: 中国石油大学(华东).

朱渊. 2010. 高含硫气田集输系统泄漏控制与应急方法研究[D]. 北京: 中国石油大学.